공학박사 신정수의 히스토리와 용기

거침없이 우뚝하여라

신정수 지음

어떠한 난관에도 일희일비하지 않고,

그 어려움을 걷어 어깨에 훌 메고

황소처럼 나아가려는 기상과 기개가 중요하다!

도서출판 디자인21

거침없이
우뚝하여라

신정수 지음

들어가면서

누구나 살다 보면, 이런저런 많은 우여곡절과 굴곡이 있을 수밖에 없다.

이럴 때일수록,

"큰 나무와 같이 그 웅대한 중심 줄기가 거침없이 우뚝하여라!"

보통, 사람들은 잘나갈 때는 얼굴이 밝고, 몸에서도 생기가 돌며 활발한 편이다. 그러나 문제는 여러모로 잘나가지 못할 때이다. 집에서나, 직장에서나, 사회적으로나 일이 잘 풀리지 못할 때는 풀이 죽어있기 십상이다.

이렇게 삶에서 무슨 문제가 있거나, 잘 못 나가는 시절에도 얼굴빛을 어둡게 하거나, 어깨가 처져있게 하지 말고, 오히려 이럴 때일수록 더 얼굴빛을 밝게 하고, 행동도 활발하게 하려 시늉이라도 많이 내보는 것이 좋다. 이러한 시늉이 반복되면, 자신에게 긍정적인 신호를 많이 내보내게 되고, 그렇게 되면 적극적인 행동이 가능해지고, 적극적인 행동은 드디어 긍정적인 습관으로 변모하여, 위기 탈출의 좋은 바탕이 되어주기도 한다.

또한, 발상을 역으로 전환해보면, 잘 못 나갈 때라는 것은 곧 머지않아 잘나가는 시절이 도래한다는 것을 의미하거나, 곧 확연하게 옛 모습을 어느 정도 회복할 수 있을 것이라는 논리가 인생의 진리이다. 완전한 회복 불가의 사태는 오로지 인생을 종결할 때뿐일 것이다.

주식을 하여도 주가가 대세 상승 곡선을 탈 때도 있는 것이고, 대세 하강 곡선을 탈 때도 있는 것이며, 이렇게 오르고 내리는 일이 계속 반복되지 않던가?

근시안에서 벗어나 자기 인생의 굴곡을 좀 긴 사이클에서 해석해보면 그리 낙담할 일도 별로 없는 것이고, 그리 어깨 처질 만한 일도 별로 없다.

그리고 이 대목에서 또 하나의 중요한 관점은, 주변의 상황에 따라 이리저리 편승만 할 것이 아니라, 자기중심을 바로 세워야 한다는 것이다.

즉 나무로 치면, 꽃이나 잎이 떨어지거나, 설령 잔가지가 부러지는 한이 있어도 그 웅대한 중심 줄기만은 항상 거침없이 바로 서 있게 되면, 언젠가는 좋은 때를 만나 가지가 생겨나고, 잎도 피고, 꽃도 피고, 열매도 맺을 수 있는 기회를 잡을 수 있다. 그리고 이렇게 되면, 잠시 굴곡은 있었을지 몰라도, 대체적으로는 자기 인생을 큰 대세 상승곡선으로 끌고 나갈 수 있게 된다. 그러나 만약 크고 작은 태풍에 중심 줄기가 부러지거나 크게 상처를 입게 되면, 더 이상 과거의 영광을 회복하기는 어려울 것이다.

"어떠한 난관에도 일희일비하지 않고, 그 어려움을 걷어 어깨에 훌메고 황소처럼 나아가려는 기상과 기개가 중요하다!" **- 본문 중에서**

내게 딸 하나, 아들 하나가 있다. 그들에게 좋은 이야기를 좀 해주고 싶고, 가끔 다정하게 만나서 이야기도 좀 하고 싶지만, 시간상으로 여의치가 않아서 매일매일 문자로 교훈이 될 만한 이야기를 전해주기로 하였다. 그런데 그 문자의 내용은 단순히 위인들의 명언이나 남의 글을 옮겨 쓰는 정도가 아니고, 순수하게 나 스스로, 내 마음으로 창작을 한 후 보내기로 결심하였다. 그리고 그 글의 제목은 "Pa sayings(아빠의 말씀)"로 하였다. 이렇게 문자 보내는 일은 일요일이나 공휴일을 제외하고 7년 이상 계속되고 있는데, 이 글을 근간으로 하고, 여기에 살을 붙여가며 지금 이 책을 쓰고 있다.

이 책은 내 생각을 솔직하고 담백하게 담으려고 노력하였으며, 제1부(내 마음 다스리기)에서는 낮은 자세로 내 마음을 다스리는 방법에 대해 이야기하였고, 특히 현실이 매우 어려울 때 어떠한 마음가짐으로 자신을 추슬러야 하는지에 대한 내용을 많이 실었다. 그리고 제2부(참다운 지혜)에서는 세상을 살다가 순간순간 맞닥뜨리게 되는 많은 역경에서도 어떠한 지혜를 발휘하는 것이 좋은지에 대해 이야기한 글이다.

아무튼 이 책은 독자 여러분들께서 특별한 그 무엇을 배운다기보다는, 글쓴이와 함께 인생을 살아가는 지혜와 가치에 대해 같이 생각을 해보고, 생각을 한번 뒤집어보기도 하고, 때로 고민해보는 시간을 가질 수 있는 매개체가 될 수 있었으면 좋겠다. 또한 독자 여러분의 지혜로운 삶에 조금이나마 참조가 되었으면 너무나 기쁠 것 같다!

끝으로 탈고할 때까지 나와 많은 대화를 해주고, 많은 조언을 해주고, 힘을 주었던 김선혜교수님, 김영원박사님, 김기동박사님, 박종우대표님, 김복한대표님, 강상웅대표님, 방영호기술사님, 이근홍후배님, 도서출판 디자인21 임직원 여러분, 그리고 아내 서현, 딸 이나, 아들 주홍에게도 진심으로 감사를 표하고 싶다.

지은이

차례

제1부. 내 마음 다스리기 / 13

제2부. 함다운 지혜 / 171

제1부.
내 마음 다스리기

1-1. 파동에 이리저리 마음이 흔들리지 말아라!

요즘 사람들은 일상생활 속에서 가벼운 거짓말이라고 생각되면, 비교적 거리낌 없이 거짓말을 많이 하며 사는 것 같다. 즉, 생활 속 약속 어김이나 가벼운 거짓말도 분명히 거짓말이라는 것을 생각하지 못하고 감각이 무뎌져 있는 편이다. 또한 자기의 거짓말은 가벼운 농담이고, 남의 거짓말은 심각한 거짓말이라는 식의 이른바 '내로 남불'식 사고 속에 빠져 사는 것도 같다.

우리가 잘 생각해보아야 할 점이, 때로 자신의 약속 어김이나 가벼운 거짓말이 남에게는 큰 피해를 줄 수도 있다는 사실이다.

예를 들어, 당신이 누구에게 "이번에 내게 무엇을 도와주면, 다음에 당신이 필요한 시기에 꼭 도로 갚아주겠다."는 식의 약속을 하게 되면, 그 사람은 그것을 염두에 두고 꼭 되갚음을 받게 될 것을 기대하고 있을 것이다. 물론 그 말이 그냥 인사말인지, 아니면 진지한 말인지 다소 헷갈리는 경우도 있을 수 있겠지만, 사회생활을 하다 보면, 어떤 이들은 나의 가벼운 인사말 정도의 약속을 아주 진지하게 받아들이고 오래 기억할 수도 있다.

그렇다고 해서 나중에 그 약속에 대한 기대감이 실망감으로 바뀌게 되었을 때도, 그 사람은 "내가 너무 순진했구나!"라는 자조 때문에 제대로 따지지는 못할 경우가 많다. 그리고 이러한 부조리한 행동들이 모여 서로 간의 친밀한 관계를 멀어지게 하고, 또한 신뢰감을 충분히 손상시킬 수 있는 것이다.

누구와 만날 약속일을 잡을 때도, 가령 월요일에 만나기로 해놓고, 다른 중요한 약속이 생겼다고 해서 화요일로 바꾸자고 하고, 잠시 후 또다시 다른 사정이 있다고 월요일로 다시 복원하자고 하는 등의 혼선을 빚으면 순간 약속에 대한 신뢰감이 급감하게 된다.

그 결과 그 약속이 주는 무게감도 떨어지고, 약속의 중요도 또한 한참 가벼워지는 것이며, 실제로 만났을 때에도 서로 간 대화의 진정성이 떨어지게 할 수 있다.

따라서 약속이라는 것은 처음 잡을 때 신중히 생각하여 약속을 잡고, 한 번 잡은 약속이라면 다소 자신에게 불편한 일이 생기더라도 가급적 처음의 약속을 변경하지 말고 그대로 지켜라. 불편함은 가능한 한 스스로가 감수하는 것이 좋다.

거의 실시간 변화할 수 있는 자신의 잇속이나 계산 때문에 마음속에 일어나는 이런저런 파동(심리적 외란)에 마음이 흔들리지 말고 꿋꿋하게 행동하는 것이 나중에 결과적으로는 더 유리하다는 것을 알아야 한다.

미국 옐로우스톤(Yellowstone) 국립공원에 가면 'Old Faithful'이라는 아주 유명한 온천(간헐천)이 있다. 'Faithful'이라는 말에서 짐작할 수 있듯이, 아주 충실하고 신의 있는 온천이라는 말이다. 이러한 유명세는 Old Faithful에서 섭씨 약 92도의 뜨거운 물과 수증기가 공중으로 40~50미터씩 솟구쳐 오르는데, 그 모습이 정말 장관이며, 그 물기둥이 최고 55미터 높이까지 올라가는 온천인데, 더군다나 이 온천은 한 시간 반마다 한 번씩 어김없이 분출하여 아주 정확하고 믿을 만하다는 의미를 담고 있다. 사람으로 치면 약속을 아주 잘 지키는 신뢰감이 높은 사람을 의미한다고 할 수 있겠다.

또한 서구 및 북미 문화에서 개를 "Faithful animal"이라고 부르지 않던가? 이 또한 개는 주인과의 약속과 신의를 죽을 때까지 지키며, 절대 배반하지 않아서 감동을 준다는 의미를 담고 있다.

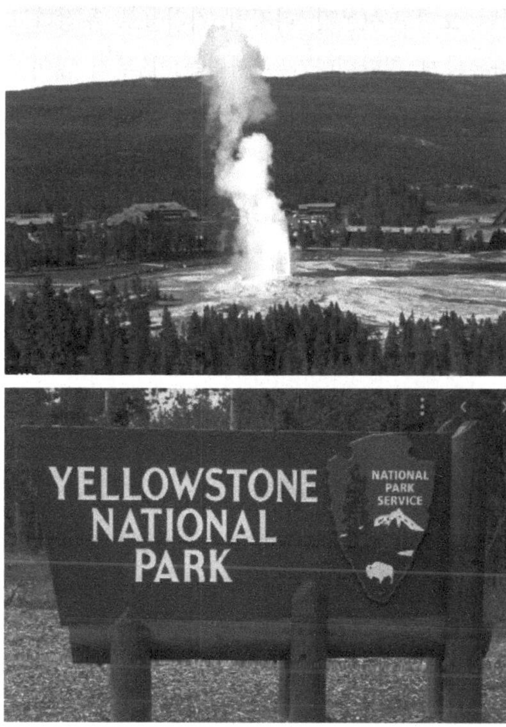

Old Faithful (그림: eastidahonews.com)

대인관계에서 가벼운 약속도 쉽게 생각하지 말고, 가능한 한 꼭 지켜 나가려 하고, 그 약속을 피치 못할 사정으로 어쩔 수 없이 어겨야 할 상황이라면, 사전에 충분히 설명을 덧붙여주어 이해를 구하려는 노력이 꼭 필요하다. 네가 무심코 행한 행동이 상대방을 가벼이 보는 행동으로 비칠 수도 있고, 상대방에게는 갑질이 될 수도 있다는 점을 항상 염두에 두고, 매사 삼가고, 조심하여 약속과 행동거지를 가다듬을 필요가 있다고 하겠다.

그렇다! 생활 속 어떤 약속이라도 감히 쉽게 보지 말고, 가능한 한 지켜라. 그것들이 모여서 바로 너의 인품을 이루고, 이는 곧 상대방에게 너의 품격으로 통할 것이다.

요즘은 디지털 노마드족(온갖 디지털 기기들로 무장하고 인터넷 네트워크 공간을 자유롭게 횡단해나가는 사람들)이 무척 많아서 가상의 공간이든, 현실의 공간이든 한 곳에 혹은 한 가지 일에 제대로 정착하지 못하고 가벼이 떠돌아다니는 듯한 사람들이 많아서, 많은 경우에 FOBO(Fear Of a Better Option; 더 나은 선택지가 있을지 모른다는 두려움을 갖는 일)에 노출되기 쉽다. 이렇게 되면, 결정장애와 판단장애, 호모자펜스(homo zappens; 한 가지 일에 집중하지 못하고 관심을 수시로 옮겨 다니는 사람) 등의 현상이 심해져서 사회적으로 기본 틀이 되어주어야 할 '신뢰의 문화'가 깨지기 쉽다.

이처럼 현대사회는 대부분의 판단의 기로에서 과거 대비 너무 복잡하고, 많은 선택지가 있어서, 정신적으로 FOBO에 희생되기가 매우 쉬울 것이다.

이러한 사회적 복잡성을 스스로 극복하는 방법으로서는, 자기 삶을 항상 단순화해 나가고, 모든 주변 물건이나 인간관계 등을 실시간 깔끔히 정리해 나가려는 태도가 필요하다.

즉, 모든 면에서 자기 주변을 잘 정돈하고, 일의 우선순위를 잘 정해서 그 순위가 멀어져 있는 것들부터 과감히 정리하여 버려 나가는 것도 좋겠다. 자고로 버릴 것은 과감히 버릴 줄 아는 용기를 가지고서, 자기 내면을 반듯하고 가지런히 해야, 비로소 생활 속 여러 파동이나 곡절에도 이리저리 마음이 흔들리지 않을 것이며, 자신의 잇속이나 작은 계산에도 연연하지 않게 될 것이 아니겠는가?

1-2. 남의 말에 꼬리를 물지 말아라!

남의 말에 꼬리를 무는 습관은 참으로 비생산적이고 허망할 때가 많다.

예를 들어, 채근담에는 "맑은 물엔 고기가 없다."라는 말이 나온다. 이 말의 원래 의미를 의역해보면 "군자는 지극히 사적이거나 개인적인 일에 대해서는 지적하고 싶어도 지적하지 않는 것이 상대방에 대한 도리이다. 즉 너무 까탈스럽게 굴지 말고 상대를 배려하여라." 정도로 해석할 수 있겠다. 누가 보더라도 원래는 매우 좋은 의미를 담고 있다.

그러나, 이 말을 아전인수(我田引水; 자기 이익만을 먼저 생각함)격으로 이용해 먹으려는 부류도 있고, 이 말의 꼬투리 잡는 사람도 있다.

첫째, 이 말을 '아전인수' 격으로 이용해 먹으려는 부류이다.

그들은 이 말을 이용해 먹으려는 욕심과 이기심으로 인하여 국민의 눈을 가리기 위한 수단으로, 이 말을 "물도 지나치게 맑으면 고기가 모이지 않듯이, 사람도 너무 청렴하게 굴면 운이나 재물이 따르지 않는다."라고 둔갑시키는 것이다.

그러면서 뇌물이나 촌지를 꼿꼿이 거절하거나, 너무 깨끗한 체하는 사람들을 비꼬거나 유혹하는 의미로 써왔던 것 또한 사실이다.

둘째, 이 말에 꼬투리를 잡는 사람들도 있다.

이러한 부류의 사람들은, 이 말의 뜻을 "맑은 물엔 고기가 없다."라는 말 자체가 말이 안 되며, 새빨간 거짓말이라고 주장한다.

그들의 의견은, "사실상 바닥에 깔려있는 자갈이 훤히 보일 정도로 맑은 물은 얼핏 보면 물고기가 살지 않는 것 같아도, 바닥의 돌을 들춰 들었을 때 하루살이의 애벌레가 우글거리고 버들치, 버들개, 갈겨니, 피라미 등이 많이 헤엄쳐 다닌다"라는 것이다.

또, "이들 물고기는 오히려 흙탕물이 아닌 맑은 물에서 더 잘 산다."라고 주장한다.

버들치 (그림: fishillust.com)

물론 이 주장은 과학적으로는 어느 정도 타당한 말이다. 그러나 이 말을 채근담에 처음 실은 사람의 의도와는 완전히 다르다. 그 원래의 의도는 "사람들 간의 관계는 너무 까탈스럽게 하면 안 되고, 서로 부족한 점이 있더라도 잘 보듬고 배려해야 한다!"라는 의미에 방점을 찍어야 하는데, 그런 본래의 의미는 고려하지 않고, 말꼬투리만을 물고 늘어지고, 상황에 전혀 맞지 않는 엉뚱한 잣대를 가져다 대려는 말도 안 되는 순진한 주장이다.

또한, 셰익스피어가 남긴 명언 가운데 "여자는 약하지만, 어머니는 강하다"라는 말이 있다. 이 말은 모성애의 위대함을 강조한 말로써, 아래와 같은 여러 사례가 이를 뒷받침하고, 증명도 해준다.

첫째 예로, 1863년 영국의 사우스 웨일즈에 있는 큰 언덕의 구릉지대를 넘어가던 한 여인은 품에 갓난아이를 안고 지나던 중이었는데, 날이 너무 춥고 어두컴컴하였고, 눈보라에 길이 지워져 버려서 결국 길을 잃게 되었다. 그래도 아이를 꼭 껴안고 버티었으나 도저히 한계에 부딪히자 결국 자기가 입고 있던 옷을 하나둘 모두 벗어 아기에게 둘둘 말아서 보온을 해준 후 그 아기를 끌어안고 알몸으로 얼어 죽고 만 것이다.

이튿날 구조대가 아기를 안은 여인의 모습과 비슷한 눈사람을 하나 발견하였는데, 눈사람 속에서 아기 울음소리가 들린 것이다. 아이는 아직 죽지 않고 살아있어서 어느 가정에 입양되어 길러졌는데, 그 아기는 자라면서 자기 어머니의 그 고귀한 사랑을 전해 듣고, 훌륭하게 성장하여 제1차 세계대전을 승리로 이끈 영국의 총리가 된다. 그가 바로 그 유명한 '데이비드 로이드 조지'이다.

둘째 예로, 전직 한 간호사가 소개한 일화에 따르면, 20대 중반의 한 아가씨와 그녀의 어머니가 함께 병원을 찾았다고 한다. 새벽같이 병원에 와서 의사 선생님을 기다리면서 모녀는 두 손을 꼭 잡고 무슨 얘기인지 작은 목소리로 많은 대화를 하면서 연신 따뜻한 미소를 서로 주고받았다고 한다. 이윽고 의사 선생님이 도착하고, 그들은 진료실로 안내되었으며, 어머니가 말문을 열었다.

"의사 선생님 얘가 제 딸인데요, 어릴 때 시골 외가에 놀러 갔다가 농기계에 손을 다쳐 왼쪽 손가락이 모두 잘려 나갔고, 바로 접합수술을 받았는데, 그만 네 번째 손가락은 접합 수술에 실패하였습니다." 그런데,

"다음 달에 결혼하는데, 반지 끼울 손가락이 없어서요, 늙고 볼품은 없지만, 제 손가락으로 이식하여 접합수술을 좀 해주세요. 가능하실까요?"

의사 선생님은 한동안 말을 못 하더니, 눈가에 눈물은 글썽이며,

"예, 가능하지요? 아주 예쁘게 해드리겠습니다,"

참으로 감동적인 실화이다. 그 어머니는 옛날 딸의 어린 마음에 상처

많이 준 것을 평생 가슴 아파하다가 결국은 그러한 감동적이고 고귀한 결정을 한 것이다. 역시 어머니는 어머니인 것이다! 여자는 약할 수 있어도, 어머니는 분명 매우 강한 존재이다.

그런데, 위에서 살펴본 고귀한 두 사례로 설명되고 언급될 수 있는 셰익스피어의 명언도, 이를 이용하여 자기의 이익을 챙기려는 사람들이 있다.

예를 들어, 이 말을 '아전인수'격으로 혹은 꼬리를 물어 이용해 먹기 위해 화학첨가물에 대한 공포 마케팅을 하고 있는 상품 메이커들은 어머니들의 이런 심리를 적극적으로 이용하려 파고든다.

이를테면, "우리 아이에게 먹일 것인데~", "우리 아이들에게 입힐 것인데~", "우리 아이가 사용할 것인데~" 라는 식으로 '광고 문구'를 빼내는 것이다.

이른바 "여자는 약하지만, 어머니는 강하다"라는 말을 인용하여 어머니는 위대하고 숭고하다고 자존심을 슬쩍 건드린 후에, 은근히 자기네들의 유기농 농수산물, 친환경 의류, 무독성 생활용품 등을 권유하는 문구를 덧붙이는 것이다.

위에서 살펴본 채근담의 문구와 셰익스피어의 말에서의 경우와 같이, 쓸데없이 남의 말에 꼬투리를 잡아서 그 본뜻을 왜곡하려 들거나, 오직 자신들의 이익만을 챙기려 하거나, 돈을 벌기 위해서라면 위대한 인물의 명언마저도 이용해 먹으려는 술수가 정말 놀랍다!

1-3. 거침없이 우뚝하여라!

큰 나무와 같이 그 웅대한 중심 줄기가 거침없이 우뚝하여라!

누구나 살다 보면, 많은 우여곡절과 굴곡이 있을 수밖에 없다.

보통, 사람들은 잘나갈 때는 얼굴이 밝고, 몸에서도 생기가 돌며 활발한 편이다. 그러나 문제는 여러모로 잘나가지 못할 때이다. 집에서나, 직장에서나, 사회적으로나 일이 잘 풀리지 못할 때는 풀이 죽어있기 십상이다.

이렇게 삶에서 무슨 문제가 있거나 잘 못 나가는 시질에도 얼굴빛을 어둡게 하거나, 어깨가 처져있게 하지 말고, 오히려 이럴 때일수록 더 얼굴빛을 밝게 하고, 행동도 활발하게 하려 시늉이라도 많이 내보는 것이 좋다. 이러한 시늉이 반복되면, 자신에게 긍정적인 신호를 많이 내보내게 되고, 그렇게 되면 적극적인 행동이 가능해지고, 적극적인 행동은 드디어 긍정적인 습관으로 변모하여, 위기 탈출의 좋은 바탕이 되어주기도 한다.

발상을 역으로 전환해보면, 잘 못 나갈 때라는 것은 곧 머지않아 잘나가는 시절이 도래한다는 것을 의미하거나, 곧 확연하게 옛 모습을 어느 정도 회복할 수 있을 것이라는 논리가 인생의 진리이다. 완전한 회복 불가의 사태는 오로지 인생을 종결할 때뿐일 것이다.

주식을 하여도 주가가 대세 상승 곡선을 탈 때도 있는 것이고, 대세 하강 곡선을 탈 때도 있는 것이며, 이렇게 오르고 내리는 일이 계속 반복되지 않던가?

근시안에서 벗어나 자기 인생의 굴곡을 좀 긴 사이클에서 해석해 보면 그리 낙담할 일도 별로 없는 것이고, 그리 어깨 처질 만한 일도 별로 없다.

그리고 이 대목에서 또 하나의 중요한 관점은, 주변의 상황에 따라 이리저리 편승만 할 것이 아니라, 자기중심을 바로 세워야 한다는 것이다.

큰 나무 (그림: en.wikipedia.org/wiki)

즉 나무로 치면, 꽃이나 잎이 떨어지거나, 설령 잔가지가 부러지는 한이 있어도 그 웅대한 중심 줄기만은 항상 거침없이 바로 서 있게 되면, 언젠가는 좋은 때를 만나 가지가 생겨나고, 잎도 피고, 꽃도 피고, 열매도 맺을 수 있는 기회를 잡을 수 있다. 그리고 이렇게 되면, 잠시 굴곡은 있었을지 몰라도, 대체적으로는 자기 인생을 큰 대세 상승곡선으로 끌고 나갈 수 있게 된다. 그러나, 만약 크고 작은 태풍에 중심 줄기가 부러지거나 크게 상처를 입게 되면, 더 이상 과거의 영광을 회복하기는 어려울 것이다.

그렇다면 자기 인생에서 잘 못 나갈 때도 나무처럼 웅대한 중심 줄기가 항상 거침없도록 하려면 어떻게 해야 하는가?

인생에서 고난이 엄습하여 감당하기 어려울 때는, 대체적으로 말수를 줄이고, 객기나 자랑 따위는 더욱 금하고, 대신 얼굴빛은 항상 밝게 하는 것이 좋다. 보통은,

“밝음은 대체로 긍정적인 마인드를 불러일으키고 행운을 불러들이는 법이다!” - Pa sayings

이럴 때는 물 밑에서 서두르지 말고 서서히 내공을 잘 길러나가면서, 모든 현실을 겸허히 받아들이고, 무엇보다 나중에 필요할 수 있는 사전 준비 격인 일들을 철저히 준비해나가는 것이 좋다. 그러다 보면, 네가 죽지 않는 한, 언젠가는 네게도 꼭 기회가 찾아올 것이다.

만약 우연히 뚜렷한 경기 상승 사이클이라도 만나게 되면 기회가 한꺼번에 몰려오는 수도 있겠다. 이럴 때는 평소 사전 준비를 충분히 한 경우라면 이러한 행운을 모두 잡을 수도 있겠지만, 그 기회가 자신이 감당할 능력을 넘어서게 되면 모든 기회를 다 소화시킬 수는 없을 수도 있다. 이럴 때는 욕심 내지 말고, 자신이 소화할 만큼의 행운만을 잡아라. 감당하기에 벅찬 나머지의 행운에 대해서는 오히려 정중히 사양하여라. 너무 욕심이 과하면 항상 체하는 법이다.

또 이러한 과정에서 아주 중요한 관점이 있다. 바로 편법을 쓰지 말라는 것이다.

뭔가 잘나가지 못할 때 혹은 무엇을 해도 잘 안되거나 불운이 겹칠 때에는 아무리 궁핍하더라도 불법적인 행동, 무리한 행동, 무리한 은행 차입, 사채 사용, 도의적으로 맞지 않은 일 등에는 절대 손대어서는 안 된다. 그런 욕심은 나중에 큰 화를 불러올 수 있으므로 절대 관여하여서는 안 되며, 어려울 때일수록 오히려 더 원칙과 소신을 지키고, 더 담담해지고, 더 당당하게 매사를 견디어 나가고, 내면적으로 자기 내공을 차곡차곡 쌓는 것이 중요하다.

‘고난’이라는 올가미는 억지로 풀려고 하면 더욱더 죄어지는 법이다.

역설적으로, 그 올가미와 친해져서 더 이상 죄어지지 않도록 항상 관리해 나가는 것이 기본적으로 전제되어야 할 것이며, 그 전제 위에서 해결책을 차분하게 모색하고, 궁리해 나간다면 분명히 올가미를 풀 수 있는 기회가 얼마든지 찾아올 것이다.

이렇게 우리 인간도 마치 큰 나무의 중심 줄기처럼, 태풍이 불어와 그 가지가 꺾이고, 잎이 떨어지고, 꽃이 떨어지더라도,

"어떠한 난관에도 일희일비하지 않고, 그 어려움을 걷어 어깨에 훌 메고 황소처럼 나아가려는 기상과 기개가 중요하다!"
- Pa sayings

1-4. 부(富)보다 '문화'에 집중하라!

우리가 살면서 가장 현혹되기 쉬운 것이 부(富), 자리나 지위(권력), 온갖 자랑거리 등이다. 몸과 마음이 나른하다가도 이런 주제의 얘기만 나오면 금방 정신이 번쩍 들기도 한다. 그만큼 매력적이고 자극적인 주제인 것이다. 반면 이런 현혹들에 의해 희생되어 자기의 소중한 삶이 내팽개쳐진 사람들도 많다.

조금 크게 생각해보면, 이런 것들은 황홀한 것일 수는 있어도, 그 영화나 기쁨이 비교적 짧은 편이다. 다소 긴 안목에서는 돈이나 자리, 권력 등은 있다가도 금방 없어지기도 한다. 사람의 심리구조상, 이런 것들이 풍족한 시간은 짧고, 부족한 시간은 유난히 길게 느껴질 것이다. 그러니 사람들의 마음 한편은 항상 부족해하거나, 허전해하고, 어떨 때는 허망해지기까지 한다.

김구 선생은, 우리나라가 그렇게 힘없고 가난한 시절이었음에도, "오로지 한없이 가지고 싶은 것은 군사력도 경제력도 아니고, 높은 문화의 힘이다."라고 힘주어 말하였다. 참으로 맞는 말이다. 한 나라가 강한 군사력, 강한 경제력을 갖는 것도 중요하지만, 역사적으로 그것이 그리 오래가는 예가 드물다. 그러나 문화(영화, 예술, 문학, 봉사, 스포츠맨십, 정신적 가치 등을 포함한 포괄적 개념)는 좀 다르다. 그 가치가 무궁무진하고, 한 번 정착된 문화는 엄청나게 오랜 세월 구가가 가능하다. 우리가 프랑스 하면 예술(art)이 바로 떠오르지 않은가?, 영국 하면 신사문화가 바로 떠오르고, 일본 하면 예절이 떠오르고, 독일 하면 김소와 미이스디가 떠오르고, 중국 하면 중화사상, 요리문화 등의 이미지가 떠오른다. 반면에 국가 성립 기간이 상대적으로 짧은 미국(약 300년 내외) 같은 나라는 아무리 강대국이어도 어느 부분에 딱히 세계적 문화 이미지의 용어를 붙여주기에는 다소 어색한 편이다. 문화적 이미지가 만드는 가치는 이렇게 수십 년, 수백 년으로도 부족할 수가 있는 것이다.

김구 (그림: openuiz.blogspot.com)

유대계 오스트리아인 카를 란트 슈타이너는 사람의 혈액형을 밝혀낸 공로를 인정받아 1930년 노벨 생리의학상을 받은 인물이다. 당시에는 주로 동물의 피를 인간에게 수혈하거나, 사람 간의 수혈을 한다고 하여도, 혈액형의 구분 없이 무작정 진행되었기 때문에, 수술 도중 혹은 수술 후 사망하는 환자가 매우 많았었다. 카를은 대학 졸업 후 다른 동기들처럼 돈 잘 버는 임상의사로 진출하지 않고, 대학에서 무급 조교로 정진하면서 관심 분야인 혈청학을 계속 연구하였으며, 이후 병리해부학 교수 자격증을 취득하고. 사람의 혈액형을 A형/B형/C형(후에 O형으로 변경)의 세 가지로 분류할 수 있다는 역사적으로 엄청난 연구 성과를 내어놓은 것이다. 그 1년 뒤인 1902년에는 자신이 가르친 제자인 폰 드카스텔로와 스털리가 AB형라는 또 하나의 혈액형이 있다는 사실도 밝혀내게 되었다.

그가 혈액형 분류에 성공한 것은 치열한 관찰과 연구 덕분이었다. 그는 깨어있는 시간의 90% 이상을 연구를 위해 사용했으며, 346편의 논문을 발표했다고 한다. 그가 부검한 사체만 해도 약 4천구에 달하는 것으로 알려져 있으며, 그는 연구를 거듭하여 나중에 Rh 혈액형(Rh+형/Rh-형)까지 발견해내게 되었다. 그의 혈액형 발견은 추정컨대 지금까지 약 10억 명 이상의 인명을 구한 것으로 평가되어지기도 한다. 이렇게 카를은 돈이나 영화를 쫓기보다 자신의 도전 분야(정신적 가치)에 몰두하여 위대한 성과를 만들어내고 많은 인류를 구원하게 된 것이다.

세기적 부자들도 막대한 부를 축적하였지만, 항상 가슴속 어딘가에는 허전함을 느낀다고 한다. 오히려 막대한 세금이나, 상속문제, 친족 간 다툼 등의 문제가 발생하여 골머리를 앓는 사례도 대단히 많다.

또한 엄청난 권력을 휘둘렀어도, 쫓겨나거나, 아프거나, 퇴임하면 누가 쳐다보지도 않는 것이 세상인심이다. 또한 그런 것들을 구가할 수 있는 기간 또한 매우 짧은 편이다. 그런 화려한 영화를 가질 수 있는 기간은 항상 매우 짧게 느껴지고, 못 가진 기간은 유난히 길게 느껴져 항상 목이 마르고 배가 고픈 격이 되는 것이다.

사람들 간의 자랑거리도 마찬가지이다. 자랑하고픈 큰 성취, 이를테면, 큰 상을 받았다느니, 매우 어려운 시험에 합격하였다느니, 자식이 엄청나게 잘 되었다느니 하는 많은 자랑을 늘어놓아도, 항상 돌아서면 허전한 법이다. 그리고 그런 자랑이 무슨 소용이 있겠는가? 큰 상을 받은 것 자체가 중요한 것이 아니고, 그 상에 담긴 의미와 활용이 중요한 것이며, 그간에 기울인 노력 자체가 중요할 것이다. 또한 매우 어려운 시험에 합격하였다고 하여도, 그 자체로는 의미가 없다. 그 합격으로 인하여 무엇을 이룰 수 있었는지 하는 실질적인 내용이 중요할 것이다.

또 자식이 엄청나게 잘 되었다고 하면 당연히 기쁘겠지만, 그 잘된 것 자체가 중요한 것이 아니고, 무언가 잘 된 후 나중에 보람 있는 일을 세상에 행할 수 있었는지가 중요한 것이 아닐까? 가령 자식이 유능한 인재로 발탁되어 장관이나 높은 지위에 올랐다고 하여도 금방 낙마를 하거나 사회적·정치적으로 지탄을 받게 된다면 무슨 소용이 있겠으며, 자식이 돈을 많이 벌어 성공하였어도, 많은 소송에 휘말리는 일이 발생하거나 법적으로 큰 책임을 져야 한다면 무슨 소용이 있겠는가?

세상만사가 다 '새옹지마'라는 말이 있다. 세상일은 잘 되다가도 갑자기 안 될 수도 있고, 잘 안되다가도 갑자기 잘 될 수도 있다는 것이다. 그러니 항상 겸손해야 하고, 좀 잘 되었다고 잘난 체하면 안 된다. 항상 봉사하고, 바닥의 사정이나 인심을 살피고, 시선은 항상 낮은 곳을 향하여야 하는 것이다.

그리고 괜히 무한경쟁의 세태에 휘말리어 몸과 마음을 상하게 하지 말고, 물질적인 영화의 허영을 극복하고, 마음만은 항상 풍족하고 여유 있는 태도와 모습을 지니는 것이 가장 아름다운 모습이 아닐까?

다시 말하지만, 돈이나 자리, 지위(권력), 자랑거리 등은 있다가도 금방 없어지고, 없다가도 또 생길 기회가 많을 것이니, 여기에 너무 연연하지 말고, 오직 너의 마음이 향해야 할 곳은 너만의 높은 문화의 가치일 것이다.

1-5. 고요하고 집중된 눈빛과 마음을 가져라!

보통 스포츠 경기에서도 고요하고 집중된 눈빛을 가진 선수가 일(좋은 결과)을 내는 경우가 많다. 예를 들어, 프로야구 경기에서 타자가 타석을 들어설 때 그 눈빛을 잘 보면, 신체 어느 부위보다도 그 선수에 대한 결과 예측의 확률(적중률)이 높아진다.

눈빛이 밝게 빛나는 선수일수록 마음이 정돈되어있고, 집중력이 강해진 상태이며, 그 결과 홈런을 치거나, 안타를 치거나 포볼을 나가는 등의 좋은 결과가 나오는 경우가 많다.

범죄자나 사회적으로 큰 물의를 일으킨 사람의 눈빛을 보면, 일반인의 눈빛과는 사뭇 다르고, 사람을 똑바로 쳐다보지 못하면서 대화를 하려하거나, 어떨 때는 눈에서 무서움이 느껴지기도 한다.

또한 뭔가 불안한 사람의 눈빛은 절대 고요하지 못하고, 집중되어있지도 못하다. 눈빛의 방향도 고정이 잘 안되고 이리저리 산만하게 움직일 뿐이다.

반면, 고요하고 집중된 눈빛은 강한 정신적·신체적 에너지를 극대화시키고, 아주 큰 강도의 힘을 가지게 한다. 우리가 돋보기로 태양의 빛을 모아 종이를 태울 수 있듯 말이다.

또한 선한 눈빛 혹은 인자한 눈빛을 가진 사람은, 우리의 경험적으로도, 거의 악한 사람이 없으며, 착하거나 군자형 인물이 많고, 타인에게 뭔가 편안한 인상을 준다. 이러한 눈빛은 보통 집중되어있으면서도 가지런한 눈빛을 가졌다고 평할 수 있다.

이렇게 상대의 눈빛에 대한 느낌으로 그 사람의 신리상태나 어느 정도의 내공을 예상할 수 있는 능력은 인간이 생물학적으로 진화해오면서 발달시켜온 직감적·본능적 능력이라고 할 수 있다.

물론 이러한 눈빛은 그 사람의 마음이나 심리상태를 외적으로 표현하는 것이며, 안면근육의 조합으로 생겨나는 얼굴 표정, 심지어는 온몸 전체 근육의 움직임과 상호 매칭이 되어 동시에 나타나고, 동시에 관찰될 수도 있을 것이다.

다른 예로서, 우리나라의 태권도, 중국의 태극권 등의 경우에도 강한 눈빛의 소유자가 대개 좋은 성적을 낸다. 벽돌을 격파하는 무술에서도 순간의 높은 집중력은 아주 강한 눈빛과 함께 잠시 깜박임을 멈추고 강한 에너지를 집중시켜 벽돌을 격파할 수 있게 되는 것이다. 반면 어쩐지 불안해 보이거나, 머뭇거리거나, 초조해 보이는 선수 중에는 격파에 실패하는 경우가 종종 발생한다.

공부하는 학생들에 있어서도, 눈빛이 집중되어있는 학생들이 산만해 보이는 학생들보다 성적이 훨씬 뛰어난 경우가 많다. 그만큼 집중된 눈빛은 강한 에너지를 의미하고 이는 큰일을 할 수 있는 잠재 능력을 의미하기도 할 것이다.

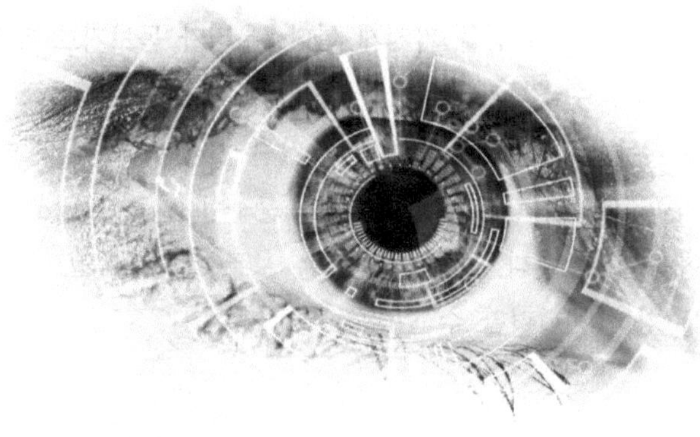

눈빛 (그림: ankitnsingh.medium.com)

이러한 사실들을 역으로 한번 설명해본다면, 평소 억지로라도 고요하고 집중된 눈빛과 마음을 가지려 하고, 또한 그렇게 꾸준히 노력을 반복한다면 타인에게 항상 편안하고 좋은 인상을 줄 수 있는 기회가 많아질 것이고, 매사 삶의 중요 마디마디마다 좋은 결과를 낳을 확률이 높아질 것이라고 생각한다.

산에서 흐르는 물이 바위를 뚫는다는 말이 있다. 산이나 계곡에서 물방울이 끊임없이 떨어지면서 종국엔 바위에 구멍을 뚫을 수 있듯, 인생에서 중요하고 의미 있는 일에 고요하고 맑은 눈빛과 마음을 집중시킨다면 분명히 뜻하는 바, 큰일을 해낼 수 있으리라 충분히 생각할 수 있겠다.

옛 고사에 "정신일도(精神一到)하면 하사불성(何事不成)"이라고 하는 우리나라에서도 제법 많이 알려진 구절이 있다. 이 말은 사람이 어떤 곳에 정신(마음)을 집중시키면 못 이룰 것이 없다는 뜻이다. 여기서 정신을 집중시킨다는 말은 결국 눈빛을 고요하고 집중되게 한다는 말과 충분히 통할 수 있는 말이다.

어떤 것에 고도로 집중하여 파리가 날아와 내 눈앞에 어른거려도, 벌이 내 주변에서 빙빙 돌면서 계속 왱~ 왱~ 대어도 당신의 집중된 눈빛에 흐트러짐이 없는 상태가 계속될 수 있다면 세상에 무엇을 못 이루겠는가?

그 정도의 눈빛이라면, 사리와 도리에 밝아 미래를 읽어내는 현안(賢眼), 통찰로서 가치를 들여다볼 줄 아는 혜안(慧眼) 또한 가질 수 있을 것이다.

1-6. 명함과 나이를 이유로 양보받으려 하지 말아라!

사회적으로 여러 비즈니스 활동에서, 서로 초면이면 명함부터 내밀며 인사하는 경우가 많다. 혹시 명함이 없는 경우라면, 명함에 상응하는 자기소개라든지 인사말을 자연스레 건네면서 인사를 할 것이다.

그런데, 간혹 자기의 실제보다 명함을 더 화려하고 돋보이게 만들거나, 허세가 가득한 명함을 지니고 다니는 사람들도 있다.

이렇게 되면, 물론 자신을 상대에게 자랑하거나 과시할 수 있어서 심적으로 위안이 될 수 있을지 모르지만, 상대방이 당신을 실제의 모습보다 더 우러러보게 함으로써 착각으로 유도할 수도 있는 것이다.

명함 (그림:.freelogoservices.com)

이렇게 작은 하나의 숨김이나 거짓은 '진짜'를 가리기 위해 계속 거짓말이나 수식을 추가해야 하는 수고를 발생시킬 수가 있으며, 결국은 당신 마음에 부담으로 작용하여 그 인간관계 혹은 거래관계에 친밀도가 떨어지거나, 관계의 지속성이 어려워질 수 있다.

명함의 원래의 주요 목적은 관계를 오래 기억하고, 서로 오래 도움을 주고받을 수 있게 하는 것인데, 이럴 경우 그 목적 달성은 실패인 것이다.

그리고 이러한 행위는 자기 자신의 개인적 발전에도 도움이 안 된다. 이미 명함에 자신을 높여 과시하였으므로, 더 이상의 자기 발전을 위한 진정한 노력이나 성취에 대한 갈망은 그만큼 줄어들 수밖에 없을 것이니 말이다.

'나이'에 관련하여서도 한번 생각해 보자. 장년기 이후에는 나이가 들어갈수록 보통 타인에게 더 의지하고 싶고, 도움을 받고 싶은 마음이 발동하기 마련이다. 마치 어린아이로 다시 돌아간 듯한 모습일 것이다.

그러나 지하철에서, 열차에서, 버스에서 아프거나 노쇠하여 어쩔 수 없는 상황을 제외한다면, 가급적 나이를 이유로 양보받고 싶어 하는 마음이나 기대고 싶어 하는 마음을 없애는 것이 더 좋다.

오히려 젊은이들에게 먼저 양보할 만한 기회가 있다면 기꺼이 양보하는 것도 인생 선배로서 좋을 일일 것이다. 가령, 전철 안에서 어르신들이, 비교적 건강하시다면, 아직 어린 아이에게 혹은 어린 아기나 아이를 데리고 있는 사람에게 자리를 양보하는 것은 오히려 아름답게 보이기도 하다. 그리고 그렇게 하여 전철 안에서 서서 가게 되면 앉아서 가는 것보다 오히려 더 건강에 도움이 될 수도 있고, 무엇보다 마음이 아주 편안해지고 오히려 자연스레 기뻐지게 될 수 있다.

결국 무엇에 의지하려는 마음은 장기적인 안목에서는 결국 자신에게 도움이 안 된다. 가능하면 이런 마음을 과감히 모두 버리고서 오로지 홀로 서고자 한다면 자신에게 훨씬 더 좋은 일이 많이 생길 것이다.

그렇다고 하여, 젊은이가 기꺼이 양보하고 싶어 하는데 지나치게 겸양을 떠는 것도 안 좋다고 본다. 그럴 경우에는 고맙다고 하면서 그 호의를 받아주는 것도 오히려 더 좋을 수 있을 것이다. 역지사지(易地思之) 측면에서도, 그렇게 하여야 그 자리를 양보한 젊은이가 보람을 느낄 것이 아닌가?

따라서 괜히 이유도 없이 의지하고픈 마음의 발동은, 병약하거나 나이 들어 그런 것일 수도 있겠지만, 가능한 한 지양하는 것이 좋으며, 상대방의 선제적 호의는 가능한 한 받아주는 것이 더 아름다운 일일 것이다.

결론적으로 볼 때, 무엇이든 허상으로 과시하려 하거나, 부질없이 무엇에 기대려다 보면, 점차 그러한 편의적이거나 나약한 마음이 커져서, 남에게도 결코 좋지 않은 모습으로 비칠 수 있으며, 자신에게도 결코 도움이 안 된다.

차라리 부처의 말씀처럼, '무소의 뿔'처럼 오로지 홀로 서려는 자의적 강인함이 현실을 극복하는 데 더 도움이 될 수 있을 것으로 본다.

살면서 많은 고난과 어려움에도, 아무리 파도가 치고 태풍이 불어와도, 과연 의연하게 대처하고, 오직 크고 강인하면서도 때로 인자한 마음만이 열악한 현실과 노쇠의 심약을 막아내는 최선의 방법임을 항상 깨달아야 좋을 것 같다. 또,

"겉치레에 승부 걸지 마라, 사람에게는 보이는 것보다 풍겨져 나오는 것이 훨씬 더 중요하다!" - Pa sayings

1-7. 죽음을 옆에 와있는 친구처럼 대하라!

'죽음'이라는 것은 항상 조금 무거운 주제이기는 하지만, 인간인 이상 자의든 타의든, 살면서 이것을 문득문득 생각해보지 않을 수 없다. 그리고 이것은 우리에게 좀 더 겸손해지라고 하는 알람 혹은 경고로 들려지기도 한다. 즉 누구든 언제 마지막을 맞이할지 모르니 죽음 앞에서 항상 겸손해지고, 자신보다는 남들을 더 위해주라는 신의 계시로 느껴지기도 하는 것이다.

병원의 한 병실에 누워있으면, 누구라도 자신이 저명한 학자이든, 아주 지위가 높은 사람이든, 연예인이든, 유명인이든 나 똑같이 보여진다. 그냥 위로를 받아야 하고, 기도 받아야 할 환자일 뿐이다.

인생에서 이러한 고난의 경우에도, 주위로부터 가엽게 여겨지거나 안쓰럽게 보이지 않고, 그래도 비교적 당당하게 보여질 수 있으면 얼마나 좋을까? 그러려면 자신에게 어떠한 절망적 상황이 오더라도 홀연히 이 세상을 떠날 수도 있다는 의연한 태도, 만남이 있으면 작별이 당연히 있을 수 있다는 깨달음의 태도와 같은 다소 초월적 태도가 있어야 하지 않을까? 그래야 죽을 때까지 자신의 자존감을 잃지 않고서 인격과 존엄을 제대로 유지할 수 있을 것이니 말이다.

태어남이 있을 때부터 훗날에 삶과의 작별이 있으리라는 것은 당연한 신과의 약속과도 같은 것일진대, 슬픈 감정이나 애처로움의 감정이라든지 하는 것은, 어떤 면에서는 하나의 사치일 수도 있다.

"인간은 모두 사형수와 같다"라는 말이 있다. 모두 사형 선고를 받고 그 집행일만 서로 다를 뿐이라는 것이다. 이렇게 죽음은 항상 우리 옆에 이미 친구처럼 와 있는 것인지도 모른다.

내일 당장 나의 생명이 그 친구를 따라갈 것인지? 어떻게 될 것인지?, 모레 당장 어떻게 될 것인지는 아무도 모를 일이다.

맥아더 장군 (그림: blog.goo.ne.jp)

맥아더 장군이 퇴임 연설에서 인용한 "노병은 결코 죽지 않고 사라질 뿐이다(Old soldiers never die, they just fade away)"라는 구절은 참으로 멋진 말이라는 생각이 든다. 이 말은 신의 계시를 따라 자기 임무를 완수하려고 부단히 애써온 한 군인이 자존감을 유지한 채 노병으로서 사라져 간다고 이야기 한 것일 것이다. 우리의 인생에서도 이와 같이 한평생 나름 최선을 다해 살다가, 갈 때가 되면, 훌연히 떠나면 되는 것이지, 구차하게 눈물을 보인다든지, 슬프다든지 하는 이러한 불필요한 감정은 못난 감정일 수 있다. 우리는 인생과 작별하면서 다소 의연하면서도, 그냥 쿨한 감정과 태도를 보여주는 것이 보다 멋진 것이 아닐까?

죽음이라는 것은 우리 삶의 연장선이요, 삶의 또 다른 변신일 수 있는 것이다. 영혼이 어떠하다라는 다소 종교적인 이야기들은 접어두고라도,

이치적으로만 보더라도, 시작도 끝도 없는 오묘한 이 우주에서, 일생을 마치고 죽는다는 것은 당연히 또 다른 시작이 기다리고 있을 것이고, 인간은 그것이 무엇인지는 모르지만, 신의 계시가 있으면 따르면 될 일이다.

어쩌면 죽음은 네 삶을 일단락 완성시키는 것인지도 모른다. 약간 섭섭한 감정이 생기기도 하지만, 사실은 그동안의 고단한 삶에 대한 경의를 표해주어야 하고, 오히려 축하를 해주어야 할지도 모르겠다.

"당신은 그동안 나의 계시를 행하느라 고생을 많이 하였고, 참으로 수고를 많이 하였으니만큼 이제 좀 편히 쉬게 해줄 것이고, 잠시 쉬었다가 또 다른 미션을 내릴 터이니 잘 준비를 해주게나!"라고 신께서 말씀하시는 것인지도 모르겠다.

"누구나 죽음은 네 목전에 이미 와있는 것이나 다름이 없다. 삶에서 진정 네게 가장 소중한 일만을 하여라!" - Pa sayings

또한, 생의 마지막에는 스스로 아래와 같은 생각과 편안한 마음가짐을 가졌으면 좋겠다.

"죽음은 억겁의 역사 품속으로 돌아가는 것이고, 그 한없는 숨결 속에 다시 안기는 것이다. 나는 그동안 살아내느라 고생을 많이 했는데, 이제 좀 편히 쉴 기회도 가져야 하지 않겠는가?" - Pa sayings

1-8. 마음이 들뜨면 지고, 차분하면 이긴다!

사람의 마음이 들뜬다는 것은 주로 심리적으로 침착하지 못하거나 흥분된 상태를 의미한다. 이러한 상태에서는 마음이 안정되지 못하여 큰일을 해낼 수 없으며, 실수가 잦은 법이다.

반면에 마음이 차분하다는 것은 다소 여유 있고, 심적으로 편안한 상태를 의미한다. 이렇게 차분한 상태는 비교적 큰일도 너끈히 해낼 수 있는 준비가 제대로 된 상태라고도 할 수 있겠다.

스포츠 경기나 어떤 게임에서도 보통 고수는 그 마음이 들뜨지 않으며, 차분한 가운데 승리를 해내는 경우가 많다. 반대로 마음이 들떠있어서 변덕이 심하고 다소 촐랑대는 듯한 선수들이나 게이머들은 순간적으로 혹은 부분적으로 이길 수는 있을지언정 최종적 승자가 되기는 어렵다.

어떤 말싸움에서나 논쟁에서도 마찬가지이다. 마음이 들떠있는 사람은 스스로 흥분하여 감정 조절이 잘 안되고, 자신의 의도나 작전을 노출시켜 상대에게 승리를 가져다 바치는 꼴이 되는 경우가 많다.

또 이렇게 마음이 들떠있는 사람은 결정적으로 먼저 화를 내게 되는 경우가 많으며, 이렇게 먼저 화를 내는 사람은 일정 부분 이성을 잃어버리게 되며, 그로 말미암아 정신적인 면에서 스스로 자멸해가는 것이다.

그렇다면, 이렇게 '들뜬 마음'은 과연 왜 생기는 것일까?

첫째, 자존심이 강한 사람의 경우이다. 자존심이 셀 경우에는, 작은 일에도 마음이 상하여 마음이 들뜨고 화를 내기가 쉽다. 이렇게 화를 내어 이성적 판단이 흐려지기 쉬우니, 당연히 상대에게 질 수밖에 없는 것이다.

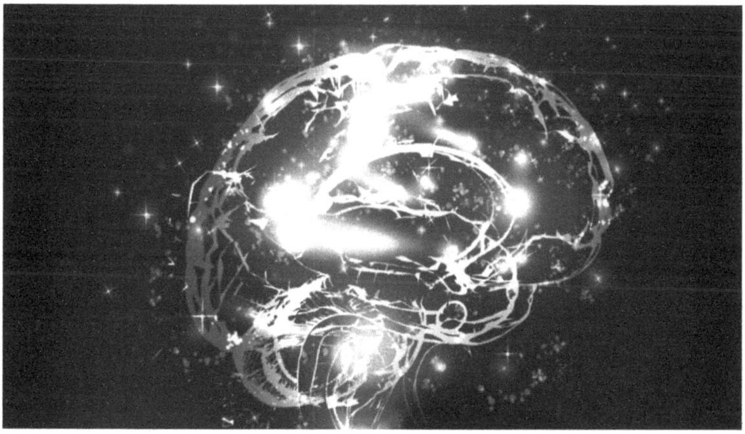

흥분한 뇌 (그림:.gluckstein.com)

둘째, 마음속 허영이 강한 사람이다. 자신의 마음속에 허영심이 강한 사람은 허세를 부리기 위해 외관에 많이 치중하게 된다. 비싼 차를 타야 하고, 비싼 옷을 입어야 하고, 비싼 음식을 먹어야 하고, 화려한 집에 살아야 하고, 무조건 남보다 더 잘나야 한다는 심리를 가지게 되는 것이다. 그러나 사람의 욕심에는 끝이 없으므로 언젠가는 그 한계에 부닥쳐 스스로 짜증을 내게 되고, 결국은 마음이 들뜨고 평정심을 잃어버리게 되는 것이다.

셋째, 성격이 급한 사람이다. 성격적으로 급한 사람일수록 참을성(인내)이 부족하여 인간관계에서 상대를 다그치기도 하고, 뭐든 빠른 승부를 보기 위해 무리를 하게 된다. 결국은 마음이 들떠 실수가 잦게 되고, 실수가 잦으니 정상적으로 이루어지는 일이 매우 드물 것이다.

그러면, 이러한 들뜬 마음을 해결 혹은 개선할 수 있는 방법에는 어떤 것이 있을까? 이제 들뜬 마음의 원인을 알았으니, 그 해결책은 그 원인을 고치는 데서부터 출발을 하면 되는 것이다.

첫째는, 스스로 수양하는 길이다. 많은 독서나 명상, 심호흡 등이 도움이 되겠다. 이렇게 마음을 가다듬어 자신의 내면적 자존감을 높이고, 대신 자존심은 자제를 해나가는 방법이다.

둘째는, 마음의 허영을 스스로 만족의 상태로 바꾸는 방법이다. 즉, 적게 가져도 스스로 족함을 느껴 행복할 수 있는 길을 찾는 것이다. 물질적·허세적 가치보다는 지적·정신적 가치에 비중을 두어서 돈 벌기보다는 자신의 소질이나 능력 개발에 꾸준히 한번 투자해보는 방법이다.

셋째는, 세상일에 급할 게 없다고 항상 생각하고, 이러한 생각과 태도를 습관화하는 방법이다. 대개 급하다고 소리치는 사람들은 실제 자기가 말하는 사안이 급해서라기보다는 자기 성격이 매우 급한 경우이거나, 자기 이익을 챙기기 위해서 급함을 부추기는 경우가 대부분이다. 따라서 항상 느긋한 마음을 견지하도록 노력하여야 너를 급하게 하는 사람들의 행태를 방어해낼 수도 있을 것이다.

넷째는, 스스로의 지식과 내공을 쌓는 길이다. 모름지기 사람은 많이 배우고, 많이 학습하고, 많이 깨우쳐서 많이 알수록 사실에 대한 정신적 장악력과 확신이 커져서, 남들에게 절대 쉽게 속지 않고, 온갖 주변의 현혹하거나 마찰을 빚는 말에도 마음이 잘 들뜨지 않는 법이다.

아마 위에 제시한 방법 중 네 번째의 해법이 다소 종합적인 해결책이 되고, 가장 중요한 대목일 수 있겠다. 모름지기 사람은 스스로 많이 배우고 학습할수록, 깨우칠수록 그 내공을 크게 키울 수 있어서 마음이 잘 들뜨지도 않을 것이니 말이다.

1-9. 세상에는 그리 단언할 만한 것이 없다!

이 세상에서 과연 100% 정확한 것이 있을까? 또한 확실히 믿을 수 있는 것은 어떤 것이 있을까? 사실은 거의 그런 것은 없다고 보면 된다. 우리의 생각과 판단도 정확성이 100%가 될 수는 없으며, 그것을 표현하는 언어(말이나 글, 몸짓 등) 또한 그 정확성이 100%가 될 수는 없기 때문이다.

이해를 돕기 위해서 예를 들어보면, 우리가 흔히 "해는 동쪽에서 떠서 서쪽으로 진다"라고 말을 한다. 그러나 이렇게 단언해도 될까? 그렇지 않다. 엄밀히 이야기하면, 해는 정확하게 동쪽에서 뜨는 것도 아니며, 서쪽으로 지는 것도 아니다.

우리가 동쪽이라고 하는 규약은 "북극성을 바라본 상태에서 오른쪽 90도에 위치한 곳을 동쪽으로 한다."라는 것이다. 물론 이 규약에 따르면, 왼쪽으로 90도 위치한 곳은 서쪽이 될 것이다. 그런데, 지구의 공전 면이 태양의 적도에 대하여 약 23.5도 기울어져 있으므로, 해는 춘분 때는 정동에서 떠서 정서로 지지만, 이후 차츰 북쪽으로 올라와 하지 때는 거의 북동쪽에서 떠서 북서쪽으로 지게 된다. 하지 이후에는 다시 남쪽으로 내려가 추분 때 다시 정동에서 떠서 정서로 지지만, 이후 남쪽으로 내려가 동지 때는 거의 남동쪽에서 떠서 남서쪽으로 지게 된다. 이렇게 해가 뜨는 방향은 매일 조금씩 변하게 되는 것이다.

또, "하루는 24시간이다."라는 명제는 또 어떠한가? 맞는 말인가? 이는 우리가 흔히 이야기하는 명백한 개념 같기도 하지만, 사실은 하루가 24시간이 아니고 약±16분 정도의 차이(균시차)가 발생한다. 그러나 시간이 이렇게 하루하루 바뀐다면 인간의 생활에 매우 불편을 줄 것이므로 평균태양시 개념으로 "하루는 평균 24시간이다."라고 잡을 뿐인 것이다. 그리고 이러한 평균 24시간조차도, 지구의 자전 시간이 조금씩 느려지고 있으므로(10년에 약 1.6초씩 느려짐) 정확하지 못하여 추가로 윤초(閏秒)라는 개념을 도입하여 필요시마다 조금씩 보정(약 1초 추가)하여 주는 것이다.

혹세무민 (그림: kado.net/news)

우리 생활에서 그래도 가장 정확하고 확신할 수 있는 분야가 과학이고, 과학 중에서도 물리학이 그래도 가장 정확한 기준점을 잡는 학문이라고 할 수 있는데, 이러한 물리학마저도 인류의 과학사적으로도 절대적인 이론이 없는 것이며 조금씩 변화하고 있는 것이다.

가령 뉴턴의 고전물리학 개념이 아인슈타인 시대에 와서는 일부 수정되고 보정되었고, 또 현대 물리학에서는 거기에 양자역학 개념이 더 추가되어 계속 변화를 거듭해내고 있는 것이다. 미래에는 또 어떤 이론이 추가로 등장하고, 현재의 이론을 어떻게 뒤집을 것인지 아무도 모른다.

즉, 과학적 학설도 계속 조금씩 바뀌고 있어서 지금까지의 학설은 모조리 정답이 아닐 수 있다. 단지 정답에 가깝게 표현하려고 노력해나갈 뿐인 것이다.

2016년 인공지능(AI ; Artificial intelligence)과 겨루어 인간이 승리한 "이세돌의 78수" 이후에는 인간이 인공지능과 겨루어 공식적으로 승리를 한 적은 없다고 보아야 하며, 앞으로는 더더욱 그러할 것이다. 이렇게 인간의 과학적 응용 수준이 계속 진화를 거듭하고, 그 기준점조차 바뀌고 있는 마당에, 과연 무엇이 불변의 진리인 것이며, 무엇을 그렇게 단적으로 말할 수 있단 말인가?

보통 우리는 수많은 경험을 통해 믿고 있는 사실 혹은 스스로 찾아낸 자연법칙들을 우리가 가진 확신의 근거라고 말하겠지만, 위에서 살펴보았듯이, 이러한 경험과 자연법칙 또한 절대적인 것이 아니다.

이렇게 우리가 생각하고 있는 확신이나 신념에는 항상 오류가 있을 수 있으며, 인생이나 과학에서 정답은 없는 것이다. 단지 정답에 다가가려 갈구하고 노력하는 인간이 있을 뿐이다.

이것이 바로 항상 정답이나 결과를 내어놓으라고 소리치지 말고, 그 과정과 땀에 더 박수를 보내야 하고, 다수의 의견 이상으로 소수의 의견에 귀를 기울여 주어야 하는 이유인 것이다.

또한 우리는 주변에서 너무 단정적으로 말을 하거나, 심지어는 완전히 사실이 아닌 것도 사실인 척 꾸며대는 경우를 많이 본다.

특히, 방송이나 여러 대중매체에 나와서도 서슴없이 엉터리 정보를 아주 단정적으로 표현하는 경우를 많이 볼 수 있는데, 요즘과 같이 언론이 보장되고 개방되어있는 시대에는 시청자들 스스로가 분별력을 가질 수밖에 없는 것 같다.

대개는 단정적인 말을 많이 쓰는 경우는, 그 말 하는 사람의 무지(無知)에서 오거나, 속임수를 위한 것일 수 있다는 사실을 항상 명심해야 한다.

다시금 강조해보지만, 사람은 아주 미약한 존재이고, 항상 진화가 필요한 생명체에 지나지 않으므로 항상 겸손해야 하며, 혹시라도 혹세무민(惑世誣民)하는 자들에게는 절대 휘둘리지 말아야 하겠다.

"사람이 많이 깨우칠수록 단언과 확언은 줄어들 수밖에 없으며, 듣는 귀와 겸손은 커질 수밖에 없다!" - Pa sayings

1-10. 인생에서 원죄를 만들지 마라!

조선은 나라를 세운 1392년부터 1897년 종말까지 내내 '정몽주 시해'라는 원죄에 시달린 왕조라고 할 수 있다. 정몽주는 쿠데타(역성혁명)에 반대하다가 1392년(공양왕 4년) 4월 이성계에게 문병차 들렸다가 돌아가던 길에 선죽교에서 이방원 일파에 의해 살해된 고려의 충신으로 오늘날까지 우리나라 충신의 대명사로 인식되는 인물이다.

'목자망 전읍흥'(木子亡 奠邑興; 이 씨는 망하고 정 씨가 흥한다)이라고 주장하는 정감록의 정 씨는 주로 정몽주 후손들로 여겨지고 있다. 물론 정감록은 주로 조선 후기의 역모 사건이나 민란(정여립 역모 사건, 장길산의 난, 홍경래의 난, 문인방 사건, 동학농민운동 등)에서 직접적으로 언급되기는 하지만, 이미 조선 초기부터 그 원형(정감록과 비슷한 내용의 예언서들)을 많이 찾아볼 수 있다. 예를 들어보면, 조선 초기부터 고조선비사, 대변설, 지화록, 도선한도참기 등 정감록과 관련된 서적들이 민간에 많이 돌아다녔다는 기록들이 바로 그것이다.

이러한 정몽주 살해사건이라는 원죄의 계속되는 불길에 더 기름을 부은 것이 바로 단종 시해 사건이다. 삼촌인 세조가 조카인 단종을 강원도 영월로 유배 보내고 끝내는 무참히 죽인 사건으로써 이 씨 왕실의 도덕성과 민심은 땅에 곤두박질쳐진 것이다. 후에 단종 복위운동(사육신, 생육신 등), 이징옥의 난 등에서 보듯이, 삼촌인 세조에 의해 왕위에서 쫓겨나고 유배 생활을 하다가 결국 비명에 숨진 단종에 대해 유생들과 백성들은 과연 눈물의 통곡과 절규를 하였던 것이다.

원죄 (그림:.nytimes.com)

중국의 역사 속에서도 삼촌이 황제인 조카로부터 황위를 찬탈한 유사 사례가 없는 것은 아니다. 명나라 건문제는 삼촌인 영락제와 처음에는 대등하게 싸우다가 결국 남경이 함락되고, 스스로 궁전에 불을 지르라 명령하였으며, 이후 실종되어 그 행적은 전혀 알 길이 없었다. 그러나 이 사건(정난의 변)은 민심의 동요나 도덕적 엄청난 후유증 등과는 다소 거리가 있었던 것이다.

또한, 우리나라 고려시대의 예로서도, 삼촌인 숙종(고려 15대)이 조카인 헌종의 왕위를 찬탈한 일이 있었지만, 헌종은 그 후 병사로 죽었으며, 조선의 단종처럼 무참히 시해되거나 도덕적인 엄청난 후폭풍과는 거리가 있었던 사건이었다.

또, 고려 공민왕의 경우에는 당시 원나라 간섭기라는 극심한 정치혼란기이었고, 왜구가 영·호남 해안가 전역을 습격하는 등 피해가 엄청나게 가중되는 시기였기에, 윤택과 이승로가 원나라 황제에게 "충정왕이 나이가 어려 국정을 감당할 수 없으니, 제발 왕을 바꾸어 달라"고 간청을 하여 공민왕(고려 31대)으로 왕위가 계승된 것이어서 조카 폐위에 대해 민심은 들끓지를 않았다.

결과적으로 정몽주와 단종 시해 사건은 조선 왕실의 도덕성과 민심을 땅으로 곤두박질치게 하였고, 나아가 왕조의 정통성까지 부정될 수 있는 지경에 이르렀으며, 이는 조선 500년 역사 내내 원죄로 작용하여 왕조의 발목을 잡았다. 그리고 수많은 민란의 단초를 제공하기도 하였던 것이다.

이러한 조선의 원죄적 사건들을 타산지석으로 삼을 수 있는 일들이 우리의 개인적인 일상에서도 많이 있을 수 있다.

가령 상대에게 너무 심한 상처를 줄 수 있는 말과 행동은 반드시 자제를 하여야 하고, 무심코 당신이 던진 돌에 맞아 개구리는 죽을 수도 있다는 사실처럼 항상 사려 깊게 행동하고, 특히, 당신께서 사회적으로 많이 배웠거나, 많이 가진 자라면, 이는 사회적으로 많은 혜택을 받은 것으로 스스로 인정하여 많이 감사해야 하며, 더욱더 당신의 행동거지에 갑질이 없도록 삼가는 마음을 가지고, 항상 '노블레스 오블리주(Noblesse oblige)'를 마땅히 실천할 것을 바라마지 않는다.

1-11. 무비공의 마음을 가져라!

어느 날 경허 스님이 전염병이 창궐하는 천안 지역을 지나다가 갑자기 인생무상(人生無常)을 느꼈다. "그동안 생사를 벗어나는 방법을 중생들에게 많이 설교하고 가르쳤지만, 내가 직접 막상 죽어가는 사람을 보니 스스로 겁먹고 있음을 느끼겠고, 정작 나 자신은 생사의 문제에 허덕이고 있으니 얼마나 어리석은 일인가?"라고 생각되어졌다.

이후 스님은 동학사에 돌아와서 모든 대중에게 그동안 내가 설법한 소리는 모두 허튼소리라고 고백을 한 뒤, 문을 걸어 잠그고 도(道)와 참선에만 정진했다.

어느 날 사미(어린 승려)가 마을에 내려갔다가 어떤 다른 스님으로부터 무비공(無鼻孔; 콧구멍이 없다)이라고 하는 말을 들었는데, 그게 무슨 뜻이냐고 경허 스님께 돌아와서 여쭈었다. 경허 스님이 이 소리를 듣자마자 확철대오(크게 깨달음)를 하고, 아래의 시를 읊었다고 한다.

"홀연히 무비공(콧구멍 없다)이라는 말을 듣고,
비로소 삼천세계가 다 내 집임을 문득 깨달았네.
유월 연암산 아랫길에, 누가 태평가를 부르는구나!
~ (후략)"

위의 시는 정확하게 딱 정해진 해석이 아직 없는 것 같다. 즉, 해석하는 사람마다 모두 뉘앙스가 다른 것 같으니, 내 나름대로, 기존 해석들을 참조하여 위 시를 해석해 본다면, 우선 무비공(콧구멍 없다)은 곧 "콧구멍 없는 소는 코뚜레에 매이어 구속되는 일이 없을 것이니, 그 몸이 자유로워진다."라는 의미로 생각해볼 수 있으므로, "홀연히 무비공(몸과 마음이 모두 죽음, 세상 등으로부터 완전히 자유로워짐)을 알게 되어 비로소 삼천세계(세상천지)가 모두 내 집과 같이 느껴진다. 이제 도(道)를 알게 되니 6월 연암산 아랫길에서 태평가를 부르고 싶을 정도로 기쁘구나!"라고 해석을 한번 해볼 수 있겠다.

무비공의 마음 (그림: seonhakwon.or.kr)

위의 시에서도 보듯이, 세상에는 인간을 구속하는 여러 틀(관습, 제도, 규율, 법, 우상, 타인의 눈치 등)이 있다. 각 개인이 이것들로부터 자유로워져야 진정한 자유를 찾을 수 있지 않겠는가? 사실 그러려면 공자와 같은 현인이 되어야 한다. 공자는 고희(칠순)에 뜻대로 아무렇게나 행동해도 이치에 어긋남이 없었다(從心이라고 함)고 말했다. 보통 사람으로서는 행하기 어려운 일이다.

그러나, 기존의 틀로부터 완전히 벗어날 수는 없다고 하여도, 의지적으로 노력하고 실천을 한다면, 최소한 기존의 틀에 너무 얽매이지 않고 나름 자기 방식대로의 자유로운 삶을 살 수 있지 않을까?

요즘 귀농하여 농촌에서 자신이 하고 싶은 일을 자신만의 방식대로 시도해보는 사람들도 많이 있다. 이 중에서 일부는 나름 성공하여 유튜브 등에 성공 사례를 올리기도 하는 것을 보았다. 앞으로의 시대는 과거와 달리 연봉을 많이 준다고 회사에 얽매이거나, 대우가 좋다고 해서 하기 싫은 일에 끝까지 종사하는 것보다는 자신이 하고픈 생활을 위해서 과감히 도전해보는 사람들이 점점 많아지는 것 같다. 이는 예전처럼 사회적 관습 등의 틀에 얽매이지 않고 그야말로 개성과 자아를 중시하는 삶을 쫓는 좋은 방식일 것이다.

우리 사회에 보통은 남이 하는 방식대로 쫓아서, 남들과 거의 비슷하게 행동하는 경우가 대단히 많다. 이것을 이른바 '추종본능'이라고도 한다. 남의 눈치를 보아가며 손해 보지 않고 뒤처지지 않는 수준에서 나의 기회를 항상 엿보는 방식이다.

이런 방식보다는, 경허스님의 '무비공'의 삶에서 살펴보았듯이, 자신만의 자유롭고 개성 있는 삶의 방식, 기존의 사회적 틀에 구애받지 않고 홀연히 심적으로 꽂히는 뭔가에 과감히 도전해보는 삶의 방식, 자신의 사회적 진정한 가치를 발견해내고 그것에 과감히 도전하고 실행해보는 삶의 방식 등이 더욱 소중하고 필요하다고 한번 생각해본다.

1-12. 낮은 자리를 청하라!

사회생활을 하면서 어디에 가든, 항상 자신의 능력보다 낮은 자리를 원하고 청하여라! 아니, 낮은 자리를 청할 수 있는 용기와 자신감을 가져라!

보통 인간에게는 사회적 평균의 수준보다 높은 자리(직책이나 지위)에 대한 선망, 이기려고 하는 욕심, 과시하려는 욕심이 있게 마련이다. 그러나 이러한 욕심이 과하다 보면, 낭패를 볼 수도 있다. 높은 자리에 앉았는데 일을 잘 처리할 줄을 모르면, 아랫사람, 특히 실세에게 밀려 큰소리 치기도 어렵고, 목소리가 낮아질 수밖에 없다.

이러한 상황은 개인적으로나 조직적으로도 많은 스트레스와 비효율을 가져다주며, 만성 체증을 불러일으킬 수도 있다. 자신의 허접하고 작은 실력에도, 마치 조직을 구하고, 문제를 해결하고, 세상을 구할 수 있다고 생각하는 듯, 자리에 욕심을 부리는 경우가 있어서는 안 되겠다.

차라리 자신의 능력보다 낮은 자리(지위)를 청하여 앉으면, 비록 좀 폼은 나지 않지만, 마음 편하고, 그 자리를 감당하기에 충분한 역량이 있으므로, 목소리에 힘도 생기고, 나아가 맡은 일이 즐거워질 수도 있는 것이고, 또 그 지위도 너의 역량에 따라 점차 자연스럽게 상승되어져 갈 것이니 별로 걱정할 것이 없다.

이러한 문제를 개인적, 조직적 유불리를 떠나서, 당위론 측면에서 한번 생각해볼 수도 있겠다. 사람은 본시 겸손한 태도에서 가장 많은 잠재 에너지(일을 잘 할 수 있는 총체적 능력)를 보유할 수 있으며, 겸손하지 못하고 남들에 으스대는 스타일에서는 에너지가 입이나 행동으로 이미 많이 방출되어버리기 때문에 그 에너지의 양이 작아질 수밖에 없다.

낮은 자리를 원하고 청하라 (그림: leyform.com)

이런 현상들은 비단 우리가 흔히 말하는 "보리도 익으면 머리를 숙이는 법이다"라는 말과도 통한다. 사람은 항상 겸손해하고, 겸허한 언행을 보여주고, 너무 나서지 않고 자중해야 마땅하며, 당연히 남의 입장을 먼저 생각해주는 것이 진정 상대방을 위하는 도리이며, 너를 완성시켜주는 키(열쇠)이기도 할 것이다.

객관적인 측면을 보더라도, 사람의 사회적 지위는 위로 갈수록 위태로워지는 법이다. 일반 회사나 공기업이나 간에, 일반 직원들보다 임원들이나 CEO들이 빨리 그만두는 법이다. 또 스포츠계에서도 보면 일반 선수들보다 감독이나 코치들의 근속 수명이 더 짧은 편이다. 정년이나 은퇴의 문제를 떠나서도, 높은 지위는 그만큼 책임질 일이 더 많아지고 그에 따른 위험도가 증가하고, 그 근속 가능한 일수도 짧아지는 것이다.

그러나 인간은 본능적으로 빨리 승진하고 싶고, 빨리 군림하고 싶고, 빨리 위로 올라가고 싶은 욕심이 당연히 있을 것이다. 물론 위로 올라가도 무슨 특별한 그 무언가가 있는 것이 아닌데, 막연히 위에 올라가면 무슨 보물이라도 있는 것처럼 혹은 세상을 다 가질 수 있는 것처럼 집착한다.

만약 네가 이러한 승진에 대한 욕구를 억누를 수 있다면, 그래서 낮은 자리에서도 내공을 쌓아가며 최선을 다할 수만 있다면, 너의 명성은 언젠가는 잘 알려질 것이며, 장기적으로는 성공할 가능성이 매우 높아질 것이다. 개인의 내공이라는 것은 스스로 잘 충만하게 되면 언젠가는 터지지 않을 수 없다. 그래서 아마 네가 바라던 큰 몫을 분명 해낼 것이다.

또한, 어떤 회의장이나 미팅 룸에 가서 자리에 앉을 때도 가급적 제발 먼저 상석(上席)에 앉지 마라, 상석은 양보하고 뒷좌석(보통 낮은 사람들이 많이 앉는 자리)이나 중간 정도의 자리를 먼저 선호하여라. 그게 미덕이고 양보이고 도리인 것이다. 또한, 승용차에 여러 사람이 같이 탈 때도 가능한 한 뒤쪽 아랫사람이 앉는 자리 혹은 다소 불편한 자리를 먼저 자처하여라. 먼저 좋은 자리나 편한 자리를 차지하는 것은 남에 대한 배려도 아니고, 경우에 따라서는 꼴불견일 수도 있다.

이렇게 지위나 자리는 위, 아래가 중요한 것이 아니고, 자신에게 맞는 자리 혹은 그보다 좀 낮은 자리가 항상 제일 편안하고 좋은 자리이며, 그것은 또한 상대방이나 조직을 위한 배려이기도 하거니와, 마땅한 도리이기도 하다.

또한 낮은 자리에서는 자기 내면과 실질적인 것에 보다 충실하기가 용이할 것이며, 어차피 나중에는 다른 사람들이 너를 억지로라도 떠밀어 올려 높은 자리에 앉힐 것이다.

1-13. 스스로 주치의(主治醫)가 되어라!

네 몸과 마음의 병에는 의사나 약사, 성직자에게 의지하려 하지 말고, 기꺼이 당신 스스로 주치의(主治醫)가 되어라!

우리는 흔히 몸이 아프면 병원이나 약국에 가서 해결해달라고 하고, 마음이 아프면 교회나 성당, 절 등에 가서 치유해달라고 하면 되는 식으로 단순하게 생각하면서 자신 스스로의 책임과 의무는 회피하고 싶어 할지도 모른다. 그러나, 절대 의사, 약사, 성직자가 너의 몸이나 마음에 생긴 병에 대해 치료나 치유를 해주지는 못한다. 사실 치료나 치유는 자신이 스스로 하여야 하고, 전문가들은 네게 도움을 줄 수 있을 뿐이다.

만약 자신의 치료나 치유에 있어서, 자기 스스로의 책임과 의무를 다한다면, 자기 자신에 대해 거의 24시간 자기케어(자신을 세밀하게 돌보아 상태를 항상 정상으로 유지하거나 개선해 나가는 일)가 가능할 것이며, 이것은 자기의 몸과 마음의 상태에 대해 특별하고 자세한 과학적 정보를 가질 수 있게 할 것이다.

그리고 자기케어의 대상이 직접적인 자기의 몸과 마음이니만큼 진정한 사랑과 애정으로 보듬을 수도 있겠고, 보다 근본적이고 완전한 치료·치유에 가까워질 수 있는 최고의 조건을 가지는 셈이기도 하다.

스스로 주치의가 되라
(그림: 99designs.com)

단지 여기에 좀 더 완벽한 치료·치유를

위해 가끔 의사나 약사, 성직자 등 전문가들의 손길이 더해진다면 금상첨화가 아니겠는가?

그러나 보통은 주객이 전도되어, 우리는 흔히 몸이나 마음이 조금이라도 아프기만 하면, 금방 병원으로, 약국으로, 교회로, 성당으로, 사찰로 달려가기 바쁘다. 이런 습관을 반대로 한번 생각해보고 스스로 고쳐나간다면, 아마 당신의 올바르고 건전한 생활에 많은 도움이 될 것이다.

물론 경우에 따라서는 스스로의 자율적 치료·치유 도중에 나태해지기도 하고, 개인이 감당하기에는 다소 벅찰 수도 있겠다. 그래서, 자기 스스로의 자기케어에 대한 책임을 심리적으로 자꾸 회피하고 싶어 할지도 모른다.

그러나 잘 생각해보면, 자기의 몸과 마음에 대한 책임은 자기가 회피하려 해도 회피가 안되는 성질의 것이다. 죽음을 포함한 모든 치료·치유의 결과에 대한 최종적 책임을 자기 자신 아닌 누가 질 수 있다는 말인가?

아무리 부모나 주변에서 도와주어도 결국 수능시험을 쳐내는 것은 학생 본인이고, 역사적으로 수많은 전쟁에서도 그랬듯이, 아무리 주변 우방국가가 도와준다고 하여도 결국 전쟁에서 고지를 정복하고 승리를 쟁취해낼 수 있는 것은 당사국 자체의 피와 땀인 것이다.

> **"본인이 스스로 미리 책임지려하지 않으면 본인에게 감당해낼 수 없는 일이 오지 말라는 법이 없는 것이 세상의 이치이다."**
> - Pa sayings

여기서, 한가지 오해하지 말아야 할 것이, 필요시 의사나 약사나 성직자 등의 도움을 얼마든지 많이 받아도 된다.

단지, "본인 스스로가 자기 자신의 진정한 주치의임"을 항상 망각하지 말아서, 평소 항상 스스로에 대한 자기케어를 게을리하지 말고, 의학적·케어적 지식도 많이 학습하여 실천하고, 정신적 수양도 꾸준히 해나가야 한다는 것이다.

1-14. 남의 마음에 응어리를 지우지 말아라!

서로 많이 다투고 싸우더라도 남의 마음에 응어리를 지우지는 말아야 한다. 그리고 큰 상처를 줄 수 있는 보이지 않는 선(線)은 절대 넘지 말아라!

고타소 공주는 신라 태종무열왕의 장녀이자 문무왕의 여동생이다. 남편 김품석(대야성 도독)과 함께 백제와의 접경지에 있는 대야성에서 지냈는데, 백제의 침공으로 그만 대야성이 함락될 위기에 놓이자 김품석이 아내인 고타소 공주를 죽이고 본인도 자살했었다. 그리고 이 부부는 백제의 감옥 바닥에 파묻히는 모욕을 당하게 된다.

물론 이 사건은 지난날 신라가 백제 성왕을 죽인 일에 대한 복수로 자행된 것이지만, 이 때문에 고타소의 아버지인 김춘추(태종 무열왕)와 오빠 김법민(문무왕)이 백제에 깊은 원한을 가지게 된 것이다. 삼국사기에 따르면, 이 당시 김춘추는 딸이 죽었다는 소식을 듣고 하루 종일 정신 나간 사람처럼 기둥에 선 채로 멍하니 있었으며, 당시 앞에 뭔가 사람이 지나가도 알아채지 못했고, 이후 정신이 돌아오자마자 백제를 반드시 멸하겠다는 다짐을 하게 된 것이다. 이에 직접 고구려, 왜, 당나라를 차례대로 방문해 동맹을 타진하게 되는데, 결국 당나라 당태종이 이를 수용해서 그 유명한 나당동맹이 결성되어진 것이다.

나중에 나당연합군이 백제의 수도 사비성을 함락시키고 백제의 태자 부여융을 사로잡자 당시 신라 태자였던 김법민(문무왕)은 부여융의 무릎을 꿇리고서 침을 뱉은 뒤 "네 아비는 나의 여동생 김고타소를 참혹하게 죽이고 옥 중에 묻어 나로 하여금 20년이나 마음을 아프게 하고 고통스럽게 하였다."라고 말하였다.

성벽 전투 (그림:.ebs.co.kr/)

이러한 역사적 사실에서, 백제가 대야성 전투에서 신라를 타격 시 엄청난 무리수를 두어 김춘추에게 평생 지울 수 없는 응어리를 만들어 복수심을 갖게 만들었던 것이 오히려 백제의 패착일 수가 있었던 것이다. 특히 과거의 전투는 군사들의 사기, 심리전 등이 어쩌면 무기, 군량미, 군사의 수 등의 물질적인 것보다 더 큰 변수로 되기 쉬웠는데, 백제가 신라인에게 엄청난 응어리를 줌으로써 신라 백성들의 공분을 산 것은 분명해 보인다.

오늘날에도 사람 사는 세상은 비슷하지 않은가? 상대방에게, 아무것도 아닌 것을 가지고서, 심한 상처를 준다든지, 도저히 해서는 안 될 말을 한다든지 하는 등의 행동은 반드시 피해야 한다.

상대방에게 어쩌다 잘못하여 물질적으로 혹은 정신적으로 큰 손해를 입혔더라도 최소한 넘지 말아야 할 선(線)은 더 이상 넘지 않는 것이 좋다. 만약 이 최소한의 선(線)을 넘으면 사고성의 큰 사건이 발생할 수도 있고, 사과·사죄 등으로 회복할 수 있는 한계를 넘어설 수도 있으니 말이다.

1-15. 먼 데를 보고 오늘을 버텨라!

나중에는 다 잘 될 것으로 생각하고 오늘을 잘 버티어내어 결국 성공을 거두어내는 사례들을 많이 들어보았을 것이다. 축구, 야구, 기타 구기 종목의 스포츠에서도, 보통은 수비를 잘하는 팀이 공격을 잘하는 팀을 이기는 경우가 더 많다. 즉, 창과 방패가 싸우면 주로 방패가 좋은 쪽이 더 유리한 것이다.

이것은 아마 방패는 기본이고 창은 옵션과 유사한 성격을 가지기 때문일 것이다. 즉, 옵션이 없으면 좀 불편하기는 하여도 치명적이지는 않으나, 만약 기본적인 요소가 없어지면 팀 전체의 존립 자체가 어려워지는 원리와도 유사할 것이다.

과거나 오늘날이나 전투에서도 수비가 더욱 중요하고 어렵다. 예로부터, 성벽을 공격할 때 공격하는 측이 수비하는 측의 3배 이상의 병력이 있어도 힘들다고 하였다. 힘든 것뿐만 아니라 그렇게 많은 병력을 동원하더라도 병력의 막대한 손실(피해)을 각오해야 성벽을 감히 공격할 수 있었던 것이다.

손자병법에서도 성을 공격하려면 최소한 3개월 이상의 장기간 준비가 필요하다고 할 정도로 공격자의 입장에서는 엄청난 부담을 안게 되는 것이다. 그만큼 공격보다는 수비가 적은 병력과 물자를 동원하고도 효과적인 결과를 만들어낼 수 있는 방책인 것이다.

고대부터 내려오는 견벽청야(堅壁淸野) 혹은 견벽거수(見辟擧守) 라는 전술이 있다. 영어로는 Scorched Earth(청야전술)라고도 한다. 이 전술은 적들이 쳐들어오는 경로상의 들판의 곡식이나 작물, 가옥, 식수 등을 모조리 깨끗이 비워서 적들에게 식량이나 식수 공급처를 없애는 전술로써 세계사적으로도 매우 중요하게 구사된 전술이다.

Scorched Earth (그림: en.wikipedia.org)

러시아가 나폴레옹을 상대할 때 바로 이 청야전술로써 모스크바를 비우고 후퇴함으로써 마침내 약화된 나폴레옹 군을 철저히 격퇴한 바도 있었고, 제2차 세계대전 때에는, 1941년 독일이 독소 불가침조약을 파기하고 바르바로사 작전을 펼쳐 소련을 침공한 '독소전쟁'에서도 소련이 이 청야전술을 주효하게 활용하여 승리한 바도 있었다.

우리 역사에서는 고구려가 수나라와 당나라를 대적할 때 그리고 고려가 거란을 맞아 대적하여 싸울 때 요긴하게 사용하여 승리를 거둘 수 있었던 전술이기도 하다

삼국지에서는 조조가 여포와의 싸움에서 견벽청야 전술로 성을 수비하고 보리를 거두어들여 들판을 비움으로 결국 유리한 형국을 조성해 전쟁에서 승리했고, 천재 책략가 제갈량의 5차례나 되는 엄청난 북벌 공격에

도 견벽청야로 맞선 사마의의 이야기도 유명하다.

사마의는 제갈량처럼 천재적인 능력은 없었지만, 오직 공격은 하지 않고 지혜롭게 굴면서 수비만을 행함으로써 제갈량을 지치게 만들었고, 결국 전쟁에서 승리를 거둘 수 있었으며, 자신의 손자 대에 가서는 천하통일까지 이룩할 수 있었던 것이다.

우리 인생에서도 마찬가지인 것 같다. 오늘이 아무리 힘들어도, 먼 데 희망을 가지고, 꿈을 이루기 위해 꾹 참아내고 견디어내면 결국 언젠가는 좋은 기회가 찾아오고야 마는 것이다.

지난 2002년 한·일 월드컵 당시 우리 응원팀인 붉은악마의 함성과 함께 등장했던 응원 구호가 바로 "꿈은 이루어진다!"이다. 이러한 플래카드의 기치 아래 우리나라는 당시로서는 기적과 같았던 월드컵 4강의 신화를 이루어 낼 수 있었던 것이다.

문득 러시아의 위대한 작가(시인) 알렉산드르 푸시킨의 시가 생각난다!

"삶이 그대를 속일지라도 슬퍼하거나 노여워 말라!
슬픈 날은 참고 견뎌라. 기쁜 날이 오고야 말리니 ~ (후략)"

무릇 큰 뜻과 원대한 계획을 품은 자는 현실의 많은 곡절과 파동에도 결코 굴하지 않을 것이고, 도중에 터무니없고 가당치 않은 일, 그야말로 황당하거나 충격적인 일을 당해도 결코 노여워하거나 슬퍼하지 않을 것이다.

1-16. 편협된 마음은 미래를 망친다!

우리나라는 그 어느 나라보다도 좌우 갈등이 심한 나라이다. 대체적으로, 정치 진영 측면에서 좌(左)는 진보를 의미하고, 우(右)는 보수를 의미하며, 지역적으로는, 좌(左)는 호남 지방을 의미하고, 우(右)는 영남 지방을 의미하기도 한다.

이를 좀 더 확장시켜보면, 대체로 좌(左)는 빈자(貧者), 청년층 등의 지지세가 강하며, 우(右)는 부유층, 노년층 등의 지지세가 강하다.

물론 이러한 것은 아주 정확한 구분법은 당연히 아니다. 때로 정확한 구분이 잘 안되고 일부는 양 진영에 서로 섞일 수도 있는 개념이기도 하다. 그러나, 이러한 대립적 구도의 표현들이 여러 매체를 통해 많이 등장하는 것 자체가 우리 사회의 이념이 얼마나 복잡다단하게 얽혀 있으며, 얼마나 심각한 사회적 갈등 현상들이 심화되어있는지를 대변해주고 있는 것이다.

임진왜란과 정유재란 때 선조는 궁궐 사람들을 데리고 도망치기 바빴고, 임금이 없는 한양과 도성 주변은 무주공산이 되었으며, 임금이 그런 겁쟁이 행동을 보이니 지방 고을 수령들도 도망치기 바빴으며 민심을 수습할 방법이 없고, 나라는 도저히 정상적인 방어선을 칠 수가 없었다. 이러한 와중에 그래도 조선 수군의 버팀목이 되어준 것은 그나마 호남지방이었다. 그나마 호남이 버티었기 때문에 나라를 구할 수 있었던 것이다. 그래서 도요토미 히데요시는 전쟁이 끝날 때까지 그토록 호남과 조선 수군을 완전히 정복하지 못한 것을 후회했다고 한다.

반대로, 6.25 전쟁 때는 북한군이 당시 거의 무방비 상태였던 중부지방과 호남지방을 삽시간에 휩쓸었고, 영남이 학도병을 대대적으로 일으켜 낙동강 방어선을 구축하고 죽기를 각오한 배수진을 친 덕분에 나라를 구할 수 있었다.

화개장터 (그림: mediafarm.kr)

역사적으로 보면, 영남과 호남은 모두 서로 간의 명암(잘한 점과 못한 점)이 있었고, 한쪽이 외세에 약하면, 다른 한쪽이 받쳐주는 형국으로 약 1,000회에 가까운 크고 작은 전란으로부터 고비마다 나라를 구해낼 수 있었던 것이다.

이제 제발 좌·우 극심한 대립은 자제하고, 2001년 영호남 화합의 상징으로 복원·개설한 화개장터의 정신처럼, 사이좋게 지내야 마땅하다는 것을 역사는 말해주고 있다.

김구 선생은 1948년 2월 10일부터 12일까지 3일에 걸쳐 신문상에 게재된 성명서에서, "나는 통일된 조국을 건설하려다가 삼팔선을 베고 쓰러질지언정 일신에 구차한 안일을 취하여 단독정부를 세우는 데는 협력하지 아니하겠다."라는 결연한 선언을 전한 바 있다.

선생의 이러한 절절한 선언은 우리나라가 좌우를 먼저 정상적으로 통합하여 단합된 국력을 키우고, 장차 남과 북을 통합하는 진정한 통일시대를 반드시 열어야 하는 절실한 이유이기도 하다.

작금의 우리 정치인들은 국민과 국익을 제대로 챙기기보다는 어떻게 하면 자신들의 권력을 연장할 수 있을까?, 어떻게 하면 자리 한 번 더 해먹을 수 있을까? 등에만 관심을 보이고 있는 것이 사실이다. 진정한 정치는 온데간데없고, 온갖 권모술수, 정치기술, 정치공학만 난무하는 듯 보인다.

그리고 지금도 대권에 도전하려면 영남이나 호남 중 일단 한곳을 먼저 확실히 잡아야 하고, 그곳의 지지를 기반으로 중도 확장을 해야 한다라는 것 등이 주로 통용되는 정치적 공학인 것이다. 또한, 대권 도전 레이스에서는 지역적 대결구도, 이념적 대결구도 등을 부추기는 경우가 많으며, 지키지 못할 공약을 남발하고, 진정성 있는 비전이나 공약은 찾아보기 힘들다. 그 결과 당선이 되었어도 실질적인 공약 이행률이 보통 절반도 안 된다.

무릇 큰 인물이 되어 대권에 도전하려면 사사로운 정치적 기술이나 술수로서 승부를 걸어서는 안 되며, 무조건 자신이 아니면 안 된다는 식의 아집도 좋지 못하다. 자신이 비록 대권에 실패하는 한이 있더라고 국민의 단합과 나라의 발전을 위해 진정성 있게 다가서야 하고, 무엇보다 나라의 통일과 미래를 여는 큰 비전을 보여주는 것이 중요하다고 하겠다.

우리 국민은 국익을 위해 대외적으로는 기꺼이 용감해질 수 있는 지도자, 강대국에 대한 눈치보다는 국민의 눈물을 먼저 닦아주고, 당장의 추락하는 출산율을 신성으로 걱정하고 좋은 방안을 제시해주는 지도자, 세계 최고 수준의 자살률을 조금이라도 줄이기 위해 진정한 대안을 펼쳐줄 수 있는 지도자, 나라의 미래를 한없이 걱정하여 당장의 지지율에 급급하기보다는 일부 반대하는 국민을 설득해 나가면서도 과감히 개혁을 추진해 줄 수 있는 그러한 용기 있는 국가적 리더를 원할 권리가 있는 것이다.

제발 정치인들은 편협된 마음을 접고, 과거와 진영에 함몰되어 이전투구 하지 말고, 좌우 대립을 부추기지 말아야 할 것이며, 수천 년 역사를 이어온 우리 국민의 미래와 나라의 비전만을 생각하고, 정치 상대자들과 선의의 경쟁은 할 수 있겠지만, 국가적으로 큰 대의 앞에서는 서로 어깨동무를 기꺼이 할 수 있는 용기도 있어야 하겠다.

"네 현재와 미래에 대한 답은 이미 과거 속에 숨어있는 법이다. 그러나 그것을 잘 캐치고 채굴하는 것은 네 몫이다!" - Pa sayings

1-17. 재난 극복은 스스로 견인하여야 한다!

가난과 재난 등은 궁극적으로는 자구(自救)노력으로만 극복될 수 있는 것이다. 자구노력이 전제되지 못하면 아무리 지원금을 많이 주고, 사회복지와 혜택이 많이 공급되어져도 제대로 일어설 수 없는 일이다. 가난과 재난 극복을 위해서는 반드시 자구노력이 앞에서 견인하고, 지원금이나 사회복지가 뒤에서 밀어줄 수 있는 형국이 되어야 정상적인 조화가 이루어졌다고 할 수 있다. 혹시라도 주객전도(主客顚倒) 내지는 왝더독(Wag the dog)이 되면 절대 안 될 것이다.

나라에서 정책을 펼 때도 이러한 속성을 고려하여 단순히 돈을 푸는 것보다, 돈을 벌 수 있는 기회와 방법적 측면을 지원해주는 데에 정책의 초점을 집중해야 마땅하다.

지난 2000년 이후 사스, 신종플루, 메르스, 코로나 팬데믹, 원숭이 두창 등의 전염병과 더불어 홍수, 가뭄, 우박, 산불, 대형 선박사고, 기타 지진·해일·화재 등의 자연재해가 거의 매해를 멀다 하고 발생하고 있어서 국가 차원에서 혹은 지자체에서 막대한 지원금을 지급하는 경우가 굉장히 많아졌다. 그러나 이러한 상황에서 꼭 주의를 해야 할 것이 있다. 단순 지원금이나 여러 복지정책만으로는 재난 극복을 견인할 수는 없다. 사회구성원들 스스로의 자구노력이 훨씬 더 중요한 요소이다.

이러한 관점을 잘 설명해주고 있는 것이 탈무드에 나오는 "물고기를 주어라. 한 끼를 먹을 것이다. 물고기 잡는 법을 가르쳐 주어라. 평생을 먹을 것이다"라는 고사이다. 또한, 중국의 속맹자(續孟子)에 나오는 "자식에게 땔나무를 해 오는 법을 가르친다(교자채신, 敎子採薪)"라는 말도 있다. 이러한 두 고사에는 가장 아끼는 사람에게 무엇인가 당장의 해결책을 제시해주는 것이 아니라, 보다 긴 안목에서 그 문제를 근원적으로 해결할 수 있도록 지원해주어야 한다는 교훈이 담겨 있다.

이는 풍족하지만, 단기간에 그치는 지원보다는, 당장은 덜 풍족해도 긴 안목에서의 지속적인 지원이 더 중요하다는 의미이기도 하다.

스스로의 견인 (그림: alamy.com)

요즘 우리 사회가 실업률도 높고, 청년 문제도 많고, 부동산 가격도 매우 불안정하고, 출산율 문제도 크고, 또한 이러한 문제들이 갈수록 심각해지고 있는 양상이다. 이러한 사회적 분위기 속에서 공무원들이 신속한 처방을 한답시고, 혹은 위정자들이 표를 의식한다고 하여, 단순 지원금 살포(뿌리기) 등을 하는 것은 절대 금물이다. 앞에서도 언급했듯이 고기를 잡아주는 것이 중요한 것이 아니고, 낚싯대를 마련해주고, 고기를 잡을 수 있는 교육을 해주는 분야에 최대한의 지원을 하여야 할 것이다. 이렇게 하여 스스로의 낚시 행위와 같은 자구노력이 전제되는 상황에서 추가적인 지원이 이루어진다면, 이것들이 잘 조화가 이루어져, 언젠가는 근본적인 탈출구를 넘어 큰 사업의 성공으로도 이어질 것이 아니겠는가?

자칫 피 같은 국민 세금으로 정치적·선심성 지원금 유포는 앞으로 국민적 큰 부담으로 돌아올 수 있는 것이다. 항상 무슨 문제이든, 당장의 근시안적 대책보다는, 보다 중·장기적이면서도 근본적인 해결책을 마련하는 것이 당연히 더 중요하다.

이런 점을 잘 고려하여 정부나 지자체가 재난지원금을 긴급히 지원했을 때도, 후속적으로 각 분야 전문가에 의한 제대로 된 확인과 추적이 필요하고, 지원 대상자 선별 방법이나 지급 방법 등에 대한 평가·개선 등이 제대로 이루어져야 지속적이면서도 점점 개선된 재난 지원 프로그램을 이어 나갈 수 있을 것이다.

우리나라는 보통 신속한 지급은 어느 정도 잘 이루어지지만, 사후 해당 분야 전문가들의 검토나 추적·평가·제도개선 활동은 너무나도 부족한 형편이다.

또한, 재난지원금이 소중히 사용되어 지려면, 혹여 재난지원금이 거짓되게 쓰이거나, 엉뚱한 데로 지급되거나, 값어치가 적게 혹은 비효율적으로 쓰이고 있는 곳이 없는지 정책 입안자 및 실행자는 면밀히 살펴 문제점, 개선점 등을 찾아내고 계속 정책을 수정해나가는 것이 필요하다.

즉, 긴급한 지급 못지않게 후속 조치도 매우 중요한 부분인데, 이 분야는, 정책의 주체들이 좀 생색을 내기 어려운 분야라서 그런지 몰라도, 모두 별로 관심이 없는 듯 비춰진다.

실업자들에 대한 '실업급여 지급제도'에 대한 문제도 많다. 정책 입안자들은 실업자들의 구직 노력을 철저히 확인하고, 필요성 자체를 면밀히 검증·소명 받은 후 지원을 해야지, 이런 절차 없이 실업급여를 무작정 지급하는 것은 큰 문제이다. 또한 구직 노력에 대한 검증이 형식적으로 진행되거나, 구직 노력에 대한 증명을 그냥 누군가의 도장만 찍어오면 되는 식으로 진행되어서는 안 된다. 현재 우리 주변의 노동사회 문화를 잘 들여다보면, 실업급여도 분명 좋은 제도이기는 하지만, 엉터리로 지급되어 수급자의 도덕성 문제나, 현장의 실업문제 자체를 더 악화시키는 역효과를 만들어내기도 하는 것이 현실이다.

실업자들 대부분도 아마 자신이 실업자로 남아있기보다는, 당연히 버젓한 직장인, 사장님으로서 자리매김하기를 원할 것이다. 이를 위해서는 단순히 돈만 쥐여주고 나 몰라라 하는 방식보다는, 교육이든, 창업지원이든, 인적 지원이든 간에 실업자 본인 스스로들이 원하고 인정하는 방식으로의 합리적이고 지속적인 지원이 우선되어져야 마땅하다는 것이다.

결론적으로 볼 때, 그야말로 국민의 혈세로 모아진 재난지원금, 실업급여, 복지지원금 등은 반드시 자구적 노력이 담보될 수 있는 중장기적인 플랜 하에 그 지급 및 실행이 공정하게 이루어져야 하며, 분야별 전문가들의 지원금 흐름에 대한 추적, 관찰, 분석, 평가, 추가적 지원방안 및 입법활동 등이 지속적으로 뒷받침되어야만, 이러한 일련의 구제활동을 통하여 나라 전체가 바르고 반듯하게 일어설 수 있을 것이다.

1-18. 오만을 넘어 참된 마음을 가져라!

사람은 누구나 좀 배우고, 좀 알게 되면, 혹은 많은 것을 가지게 되면 일단 오만해지기가 쉽다. 남들보다 더 성공하였으니 심리적으로 잘난 행세를 하고 싶어지는 것일 수도 있다. 그래서 스스로를 자랑할만하다고 생각한 결과, 남의 말에는 귀를 열지 않고, 남들을 무시하고, 오만해지기 쉬운 것이다.

그러나 사회생활에서 이러한 행실은 상대방을 많이 불편하게 하고, 힘들게 하며, 사회적 관계의 스트레스를 가중시키는 결과를 초래하는 경우가 굉장히 많다.

전라남도 해남에 대흥사라는 사찰이 있는데, 거기에 걸려 있는 '대웅보전'이라는 편액은 원교 이광사의 글씨로 남다른 사연을 가지고 있다. 원교 이광사는 조선 후기 문인으로서 향토적 글씨로 독특한 서체를 이룩하여 후대에 많은 영향을 준 인물이다.

그런데 훗날 제주도로 귀양 가던 도중 추사 김정희가 대흥사의 초의선사를 만나기 위해 들렀다가 이 편액을 보고, 조선의 글씨를 몽땅 망쳐놓은 이광사의 편액을 당장 떼어내어야 한다고 주장하였다. 그리고 이 주장은 그대로 실행되어졌다.

하지만 제주도에서 혹독한 귀양살이 8년 후 서울로 다시 돌아오는 길에 대흥사에 들러서 예전의 경솔함을 사과하였고, 이광사의 글씨를 다시 원래의 자리에 걸어달라고 부탁을 하였던 것이다. 또한, 그 사과의 뜻으로 '무량수각'이라는 현판을 써서 선물로 주었던 것이다.

이는 제주도 귀양살이에서 엄청난 외로움과 서글픔으로 가득했던 생활을 하면서 뭔가 깨달음이 컸었고, 또한 그 유명한 추사체를 완성하고, 예술의 경지에 이르면서 겸허해진 것으로 해석되어진다. 현재도 '대웅보전'이라는 편액 옆 스님들의 거처인 백설당에는 '무량수각'이라는 글자로 남아있다. 이광사와 김정희가 한 공간에서 글씨로써 나란히 사이좋게 마주하게 된 셈이다.

해남 대흥사의 편액들 (그림: news.nate.com)

김정희는 유배 전 대흥사 외에도 전주에 사는 '유수체'로 유명한 창암 이삼만의 글씨를 보고는 '시골에서 글씨로 밥은 먹고 살 만한 서생의 글씨'라고 면전에서 무시한 적이 있었다. 이 사건 역시 제주 귀양살이 후 창암의 실력을 인정하게 되었고, 귀양에서 돌아온 이후 지난 일을 진심으로 사과하러 전주에 들렀더니 창암은 이미 죽은 뒤였다고 하는 이야기가 전해온다.

평소 거만했던 세기의 천재도 엄청난 시련을 겪고 나서야, 비로소 자신의 예술 세계를 경지 위에 올려놓을 수 있었고, 그 태도 또한 매우 겸허해질 수 있었다는 이야기이다.

이같이 사람은 자기 예술의 세계가 매우 깊어지거나, 학문의 세계가 경지에 가까이 이르게 되면, 마음속에 드디어 깨달음을 갖게 되고, 겸손해지며, 언행과 태도가 비로소 따뜻해질 수 있다는 것이다.

당시 청나라에 자주 다녀와서 국제적인 감각을 배우고 세련미를 갖춘 추사 김정희로서는 향토색 짙은 이광사나 이삼만의 글씨는 아마도 '촌스럽게' 느껴졌을 것이 당연할 것이다. 그러나 혹독한 유배 기간 동안 공부와 예술을 거듭해보니 안목이 넓어져서, 그런 향토적이고 촌스러워 보이는 서체도 나름의 차별화 되고 뛰어난 예술적 가치가 있음을 깨닫고, 이를 스스로 인정하고 사과를 하게 된 것으로 해석되어질 수 있겠다. 즉,

"교만은 곧 지옥이고, 겸손과 깨달음만이 그 유일한 탈출구이다!"
- Pa sayings

1-19. 작은 감정에 휘말리지 말아라!

내 친구 하나는 자기 제자가 스승의 날에 보내온 어느 커피메이커에서 발행하는 '커피+케이크 더블 쿠폰'을 일부러 사용하지 않았다고 말했다. 왜 그랬는지 물어보았으며, 대답은 간단했다.

"내가 그 쿠폰을 사용한 이후, 기말고사 채점을 했을 때, 만약 그 학생의 성적이 좋게 나오면, 그 학생은 그 쿠폰 선물 때문이라고 생각할 수도 있어 교육적으로 좋지 못하고, 만약 기말고사 성적이 좋지 않게 채점되어진다면 자칫 그 학생의 내면에 잘못된 불만이나 나쁜 감정이 생길 수도 있다고 생각했다."

'커피+케이크 더블 쿠폰'이라면, 어느 정도 즐기기에 괜찮게 여겨지는 메뉴이고, 그렇다고 해서 문제가 될 만큼 비싼 것은 아니어서, 그냥 사용해도 별문제가 없고 괜찮았겠지만, 그것을 사용할 이유가 없다는 것이다. 그렇게 하여, 자기 머릿속에 일었던 순간의 작은 감정들에 휘말리지 않고, 쿨하게 생각하고, 판단을 단번에 끝내버린 것이다.

그런 쿠폰들은 보통 모바일로 실시간 조회도 가능하고 선물을 받은 사람이 사용하지 않으면, 선물을 보낸 사람이 쉽게 돌려받을 수도 있는 종류들이니 거절의 부담도 적은 편이다.

내가 생각하기에도 현명한 판단이라는 생각이 든다. 요즘은 제4차 산업혁명 시대라는 분위기와 더불어 SNS, 모바일 메신저, 인터넷 문화 등이 무척 발달되어있어서 자칫 구설수에 오르기 쉽거나 논란의 씨앗이 될 수 있는 것, 약간이라도 오해받을 가능성이 있는 것 등에 대해서는 아예 처음부터 관여하지 않는 것이 좋다고 생각된다. 즉, 문제가 될 만한 여지를 아예 처음부터 만들지 말자는 것이다.

자칫 너무 오지랖이 넓어서 여기저기를 많이 기웃거리거나, 이 사람 저 사람에게 지나치게 간섭하기 시작하면, 별 소득과 보람 없이 스스로가 엄청 피곤해지기 쉬운 것이 요즘의 세상이다. 오히려 그런 오지랖 뒤에는 왠지 허전함이 몰려올 수 있고, 만약 오해하는 자나 모함하는 자라도 있는 경우에는 선의의 피해도 감수해야만 한다.

좌우지간 오지랖이라는 것은 자기 내공의 범위 안에서 움직여야 사고를 치지 않을 것이다.

산속의 오두막 (그림: mountainzone.com)

MS(마이크로 소프트) 창업자, 빌 게이츠는 1980년대에 시작해 아직까지 실천 중인 '생각 주간(Think Week)'이라는 것이 있다. 일 년에 2번씩 각 1주일 동안 외딴 오두막에 가서 미리 준비해간 책만 읽는다는 것이다. 연속해서 많이 읽을 때는 18시간 동안 꼼짝없이 읽기도 한다고 한다. 이 기간 중에는 가족, 친구들, 일, 스마트폰 등 그야말로 주변의 모든 것으로부터 스스로를 단절시키고 생각 주간을 오로지 자신만을 위해서 보내며, 책이나 여러 자료들을 읽고, 사업구상을 한다고 한다.

물론 일반인들이 빌 게이츠처럼 하기에는 매우 어려울 것이지만, 바쁘고 스트레스가 많은 현대인들에게 '쉼'은 꼭 필요한 것이다.

사람마다 처해진 상황과 생활 패턴이 다르니, 거기에 맞는 자기만의 '쉼의 시간과 방식'을 가지도록 해보면 어떨까?

예를 들어, 일주일이나 한 달에 하루 혹은 이틀 정도 핸드폰마저도 꺼놓고, 조용한 곳에서 사업 구상을 한다든지, 공부를 한다든지, 독서를 한다든지, 자기만의 취미를 즐긴다든지 하는 방식으로 몰입도를 한번 높여보는 것도, 자신의 가치 있고 보람 있는 인생을 위해서 매우 유의미한 방법이 될 수 있지 않을까?

참고로, 스마트폰, 태블릿 등의 사용에 제한이 필요한 이유는, 세계적으로 여러 보고에 따르면, 이들 모바일 기기들을 지나치게 사용하면 사람의 건강한 정신생활, 넓은 사고력, 건강한 두뇌활동 등에 많은 방해가 되며, 이 방해가 심해지면 불면증, 불안감, 가족이나 친구들과의 소통 부족, 교감 능력 부족, 불충분한 운동 및 여가 활동, 체중 증가, 기분 저하, 감정적 이완 부족 등 여러 심각한 문제가 발생할 수 있다고 한다.

결론적으로, 생활 속의 작은 감정들이나, 마음속에 이는 파동들에 절대 시달리지 말고 항상 쿨하게 미련 없는 방향으로 판단을 할 수 있어야 하고, 이러한 판단으로 네 마음속 갈등의 고리를 단번에 끊어낸 후에는 네 소중한 인생을 위해 원하는 분야에 몰입도를 높여나가라. 너는 분명 큰 일을 해낼 수 있을 것이다.

1-20. 국민적 힘의 총화만이 대업을 이룬다!

화백(和白) 제도는 우리 고대 신라에서 나라의 중대사와 규율을 의논하던 귀족 회의 제도이며, 전통적인 공동체 사회의 유제(遺制)로서 나라의 중대 사건이 있어야만 회의를 개최하였고, 회의의 참석자는 보통 백성이 아닌 지도층인 백관(百官)들이었다.

이 회의의 가장 큰 특징은 회의에서 한 사람의 반대라도 있으면 결정을 내리지 못하는 '만장일치제'이었다는 점과, 그 회의 장소가 4영지(四靈地)로서 매우 신성한 장소(비공개된 산악)이란 점이다.

아무튼 이러한 제도는 신라 귀족의 단결을 굳게 하고, 국왕과 귀족 간의 권력을 조절하는 기능을 담당하기도 했다. 일례로 진지왕은 음란 및 방탕한 정치를 하다가 화백회의를 통해 폐위되었다고 한다.

이러한 제도 또한 협의와 합의를 중시하는 민주적 방식이라 볼 수 있으나, 오늘날의 시각으로 볼 때는 이러한 방식으로 의견의 일치를 본다는 것은 도저히 생각할 수 없는 것일 수 있다. 한 사람의 방해만 있어도 결론을 낼 수가 없을 것이고, 그 결론을 도출하는 절차 또한 매우 느리게 진행될 수밖에 없을 것이기 때문이다.

그러나 여기서 중요한 점은, 이 화백제도를 통해 당시와 같은 삼국의 치열한 대결의 시대에 지도층 의사의 총화를 이룰 수 있었고, 군사, 외교 등에 공동 대응이나 시너지효과를 만들어 낼 수 있었다는 점이다.

신라의 삼국통일은, 물론 잘 알려진 바와 같이 김춘추와 같은 탁월한 외교관, 김유신과 같은 명장, 강수와 같은 문장가 등의 뛰어난 인적 자원이 있었고, 화랑도와 같은 군율(율법)이 있었던 영향도 컸지만, 무엇보다 주효했던 것은 나라 안의 정치적 지도력의 총화, 국력의 단결화 등을 이루어 낸 화백제도였던 것 같다.

화백회의 (그림: chosun.com)

물론 화백과 같은 만장일치 제도는 오늘날에 쉽게 적용할 수 있는 제도는 아니지만, 당시로서는 그 시너지가 대단하였던 것 같다. 삼국사기, 삼국유사, 화랑세기 등의 기록으로 보면, 이 제도는 왕에 대한 견제력으로도 충분히 작동하였으므로, 그 의미가 오늘날 3권분립을 기초로한 민주주의 정착을 위해 씨름하는 우리에게 부끄러움을 주기도 한다.

우리나라나 선진국들의 오늘날 민주주의는 대부분 다수결의 원칙을 기본으로 작동되어진다. 그러나 다수결이라는 것은 합리적이고 빠른 의사결정 등의 면에서는 좋지만, 많은 단점도 가지고 있다. 지나치게 모든 결정을 다수결의 원칙으로 결정하다 보면, 정치 세력 간 파워(힘)와 숫자의 논리가 지나치게 작동하고, 패거리 정치, 공작정치 등이 횡행할 수 있어, 귀중한 합의정신 문화나, 자칫 민주주의에서 정말 중요시되는 약자에 대한 보호, 소수 집단에 대한 보호 등의 면에서는 많이 소홀해지기 쉽다는 것이다.

그래서, 다수결 원칙의 문제점을 보완하는 대책을 견실히 마련하는 것이 필요한데, 우리 사회는 아직 이런 부분에서는 많이 부족한 듯하다. 가령, 소수 의견에 대한 충실한 기록 보존과 투명한 공개, 소수 의견의 지분도 어느 정도 보장되는 제도의 보완 등이 필요하다. 즉, 지나친 '승자독식'의 문화는 지양될 필요가 있다는 것이다.

또한 만장일치나 총의(consensus) 같은 것도 필요한 곳에는 부분적으로라도 도입이 필요하다. 가령 예를 들어, 대외적으로 강력한 힘을 발휘해야 하는 결정이나, 큰 공동체의 공동 이익을 모색한다든지, 비영리단체의 의사결정 등에서는 이러한 방법들이 아주 유용하게 사용될 수도 있다. 물론 이러한 방법들은 한 명이 회의에 훼방을 놓으면 그 의견은 부결이 되기 때문에 도입하기에 부담이 큰 것 또한 사실이다. 그러나 "한 명 혹은 두 명의 반대는 가결로 본다."라는 등의 수정적 의결 방법으로, 혹은 "총의에 이르지 못한 경우, 건별 정해진 일정 숙의 기간을 거쳐 다수결을 적용한다"라는 등의 보완적 의결 방법으로 충분히 유효하게 적용이 가능할 것으로 보인다.

민주사회 혹은 시민사회의 제도라는 것은 사회 전반에 따스한 체온이 감돌아야 비로소 노블레스 오블리주가 제대로 실천되는 선진사회라고 할 것이다. 또한, 신라의 화백제도에서처럼 쓸데없는 국력 소모의 최소화, 진영 논리를 탈피한 양보의 정신, 국민적 힘의 총화 등을 달성할 수 있는 방향으로 여러 제도가 지속적으로 개선되어 나가야 하지 않을까?

"신라 통일의 비법은 의외로, 최고의 의결기관이자 단합과 공정의 대명사였던 화백회의에 있었던 것이다!" - Pa sayings

이 화백제도는 진평왕의 후사로 성골 남성이 없자, 덕만공주를 왕으로 추대하여 우리나라 최초의 여성 임금인 선덕여왕을 탄생시켰으며, 이렇게 선출된 선덕여왕은 또 무관으로는 알천과 김유신을, 문관(외교관)으로는 김춘추를 등용하였고, 전국 각지에 관리들을 파견하여 고아, 노인, 홀로 된 자 등 어려운 처지의 백성들을 돕게 하였고, 특히 80미터 높이의 웅대한 황룡사 9층 목탑(이 탑을 9층으로 만든 뜻은 이웃에 있는 9적을 물리쳐서 복속시키겠다는 의지를 담은 것임)을 세워 전국 어디에서도 이를 쳐다볼 수 있게 하고, 국민적 단합을 도모하여 신라 통일의 실질적인 초석을 다질 수 있게 하였던 것이다.

이러한 화백제도의 공적은, 당시의 시각으로는 어마어마한 것이었으며, 오늘날 민주주의를 자랑하는 우리들을 참으로 부끄럽게 만든다.

1-21. 절실한 마음으로 구체적으로 원하여라!

절실하고 구체적으로 원할 수 있어야, 네 꿈이 이루어진다!

미래학은 예언과는 다르다. 이는 과거의 역사적·사회학적 여러 패턴을 분석하여 사회과학적으로 미래를 내다보고, 가설을 세우고, 여러 대안들을 준비하는 학문이다.

율곡 이이의 '십만 양병설'은 그 근원에 대해 다소간의 논란은 있지만, 어쨌든 아주 대단한 미래학이라고도 할 수 있다. 조선 최고의 천재라고 불리우는 율곡 이이는 전란을 대비한 십만 양병실 외에도 선조 임금에게 여러 가지 국방과 세제의 개혁 등에 대한 구체적이고 상세한 의견을 개진해나갔으며, 오늘날의 미래학과 유사한 '시무 육조' 등의 연구 업적도 있었고, 기타 조선의 장래를 내다보고 대비하는 탁월한 식견이 담긴 기록들을 많이 남겼다.

또한, 안평대군, 자암(김구), 석봉(한호) 등과 함께 조선 전기 4대 명필 중 한 명으로 꼽히는 봉래 양사언은 해서(楷書)와 초서(草書) 등에 당대 최고 반열의 명필이었다.

그가 안변 군수로 부임하여 있을 때, 장차의 전란의 가능성을 예견하고, 그 구체적 대응 방안으로 큰 못을 파고, 또 창고에 마초(馬草)를 가득 저장하였는데, 이듬해에 변란이 일어나서 많은 군대가 북송될 때 다른 고을에서는 마초와 물이 없어서 관리들이나 백성들이 책임 추궁을 당하여 사형받는 등 많은 고저를 당했지만, 안변만은 미리 대비가 잘 되어 있어서 아무런 문제가 없었다고 하여, 모두 그의 앞을 내다보는 지혜에 탄복하였다고 한다.

그는 또, 탁월한 예지력으로 임진왜란까지 구체적으로 예견하였다고 하며, 나라의 장래를 위한 연구에 노력을 거듭하여 읽지 않은 책이 없었고, 모르는 것이 없었다고 전해질 정도이다.

미래의 물결 선도 (그림: genius.com)

우리에게 "태산이 높다 하되 하늘 아래 뫼이로다 / 오르고 또 오르면 못 오를 리 없건마는 / 사람이 제 아니 오르고 뫼만 높다 하더라."라는 태산가(泰山歌)를 지은 인물로 잘 알려진 그는 또한, 무엇보다 과거 급제 후 약 40년간 고을을 무려 여덟 군데나 다스렸는데, 단 한 건의 부정이 없었고, 처자를 위해서 재산을 마련하지도 않았다고 전해진다. 그야말로 그는 미래학적 관점에서 어려운 시기에 나라의 안위와 백성들의 미래 먹거리 연구에만 전념한 인물이다. 실로 오늘을 사는 우리에게 많은 귀감이 되는 인물이다.

이렇게 율곡 이이와 봉래 양사언의 예로서 보았지만, 미래를 내다보고, 준비하는 것은 참으로 중요한 일이다. 이런 그들의 노력에 임금을 비롯한 주변 신료들이 동조만 잘해주었더라도 임진왜란과 같은 엄청난 국난은 미연에 방지할 수도 있었지 않았을까?

미래학의 또 다른 관점을 보면, 미래를 내다보고 준비하는 것도 중요하지만, 미래를 향하는 물결을 선도해야 한다는 점이다.

예로, 좋은 생각을 많이 하거나, 긍정적인 생각을 많이 하거나, 마음속에 강한 희망을 지속적으로 가진다면, 그 희망은 이루어질 가능성이 매우 커지는 것이다. 흔히 우리가 "꿈은 이루어진다." 혹은 "진실로 원하면 반드시 얻어진다!"라고 말하는 것이 바로 이런 의미이기도 한 것이다.

가령, 내가 지금 간절히 원하여 주변 사람들에 말하고 있는 것이 나의 미래를 스스로 예언하는 것일 수도 있다.

내가 정말 선생님이 되고 싶다고 주변 사람들에게 말하고 있으며, 구체적인 방법을 차곡차곡 실행한다면 선생님이 될 수 있을 확률이 다른 친구들보다 훨씬 높아지며, 내가 꼭 의사가 되어 아픈 사람들을 고쳐주고 싶다고 주변 사람들에게 말하고 있고, 구체적인 공부를 차곡차곡 하고 있다면 너는 미래에 의사가 될 가능성이 확률적으로 매우 높아지는 것 또한 사실이다.

이런 것들은 단순히 미래를 내다보고 준비하는 것을 넘어서서, 미래의 물결을 선도하는 행위라고도 할 수 있다. 그러나 여기서 중요한 것은 미래의 자기 모습을 막연히 원하고 말하기만 한다면 효과가 별로 없을 것이며, 미래의 자기 모습을 간절하고 당당하게, 가능한 한 구체적으로 원하고, 그 원하는 이유를 명확하게 하여야 한다는 것이다.

즉, 그냥 막연히 무엇이 되고 싶다, 무엇을 하고 싶다는 것은 의미와 실현 가능성이 작고, 그런 것들을 절실하고, 구체적으로 원할 수 있어야 꿈이 이루어진다는 뜻이다.

1-22. 뭐든 적기에 행하라!

우리나라는 과거의 유교적 생각이나 관습이 너무 많이 남아 있어서, 현대의 민주주의와 자본주의와는 사뭇 모순이 되는 듯한 온정주의적 모습들이 여러 곳에서 많이 감지되어지는 것이 사실이다.

우리가 돈을 빌려줄 때는 당당히 빌려주지만, 돈을 받아야 할 때는 사정 사정하기도 하고, "고맙다!"는 표현을 연거푸 해가면서 받는 경우도 많다. 또한 제날짜에 돈을 못 갚아도 빌려준 사람보다 갚지 못한 사람이 더 당당하게 소리치는 상황도 벌어진다. 더군다나 이때 옆에 있던 제삼자마저도, 이러한 실랑이를 듣다가 "다 그럴만한 못 갚은 사정이 있네!, 이해를 해 주어야지!, 좀 더 기다려 주었으면 좋겠네!"라고 하면서 오히려 돈을 못 갚는 사람의 사정을 두둔하는 온정주의에 맞장구를 쳐주는 경우도 많다.

그러나 이런 현상들은 좀 냉철히 생각을 해보면, 심각한 '도덕 불감증'에 해당한다. 돈을 약속한 제날짜에 못 갚은 것은 법적으로나, 도의적으로나 분명히 잘못된 일이라는 분명한 선을 일단 긋고 나서, 기타의 필요한 2차적 판단을 하여야 하는 것인데도 불구하고, 그렇게 하지 못하고 이상한 온정주의적 일그러진 모습들이 많다는 것이다.

또한, 우리나라 법원에서도 재판에 대한 판결을 적기(適期)에 마무리하지 못하고, 여러 핵심 관계자들의 눈치를 보아가며 재판을 질질 끌어가기도 하는데, 과거 삼성이나 부영 등의 총수들 재판의 경우에는 '준법감시위원회(기업들이 자체 기업 내에 법규 준수 여부를 감시·통제하기 위해 스스로 설치한 기구)'라는 이상한 조직을 만들라고 판사가 일일이 가르쳐 주면서까지 형량의 감경해주기도 하고, 또 그들에게 유리한 판결이

나올 수 있는 시점에 재판을 진행해주려고 애쓰기도 한다.

우리나라는 근대화 시기에 '한강의 기적'이라고 불리는 급격한 압축성장으로 인하여 이렇게 잘못된 온정주의라든지, 적당주의 혹은 도덕 불감증 등이 국민의 몸에 밴 것 같다. 그러나 이런 것들은 상당히 좋지 못한 관습인 것이다. 이제 우리나라도 UNCTAD(유엔무역개발회의; United Nations Conference on Trade and Development)가 인정하는 선진국 반열에 올랐으니만큼 이런 잘못된 관습쯤은 과감히 떨쳐 청산하여야 할 시기를 맞이한 것이다.

우리는 이러한 비뚤어진 온정주의적 관습들을 철저히 배척하고 그 자리에 정시성, 준법성 등을 문화로써 자리 잡게 하여야 한다. 여기서 준법성은 이미 우리가 너무도 잘 알고 있으니 정시성에 대해 이야기해 보도록 하자.

정시성 (그림: roberthalf.com.hk)

정시성(定時性; punctuality)이란 '적기(適期; 알맞은 시기)를 지키려는 마음'이라고도 말할 수 있겠으며, 약속이든, 계획된 행동이든 간에 무엇이든 계획된 시간에 이행하고, 만약 시간을 정확히 맞추기 어렵다면 다소 일찍 모든 것을 처리하여 계획된 시간이 늦어지거나 연기 혹은 연체되는 일이 없도록 자율적으로 관리하는 행위를 말한다. 그야말로 믿음의 사회로 나아가는 첫걸음이자 가장 중요한 모토 중 하나이다.

빌린 돈은 당연히 약속한 시각에 갚으려 노력해야 하고, 만약 그렇지 못하다면, 자신이 기꺼이 책임을 지겠다는 마음을 마땅히 가져야 할 것이며, 판사들도 준법감시위원회를 마련케 해주는 등 온정주의적 태도를 지양하고, 재판을 질질 끌지 말고 적기(공정한 시점)에 그대로 진행하여야 한다.

또 정치권도 현재 '시간 어기기'가 아주 관습처럼 되어있는데, 이를 하루빨리 개선해 나가야 하겠다. 매년 예산심의 늑장 처리, 선거구 획정 늑장 처리, 법안 개정 늑장 처리, 입법 늑장 처리 등 심해도 너무 심하다는 생각이다.

또한, 우리가 회사에서 사소한 어떤 회의에 참석할 때도 늦게 도착한 사람들을 보고 온정주의적으로 생각하여 '코리안 타임' 운운하는 것은 정말 잘못된 일이다. 누구는 아까운 시간을 쪼개어 미리미리 철저히 준비하여 약속한 미팅 시간을 정확히 지켰고, 회의에 늦은 사람을 위해서 더 기다리면서 시간을 까먹고 있는데, 그냥 온정주의적 발상으로 얼버무리고서 쉽게 넘어가려는 태도는 정말 있어서는 안 될 일이다.

제발 우리 사회에 '코리안 타임'이라는 말은 더 이상 없어져야 한다. 만약 이렇게 시간에 대한 관념이 부족한 상태의 사회가 지속된다면, 사회적·경제적으로 많은 소모가 뒤따를 것이기 때문이다.

만약 한 사람 때문에 열 사람이 30분을 더 기다려야 한다면, 그리고 이러한 현상이 전국적으로 각종 소속 단위의 미팅에서 발생한다면, 매년 발생하는 경제적 손실이 도대체 얼마나 크겠는가?

1-23. 기다림의 승부사가 최후의 승자이다!

오다 노부나가, 도요토미 히데요시와 함께 일본 센고쿠 시대의 향토 '삼영걸'로 불리는 도쿠가와 이에야스는 에도 막부를 개창한 첫 쇼군이며, 그야말로 기다림의 승부사(인내의 귀재)로 불리운다.

도쿠가와 이에야스와 관련하여 그의 성격을 말해주는 듯한 재미있는 이야기가 하나 있다.

마쓰라의 센류(에도시대의 시가 문집의 한 종류)에 적힌 시에서 알 수 있듯이, 두견새가 울지 않는 것에 대해 질문을 받게 되면, 성질이 급한 오다 노부나가는 "울지 않는 두견새는 죽여버리겠다."라고 말하는 스타일의 성격이고, 잔꾀가 많은 도요토미 히데요시는 "울지 않는 두견새는, 어떤 수를 써서라도 한번 울게 해 보이겠다."라고 말하지만, 느긋하고 신중한 도쿠가와 이에야스는 "울지 않으면 울 때까지 기다리겠다."라고 말하는 성품의 소유자로 알려져 있다.

도쿠가와 이에야스는, 나중에 메이지 유신을 단행한 인물들이 조선 침략의 정당성을 위해서 그가 임진왜란 당시 전쟁을 반대했고 조선에 병력을 단 한 명도 파병하지 않았다는 이유로 폄훼하여, 역사적으로 한동안 제대로 된 평가를 받지 못했던 인물이기도 하다.

당시 그는 풍토병, 지방의 치안 문제 등 온갖 변명을 둘러대며 도요토미 히데요시가 요청한 출병을 기어코 거부하였으며, 임진왜란이라는 무모한 승부수보다는 내부의 실력을 차곡차곡 다지고, 진린 중에도 자신의 군대를 온전히 보전할 수 있었기 때문에 나중에 결국 일본 전국을 통일할 수 있었고, 에도 시대를 활짝 열 수 있었다.

견벽청야의 요새 (그림: tellmechina.com)

삼국지의 '사마의'는 자기 통제와 기다림의 승부사답게, 제갈량의 6년에 걸친 5차례의 북벌 침공에도 치열한 지략 대결 끝에 끝끝내 버텨낼 수 있었다. 그는 제갈량이 자기보다 똑똑하다는 것을 알고, 위기 때마다 견벽거수(見辟擧守; 성벽을 바라보며 수비만 함) 전략을 주효하게 사용하였다. 즉 촉한군이 지치고 피곤하여 스스로 물러나도록 하는 전략을 구사하여 제갈량이 군량 부족으로 퇴각할 수밖에 없도록 하였다.

또한, 제갈량 측에 첩자를 보내기도 하고, 제갈량이 보낸 사자로부터 여러 정보를 캐내어 제갈량이 연로한 몸에 과로로 지쳐 오래 살지 못할 것이며, 따라서 제갈량의 북벌 전쟁도 곧 끝날 것이라고 생각하여, 견벽거수 전략을 지속하였다. 과연 그의 말대로 제갈량은 북벌 도중 54세의 나이로 병사하게 되고 전쟁이 끝났으며, 사마의의 예상이 정확하게 맞아 들어간 것이다.

또 하나의 예로서, 러시아의 미하일 쿠투조프는 견벽청야 전술(堅壁淸野 戰術; 들판이나 도시 등의 침략 경로를 완전히 비워, 상대 군사가 군량을 못 구하여 굶주려 스스로 퇴각하게 만드는 전술)을 사용하여 프랑

스군이 지쳐 나가떨어질 때까지 러시아군의 전력을 온전히 보존하기 위해 가능한 한 군사와 시민이 퇴각하라는 명령을 내렸다. 이로 인해 러시아는 모스크바를 포기하고 도시의 시민들도 모두 도시 밖으로 나가게 되었다. 쿠투조프의 이러한 견벽청야 전술로 인하여 나폴레옹 군대는 굶주림과 추위 등을 못 견디고, 또 러시아군의 기습까지 당하여 결국은 패퇴하게 된 것이다. 또 도망가는 나폴레옹 군대를 추격하여 대부분의 병사들을 몰살시키기도 하였으며, 이러한 승전의 공로를 인정받아 쿠투조프는 야전 원수의 직위에 오르게 된다.

고구려의 명장 을지문덕 장군도 수나라 대군을 맞아(제2차 고구려-수나라 전쟁) 살수대첩에서 견벽청야 전술로 들판과 주변에 적이 사용할 만한 모든 군수물자와 식량 등을 태우거나 파묻는 방식으로 없애어 적군을 굶어 지치게 만드는 전술을 펼쳤다. 또한 수나라의 별동대에게 거짓 항복과 후퇴를 반복하는 기만에 의한 유도 작전을 펼쳤고, 평양성 근처까지 유도하여서는 계속해서 성안에서 농성을 펼친 것이다.

이에 수나라는 평양성을 무너뜨릴 가능성이 없다고 판단하여 고구려의 거짓 항복을 명분으로 하여 퇴각하게 되었으며, 마침내 살수(청천강)에 이르렀고, 살수를 반쯤 건넜을 때 고구려군이 뒤에서 후미를 공격했고 수나라군의 신세웅을 전사시키는 등 여러 군대를 격파 및 수장시킬 수 있게 되었다.

이렇게 도쿠가와 이에야스, 사마의, 미하일 쿠투조프, 을지문덕 등의 여러 역사적 사례를 살펴보았지만, 결국 역경을 이겨내고, 자신 스스로를 잘 통제하고, 심리전에서 버텨내고, 끝끝내 기회를 기다린다면, 언젠가는 자신에게도 큰 기회가 찾아오며, 자기의 적수는 제풀에 지쳐 분명히 도망가기 마련이라는 것은 역사적 인물과 사건을 통해서 확인한 고금의 진리인 것이다.

즉, 인생은 그렇게 호락호락하지 않다라는 말이 있듯이, 진정한 기다림의 승부사만이 최후의 승자가 될 자격이 있는 것이다.

"아무리 뛰어난 영웅호걸이나 지략가라고 할지라도 기다림의 승부사를 당해낼 수는 없는 법이다!" - Pa sayings

1-24. 거래보다 품질과 ESG가 먼저다!

자본주의 행위의 꽃은 비즈니스라고 하여도 과언이 아니다. 또한 그 행위의 가장 기본적 지표가 매출과 이윤인 것이다. 한 분기 혹은 한 해 동안 사업을 하여 돈을 벌고, 결산일이 되면 해당 기간 동안의 성과를 계산하고, 직원들에게는 보너스나 성과급을, 주주들에게는 배당금 등을 지급한다. 이때 우리가 간과해서는 안 될 것이, 그 기업이 그동안 돈을 벌기 위해 소비자에게 공급해온 물품의 품질과 ESG에 대한 평가일 것이다.

보통 기업의 지속적 경영과 성공에는 소비자(고객; End User)의 지속적 선택을 받는 것이 핵심이다. 그런데 만일 돈 계산에만 집중하고, 고객들과 사회가 궁극적으로 원하는 품질과 ESG를 제대로 안 챙긴다면 크게 모순이 되는 것이다.

품질과 ESG는 기업의 자존심이자 궁극적 핵심 가치 중 하나이어야 한다. 고객 입장에서 보면 비싼 돈을 내고 필요한 물품을 구입하였는데, 그 물품이 마음에 들 수도 있고, 마음에 들지 않을 수도 있고, 너무 실망스러워 고발까지 생각할 수도 있는 것이다. 이러한 소비자의 마음을 모니터링하고, 분석하고, 평가하고, 다음의 생산 제품에 반영을 하여야 그 회사는 남들보다 뒤처지지 않게 되는 것이다. 만일 이러한 노력이 없거나, 부족하거나, 정체되어있는 회사라면 그 회사는 오래가지 못할 가능성이 매우 크다.

특히, 오늘날 기업은 'ESG'라고 하여, 환경(Environment), 사회

(Social) 및 지배구조(Governance)도 합리적으로 관리하고 투자하여야 하는 것이 마땅하다. 따라서 여러 환경보호 정책에 공헌하는 바가 있어야 하고, 지역 주민의 고용, 사회적 발전에 기여, 투명한 지배구조 등을 갖추어서 고객에게 진정한 가치가 담긴 상품의 제공해야 하는 것이다. 즉, 오늘날의 기업은 단순히 제품을 만들어서 이윤을 붙여 파는 개념만으로는 버티기가 어려우며, 품질, ESG 등의 모든 필요 요소를 충족시켜야 지속적인 경영이 가능한 다소 어려운 매니지먼트의 시대가 도래한 것이다.

발렌베리 재단과 그룹의 핵심 지주사가 위치한 건물 (그림: m.news.zum.com)

스웨덴에서 가장 존경받는 기업이라고 할 수 있는 발렌베리 그룹은 우리나라 삼성그룹이 그토록 닮고 싶어 했던 그룹으로서, 1856년 설립되어, 5대째 세습경영을 하고 있지만, 기업 경영에서 '2인 지배체제(two-top system)'의 투톱 경영으로 견제와 균형의 묘를 잘 살린 기업이며, 특히, "존재하지만 드러내지 않는다(Esse non videri)"라는 가문의 모토 아래, 매체의 스포트라이트나 대중의 눈은 가급적 피하고, 가능한

한 기업 활동에만 전념한다. 그 결과 경영층의 탈세나 탈법, 사생활 문제 등으로 인하여 물의를 일으킨 적은 거의 없는 편이다.

그러나 나라가 위기에 처하면 그룹이 앞장서서 자신의 역할을 충실하게 해왔다. 예를 들어, 1980년대 초 나라 경제가 어려운 상황에서 이케아(가구 및 생활용품을 판매하는 다국적 기업)는 절세를 위한다는 핑계 삼아 본사를 네덜란드로 옮겼지만, 발렌베리 그룹은 큰 출혈을 감수하면서도 조세 회피처로 옮겨가지 않고 오히려 내수시장에서 벌어온 부를 사회에 환원하였다.

160년 이상의 오랜 세월 동안 생존할 수 있었던 비결을 물어보면, 발렌베리 CEO들은 주로 "상품의 품질에 집중하고, dirty business에 관여하지 않으려고 노력하면, 결국 소비자의 존경을 획득하게 된다."라는 답을 하는 것이다.

또한, 가전제품, 상업 및 의료 시설용 제품 등에서 독일 프리미엄 브랜드의 대표주자 격인 밀레(Miele)는 1899년 설립 이래 독특한 가족 경영 기업으로 운영되어져 왔으나, 사회적으로 아주 존경받는 기업이다. 이 회사는 주주, 임직원, 고객, 판매자 등에게 환경 및 사회에 대하여 동등한 책임을 부여하는 기업윤리로 유명한 기업이다. 즉 사회 주체 모두의 공동 책임을 강조하는 것이다.

밀레는 창업 초기의 기본 원칙인 "Immer besser(항상 더 나은 품질과 환경)"을 오늘날까지 잘 지키고 실천해온 것으로 평가되어지며, 보다 장기적인 관점에서 기업의 철학과 계획, 가치와 목표의 지속성, 고객과 판매자와의 우호적 관계 등에 기업의 리더십을 집중하고 있는 것 같다. 이른바 품질과 ESG를 120년 이상 철저하게 실천해옴으로써 사회로부터 존경받는 세계적 기업으로 오랫동안 그 지위를 유지할 수 있었다.

밀레 제품은 경쟁 제품에 비해 상당히 고가인데도, 고객의 재구매율이

타 경쟁사 대비 월등히 높은 편인데, 그 이유를 우리나라를 방문한 CEO에게 물은 바, “마케팅과 홍보보다는 제품 그 자체의 기술과 품질의 힘”이라는 답을 했던 것이다. 회사 제품의 마케팅 및 홍보에 사용되는 전체 비용에 비해 연구개발 및 품질·경영관리에 투자하는 비중이 3배 이상 더 크다고 하는 것이다.

이렇게 스웨덴의 발렌베리와 독일의 밀레에서 살펴보았듯이, 돈과 실적보다는 결국은 품질과 ESG인 것이다.

특히, 앞으로는 ESG를 실천하는 것을 회사의 지출 개념으로 생각할 것이 아니라, 오히려 새로운 기회이자 새로운 동력이라고 생각해야 마땅하다. ESG의 실천을 위해서 자원을 아껴 쓰고, 나누고, 투명하게 관리하는 것은 결코 기업 경영에 지장을 초래하는 것이 아니라, 당연히 기업 경영에 많은 도움이 되고, 회사의 지속 가능한 발전을 위한 필수적 요건이기 때문이다.

1-25. 두세 개 플랜을 동시에 가동하여라!

만약 인생에서 자신의 어떤 목표를 위하여 플랜을 세운다면, 보통은 단도직입적으로 한 개만 세우는 경우가 많다. 그러나 이러한 방법은 장기적 안목의 플랜 측면에서는 그렇게 추천될 만한 방법이 못 된다.

왜냐? 이러한 단일 플랜 하에서는 하나의 플랜이 어떠한 이유로든 실패하면, 그 자리에서 바로 쓰러지거나, 혹은 당황하여 한동안 아무 일도 못 하게 되어 당초에 세운 목표한 바를 달성하는데 큰 차질을 빚게 되는 것이다.

모든 자신의 플랜은 실패할 수도 있다는 전제를 두고, 다소 겸손한 마음으로 진행하는 것이 좋다. 물론 도전적인 플랜도 좋으나, 무모한 플랜은 금물인 것이다. 따라서 몇 가지 시나리오를 미리 준비하고, 거기에 따른 액션 플랜(Action Plan)을 보통은 두세 개 정도 마련하는 것이 좋다.

착각하지 말아야 한다! 최단기에 무엇을 달성할 수 있다든지, 목표하는 바를 바로 이루어낼 수 있다고 확신을 하는 플랜은 갖지 말아야 한다.

내가 기술사, 기사, 산업기사 등을 준비하는 학생들에게 여러 강의를 많이 하고, 지도를 해보니, 보통 단기간에 합격하여 공부를 끝내겠다면서 서두르거나 욕심을 내는 학생은 결과가 좋지 못한 경우가 많았다. 그러나 그 시험 내용에 대해 책, 강의자료 등을 제대로 준비하고, 서브 노트 등을 유효적절하게 활용하면서 기본 원리부터 차곡차곡 준비하는 학생은 합격할 확률이 매우 높다는 것을 발견하게 되었다.

한번은 어떤 수험생이 내게 와서 "기술사 시험에 꼭 나올만한 문제를

100문제만 뽑아주세요."라고 한 적이 있었다. 그 수험생은 해당 분야에 지식과 경험이 많아서, 나름 자신이 있다고 생각하여 다소 거만하게 시험에 접근했던 것으로 생각되었다. 아니나 다를까, 그 수험생은 시험에 떨어졌고, 고생을 많이 한 끝에, 약 3년 정도 추가로 더 공부를 하여 비로소 시험에 합격할 수 있게 되었다.

플랜A & 플랜B (그림: kr.pixtastock.com)

그때 그 수험생에게 합격의 비결을 물어보니, "처음에는 계속 낙방하여 실망이 커서, 아예 모든 것을 처음상태로 돌리고, 마음도 초심으로 돌아가 기술의 기본 원리부터 차곡차곡 공부하였고, 책이나 자료도 너무 한 가지에만 의존하지 않고, 여러 자료들을 통합적으로 공부하여 완전히 내 지식으로 만들어 합격할 수 있었다."라고 하였던 것으로 기억한다.

이러한 사례에서도 보듯이, 자기의 목표를 위한 플랜에서 초심을 지켜 나가야 하는 문제, 조급해하지 않는 마음, 기초적 원리부터 차곡차곡 이해해 나가려는 다소 겸손한 마음 등이 얼마나 중요한지 알아야 한다. 이러한 것들을 초반에 제대로 못 챙기면 자신의 공부는 사상누각(沙上樓閣)이 되기 쉽기 때문이다. 만일 이러한 기본적 자세를 망각하고 너무 급하게 도전하다가, 한 번 떨어지기라도 하면, 자신의 멘탈이 쉽게 붕괴되고, 그동안 공부했던 지식마저도 와르르 무너져 내려서 시험에 도전하는 것이 장기 레이스로 가게 될지도 모른다.

한편, 예전 고사에 '교토삼굴(狡兔三窟)'이라는 말이 있다. 이 말은 "꾀

있는 토끼는 미래의 위험을 대비하기 위해서 굴을 세 개 정도 파놓는다." 는 뜻으로, 점점 더 엄혹해져 가기만 하는 기후위기, 식량위기, 전염병위기, 크고 작은 전쟁위기 속에 살아가고 있는 우리에게 많은 참조가 될 만한 고사라고 생각된다.

우리가 플랜은 세울 때도, 위의 '교토삼굴(狡兔三窟)'의 교훈처럼 다중 안전장치가 꼭 필요하다.

시간이 많이 걸릴 수 있는 중장기적인 플랜이나, 보다 도전적이고 창의적인 플랜일수록 더 많은 안전장치가 필요할 것이다. 이는 중장기적이거나 도전적인 플랜일수록 그 실패의 가능성도 그만큼 크고, 여러 종류의 리스크가 많이 존재할 것이기 때문이다.

다시 말해, 한 플랜이 실패하여도 별로 큰 영향을 받지 않고, 두 번째 플랜을 바로 내어놓을 수 있어야 그만큼 플랜의 안정성을 담보할 수 있다는 것이다.

또한, 개인보다는 조직이, 조직도 그 규모가 클수록 플랜의 수가 더 많아야 할 것이다. 그만큼 조직 내 여러 복잡한 이해관계나 트러블이 있을 수 있고, 실패의 가능성도 상대적으로 크고, 실패를 하였을 때의 타격도 클 수 있기 때문이다.

또한 플랜의 수준도 중요하다. 플랜이 자세하지 못하거나, 정확하지 못하거나, 충분하지 못하면 개인이나 조직의 생존을 위한 충분한 수준의 포트폴리오를 만들지 못해 그 장래를 장담하기 어려워질 수 있을 것이다.

단지, 여기서 주의할 점이, 플랜이 너무 많으면 다소 집중도가 떨어질 수 있어서 역효과도 낳을 수 있으니, 목표의 성격이나 특성에 따라 적절한 수만큼의 플랜을 가져야 할 것이며, 그것도, 각각 우선순위를 세워 두어야 할 것이다.

보통 가장 중요하거나, 가장 실현 가능성이 큰 플랜을 1순위(우선순위)로 정하고, 차례차례 그다음 순위로 서열을 매겨서 순차적으로, 혹은 특수한 경우에는 동시에 진행시킬 수도 있겠다.

또한, 플랜이라는 것도 항상 변화무쌍할 수도 있는 것이 아닌가? 실시간 상황의 변화에 따라서 수정해나갈 수도 있다는 다소 유연한 태도를 가져야 한다. 어떨 경우에는 여러 개의 플랜 중 하나가 없어지기도 할 것이고, 또 어떨 경우에는 새로운 플랜이 추가되기도 할 것이 아니겠는가?

1-26. 유서를 쓰지 마라!

우리나라에도 한때 '유서 쓰기' 붐이 일어 크게 유행한 적이 있었다. 요즘도 일부 인터넷 사이트 등에서는 '유서 쓰기 권장 프로그램' 등이 진행되기도 한다.

유서를 이른 나이에 일찍 써보게 되면, 자신의 죽음을 떠올리며 숙연해지면서, 힘든 삶에 대한 스트레스를 없앨 수도 있고, 자신을 더욱 사랑하게 되며, 스스로를 위로할 수 있는 기회가 될 수도 있고, 남은 삶을 소중하고 더욱 값지게 살아야 하겠다는 각오를 할 수 있는 기회가 되기도 하는 등 많은 장점을 가지고 있다.

그러나 자칫 자신의 유서 내용에서 이래라!, 저래라! 하는 내용들이 나중에 유속들에게 큰 부담으로 작용할 수 있다는 점을 꼭 명심해야 한다.

더군다나, 돈이나 부동산, 채무 등에 관한 민감한 문제의 경우에는 아무리 공평하게 유족들에게 나누어 준다고 하여도, 유족 개개인의 입장에서는 불만을 가질 수 있는 것이다. 돈에 대한 욕심은 인간인 이상 누구든 자기중심적으로 생각할 수 있는 것이기 때문이다. 이렇게 하여, 때로는 유서가 가족 간 큰 불화의 단초를 제공할 수도 있다.

또한, 유서를 통한 재산 분배의 문제는 시점 또한 잘 맞지 않을 수 있다. 유언장을 쓰는 당시와 실제로 재산 상속이 이루어지는 시점의 유족들 경제상황이나 놓여진 처지가 매우 다를 수가 있으며, 아무리 공정하고 공평히 정하여 유언장에 써놓더라도 불만은 생기게 마련이다.

물론, 유서 쓰기 그 자체는 나쁘지 않을 것이기 때문에 이른 나이에 충분히 쓸 수도 있겠지만, 가급적 재산과 관련된 내용은 쓰지 않는 것이 더 좋다고 생각한다. 단지, 유서의 대상으로는 자신의 사후 묘소나 장례 절차, 당부사항, 남기고 싶은 말 등 유족들에게 분란의 소지가 없는 내용으로 한정하는 것이 좋겠다.

유서 (그림: jewelrykeepsakes.com)

당신이 남긴 돈이나 재산에 대한 문제는 산 자들이 알아서 하는 것이 좋다. 산 자들이 알아서 자연스럽게 법에서 정한 분배원칙에 따라서 분배할 수도 있고, 특별한 사정이나 상황이 있다면, 가족들의 협의를 거쳐 결정되어져야 할 일이고, 그것은 그들이 기꺼이 감당해야 할 몫이다.

이렇게 유산에 대한 문제는 죽은 자가 결코 간섭할 필요가 없다. 오히려 산 자들에 대한 배려의 측면에서 유산 처리에 대한 유서는 필요가 없는 것이다.

그리고 자신의 유산과 관련하여서 생전에 미리 조치가 필요한 부분이 있으면, 증여, 양도 등의 여러 수단을 통해 충분히 정리해두는 것이 좋다.

또한, 요즘은 몇몇 은행에서 취급하는 신탁상품(피상속인의 사망 시,

은행이 주관하여 피상속인이 사전에 밝힌 고귀한 뜻에 따라 유산을 상속인이나 상속처에 안전하게 전달해주는 제도) 등이 있으므로 이런 제도를 적절히 활용해보는 것도 좋겠다.

또 다른 관점은, 좀 형편이 어려운 자식에게 차등 지급의 방식으로, 좀 더 많이 도와주는 것이 바람직한가의 문제이다. 내 생각은 꼭 그렇지는 않다는 것이다. 공평의 기준에 대한 해석이 가족 구성원 모두 다 다를 수 있기 때문이다. 자칫 분란의 소지가 되기 쉬운 것이다. 그리고 유독 어렵게 사는 자식은 어렵게 사는 사정이 다 있을 것이며, 그 근본 원인을 도와주는 것이 아니고, 사후 단순히 금전적으로 도와주어도 금방 까먹을 수 있는 것이다. 오히려 상속인의 정신적·도덕적 해이를 불러올 수도 있는 문제이다.

물론 피상속인이 어려운 자식에게 꼭 좀 더 물려주고 싶다면 그 뜻은 최고 우선적으로 존중되어져야 마땅하다, 당신이 평생 일구어낸 재산이니 말이다. 단지, 미리 생전에 배려해주어야 하며, 세금문제까지 깨끗하게 해두어야 나중에 뒤탈의 여지를 배제할 수 있을 것이다.

그리고 증여나 양도, 신탁 등의 재산 문제 처리 시 가급적 세금을 무서워하지 말아라. 다 우리가 사는 세상에 조금이나마 돌려주는 것이 아니겠는가? 세금이 아깝다고 생각하여 머리 싸매고 절세하려 들지 말고, 기꺼이 내어놓는 것도 괜찮다고 본다. 당신도 이 세상에 살면서, 국가나 공공으로부터 지원금, 장려금, 기타 여러 복지정책 등의 많은 혜택을 받지 않았던가? 또, 어떻든 그동안 사회의 많은 보살핌 속에서 살아오지 않았던가?

당신이 그동안 이 세상에서 많은 혜택을 받았으니, 이 세상을 마무리하면서 세금이나 기부 등을 통해서 그 일부를 가지지 못한 자, 배고픈 자들을 위해 돌려주는 것도 좋은 일일 것이다?

땅과 재물은 요물과도 같아서, 자식들에게 아무리 많이 물려주더라도, 장기적으로 보면 별로 도움이 안 되는 경우가 많다. 자식들이 스스로 돈 버는 방법을 터득하고, 세상 사는 이치를 터득해야 한다. 부모가 직접 금전적으로 도와준다고 해서 과연 얼마나 더 도움이 될까? 교육적 측면에서도 크게 도움이 되지는 못할 것 같다.

부모의 지원은 주로 자식들이 스스로 인생을 잘 살아나갈 수 있는 역량(교육, 인성, 인격, 생활환경, 정보, 삶의 지혜 등)에 지원해주는 방향으로 집중하는 것이 좋다.

무엇보다 가장 중요하고 소중한 것은 살아있을 때 당신의 모범이요 실천이며, 마지막에 후손들의 뇌리에 남기고 가는 네 삶의 철학과 인격의 향기일 것이다. 이를 작은 글, 편지, 책자, 영상 등의 형태로 남길 수 있다면 네 삶은 더욱 잘 정리되어질 것이고, 네 발자취는 후손들에 이어져 영속될 것이다. 판에 박힌 유언장을 쓴다는 것은 별 의미가 없을 것이다.

1-27. 어떠한 도전도 결코 그냥 헛되는 일은 없다!

어떠한 도전도 그 결과와 관계없이 내공으로 차곡차곡 쌓이며, 조급해 하지만 않는다면 나중에 크게 쓰이게 마련이다.

그러나, 현재 우리 사회는 매사 조급증이 넘쳐나고, 지나친 무한경쟁을 유도하고, 또 그러한 분위기에 순응하는 패턴이 작용하여, 어떤 목표한 일에 도전하여 빠른 결과를 낳지 못하면, 불안해하여 빠르게 포기하거나, 성급하게 행동 형태를 바꿈으로써 오히려 역효과를 내는 경우가 무척 많다.

좀 더 시간을 두고 느긋하게 목표에 도전하면 더 좋은 결과를 낳을 수 있다는 것을 대부분 사람이 다 알고는 있다. 그러나 알고는 있는데 실천이 잘 안되는 것이다.

이러한 현상과 관련된 몇 가지 사례를 한번 보자.

그 첫 번째 사례로, 어떤 시험에 도전하여 여러 번 낙방하였다고 가정해보자. 그러면 당장은 매우 실망스러울 것이다. 그러나 오랜 실패를 딛고 일어선다면, 그 사람은 한 번에 합격한 사람보다 제법 더 큰 내공을 가지게 된다. 반복하여 여러 번 공부함으로써, 물론 시간은 많이 소요되었지만, 공부한 기억 자체가 뇌의 해마(단기 기억 저장 장소)를 넘어 대뇌피질(시냅스 뭉치)로 보내져 장기 기억으로 저장되어진다. 이렇게 하여 보다 공부한 지식이 정확하고 오랫동안 기억되어질 수 있게 되는 것이다.

이러한 것은 나중에 실무에서나, 또 다른 시험에 응시할 경우 혹은 다른 어떤 응용에 있어서는 경쟁자보다 훨씬 유리한 짐으로 작용되어질 수 있을 것이다. 이렇게 되면, 모든 상황이 전화위복 될 수도 있다. 즉, 당장 한 가지 시험에 합격 여부만 따져서 전체 결과를 뭐라고 평가할 일이 아닌 것이다.

도전 (그림: pixabay.com)

어차피 시험에 합격한 이후에는, 한 번 만에 합격했거나, 두 번 만에 합격했거나, 혹은 매우 많은 도전 끝에 겨우 합격했거나, 모두 동일한 대우를 받을 것이며, 그 처지의 차이는 그리 크지 않다는 것을 우리는 많이들 알고 있다. 순간순간 합격이냐, 불합격이냐 하는 것은 차이가 클 수 있겠지만, 몇 번 만에 합격했느냐 하는 문제는 결과적으로 그리 크지 않다는 것이다.

이를테면 박사과정에 한 번에 통과된 사람이나 열 번 만에 통과된 사람이나, 일단 통과가 되고 나면, 박사는 그냥 박사인 것이지 몇 번 만에 혹은 몇 년 만에 통과된 박사라는 말은 아무런 의미가 없는 것이다. 오히려 박사 취득에 10년이 걸린 사람의 지식과 내공이 훨씬 더 클 수도 있다. 따라서 오히려 늦게 박사를 취득한 사람이 여러 논문을 통하여 사회적으로 크게 공헌하는 예는 허다한 일이다. 결국 도중에 포기만 하지 않고, 진정성 있는 마음으로 정진한다면 언젠가는 자기의 뜻을 거의 100% 가까이 이룰 수 있다고도 볼 수 있다.

두 번째 예로서, 회사를 설립하여 사업을 잘하다가 투자를 한 번 잘못하여 회사가 망했다고 가정해보자. 이 경우에도 자신이 사업을 나름 열심히 해왔다면, 비록 회사는 문을 닫았더라고, 사업 운영에 관한 노하우들은 없어지지 않는다. 그래서 머지않아 또 다른 기회를 잡을 수도 있고, 그때는 오히려 최초로 사업을 시작할 때보다 더 빨리 회사를 정상 궤도에 올려놓을 수 있고, 그것도 훨씬 더 업그레이드된 형태의 회사로 번창시킬 수 있게 되는 경우를 우리는 많이 목격해 왔다.

그리고 이렇게 회사를 잘 정상화 시킨다면, 위기가 오히려 기회로 변하여, 회사가 과거의 문제점을 일신하고, 새로운 바탕 위에 일취월장할 수도 있다는 것이다.

이는 마치 우리가 돌탑을 쌓을 때 처음 쌓기는 힘들어도, 만약에 중간에 실수로 그 탑이 무너져 새로이 탑을 세울 때는, 처음 쌓을 때 익힌 노하우가 몸에 배어, 아주 단시간에 복구하여 쌓을 수 있고, 그것도 훨씬 더 튼튼하고 세련된 형태로 쌓을 수 있게 되는 원리와도 유사하다.

이렇게 대부분의 도전은 결코 헛되지 않으며, 그것의 결과를 떠나서 너를 훨씬 더 성장시켜줄 것이다. 우리가 흔히 "도전은 아름다운 것이다."라는 말을 많이 하지 않은가? 실제 현실에서도 이 말이 그대로 통한다고 보면 된다.

도전이 없는 삶은 상상하기조차 힘들다. 제대로 된 도전이 없으면 네가 이 세상에서 제대로 이루어내는 게 없는 것과 비슷한 상황이 될 수 있으며, 이 세상을 사는 의미가 크게 퇴색될 수 있다는 점을 항상 잘 생각해보아야 할 것 같다.

1-28. 긍정의 마인드는 긍정적인 결과로 이어진다!

우리가 흔히 "부정적인 마인드보다는 긍정적인 마인드를 가져라."라는 말을 많이 한다. 그렇다면 왜 긍정의 마인드가 중요한 것인가? 그것은 바로 긍정적인 마인드는 긍정적인 결과 혹은 성공적인 성과로 이어질 수 있기 때문일 것이다.

즉, 긍정적인 마인드를 가지면 우리의 뇌가 스스로 반응하여 생각하고 있는 바를 이루어내게 할 확률을 매우 높인다는 것이다. 이는 긍정의 마인드가 어떠한 목표를 얻을 수 있는 키(방법)를 끊임없이 찾아내므로 뇌의 회로가 효율적으로 작동하기 때문이다.

반면에 어떤 일을 할 때 나는 도저히 안 돼!, 이것은 도저히 불가능한 일이야!, 나는 머리가 원래 안 좋아! 라는 식으로 스스로를 부정하기 시작하면, 그때부터는 더 이상 당신의 뇌가 스스로 효율적으로 움직일 필요가 없어지게 된다. 네 의지 자체가 이미 포기하였는데, 뇌가 구태여 어렵게 힘든 일을 할 필요가 없어지는 격이다.

뇌 과학 분야에서 MRI 등을 통하여 실험적으로 연구해본 결과, 긍정적인 기대심리는 좌측 편도체를 자극해 쾌감 보상회로 시스템을 작동시키고, 도파민이라는 신경전달 물질이 분비되면서 우리를 즐거움과 행복감을 느끼게 하고, 이러한 뇌의 보상작용으로 인하여 목표한 일도 달성될 확률이 올라가게 된다는 것을 밝혀내었다.

반면에 부정적인 심리에서는 이러한 보상회로 시스템을 전혀 작동(도파민 분비 회로)시키지 않는다는 것이다.

플라시보 효과라는 것이 있다. 환자들에게 위약(가짜 약)을 주어도 그것이 치료약이라고 믿고 먹기만 한다면, 훨씬 치료와 회복에 도움을 준다는 것이 정신 의학적으로 많이 밝혀진 바 있다.

이와 관련된 예를 하나 들어보자.

어떤 학생이 자신은 별로 좋아하지 않는 자격증 시험공부를 부모가 시켜서 억지로 하게 되면, 그 자격증을 취득하기가 무척 어려워진다. 아무리 외워도 머릿속 지식이 단기적 임시 저장의 형태에서 장기적 저장의 형태로 제대로 바뀌지 못하므로, 조금만 시간이 지나도 바로 잊어버리게 되는 것이다.

반면에 자기기 비교적 좋아하고 흥미가 있는 분야의 자격증을 스스로 선택하여 공부한다면, 긍정의 마인드가 자연스럽게 생겨나서, 한 번 외운 것이 장기 저장의 형태로 오래 기억되고 쉽게 머릿속에서 달아나지 않으므로 합격이 비교적 용이하다는 것을 뇌 과학적 지식과 우리의 경험을 통하여 이미 알고 있는 사실이다.

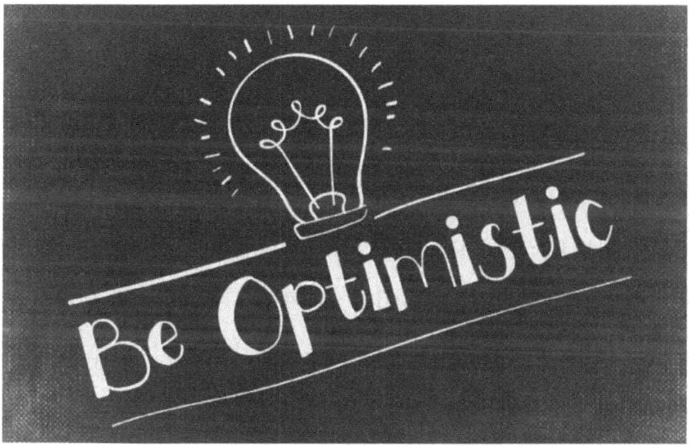

긍정의 마인드 (그림: pixabay.com)

그렇다면 이러한 긍정적인 마인드는 어떻게 가질 수 있을까? 무엇보다 정신적 여유를 가지려 노력하고, 절대 조급해하지 말 것이며, 항상 자신이 할 일을 자율적으로 선택하고, 무엇보다 거기에 당위성을 가질 수 있도록 동기부여를 잘 해나가는 것이 중요하다.

그렇다면 여기서 가장 중요하다고 할 수 있는 동기부여는 또 어떻게 할 수 있을까? 그것은 개인이 놓인 처지가 각각 다르므로 일률적으로 말할 수는 없겠지만, 자신이 그것을 꼭 하여야 하는 진정성 있는 이유(당위성)를 조목조목 잘 생각해보고 구체화해보는 것이 우선이다. 이러한 당위성이 뇌 속에 쌓이면 확신을 이루게 되어 매우 큰 힘을 발휘할 수 있을 것이다.

또, 서로 혹은 스스로 "너라면 잘 할 수 있을 것이다."라는 등의 격려와 칭찬하기를 많이 하는 것도 도움이 될 것 같다.

그리고 긍정의 생각과 말을 가능한 한 많이 그리고 자주 하는 것이 좋다. 만약 그런 긍정의 생각과 말들을 억지로 한다고 하여도 어느 정도 도움은 될 것이다.

보통 우리의 뇌는 생각한 대로, 말한 대로 그대로 이루어 나가려는 그러한 작용을 스스로 하게 되어있다. 즉, 자주 사용하는 말과 생각들이 네 의식을 만들고, 이 의식들의 반복은 강한 동기부여와 긍정의 마인드를 만들어 낼 수 있다.

또 다른 중요한 동기부여의 한 방법은, 자의든 타의든 '배수의 진'을 치는 방법이다. 위기에 몰리면 쥐가 고양이를 물어버린다고 하였던가? 초능력까지는 아니더라도, 어느 정도의 상상을 초월하는 수준까지도 자신의 능력을 끌어올릴 수 있는 것이다. 이렇게 사람은 위기에서는 강한 절실함이 나오는 법이고, 이것이 유발하는 동기부여의 수준은 굉장히 높은 것이다. 즉, 아래와 같이 이야기할 수 있다.

"똑똑한 자는 그렇지 못한 자를 이길 수 있겠지만, 절실한 자에게는 이기지 못할 것이다." - Pa sayings

우리에게 거의 필수가 된 스마트폰이나 노트북의 경우를 한번 보면, 요즘은 그것들의 성능과 사양이 대개는 매우 뛰어나다.

비록 낮은 사양의 것이라고 하여도 높은 사양의 것 이상으로 활용하는 사람이 있는 반면, 사양이 어마어마한 것을 가졌음에도 단순히 저사양 수준의 일 처리에만 사용하는 사람이 많다. 즉, 대개의 경우 제품이나 기계의 문제가 아니고, 사람의 활용 능력이 문제인 것이다. 달리 표현하면, 좋은 핸드폰이나 노트북을 가지고 있다고 절대 자랑할 필요가 없다. 문제는 그것의 가격이나 사양이 아니고, 바로 당신의 활용 의지와 능력에 있으니 말이다.

우리의 뇌도 이와 유사하게 설명할 수 있다. 즉, 좋은 뇌, 나쁜 뇌의 구별이 따로 없는 것이다. 그 뇌를 사용하는 사람의 활용도가 문제가 될 수 있을 뿐이다.

단, 사람의 뇌는 스마트폰이나 노트북과 달리, 정신적인 측면에서의 긍정적인 마인드로 인하여 그 능력이 엄청나게 업그레이드가 될 수 있다는 것이 중요하다. 그 업그레이드의 한계 또한 따로 없다. 단지 네가 스스로 뇌를 학습시키고 단련시키기 나름일 것이다.

1-29. 가성비, 가심비 이상으로 구매 시간이 중요하다!

우리는 보통 비싼 것이 좋은 것이라고 생각하는 경향이 많이 있다. 과연 비싼 음식이 싼 음식보다 맛이나 영양이 좋은가? 당연히 꼭 그렇지는 않다. 자기에게 맞는 음식이 각자 다르기 때문에, 뭐라고 일률적으로 이야기하기가 어려우며, 어쨌든 우리가 잘만 찾아보면 저렴하면서도 맛과 향과 영양 면에서 비싼 것보다 더 만족스러운 음식은 얼마든지 있을 수 있다.

반대로 맛과 향과 영양소 등이 별로 특별하지 않아도, 가격은 상대적으로 매우 높은 음식도 많으며, 이런 종류의 음식은 그야말로 꼴불견이거나 양심 불량으로 느껴지기도 한다.

우리가 항상 입는 옷은 또한 어떠한가? 당연히 비싼 옷이 꼭 좋은 것도 아니다. 일단 사람마다 옷을 보는 취향이 다를 것이고, 자기한테 잘 맞고, 잘 어울리는 옷이 제일 좋은 옷일 것이다. 이렇게 옷 역시도, 잘만 찾아 고른다면, 저렴하면서도 아주 마음에 드는 옷이 얼마든지 도처에 널려 있을 것이다.

이렇게 품질이나 성능이 좋으면서도, 가격은 상대적으로 저렴한 것을 우리는 보통 '가성비가 높다'라고 표현한다. 이러한 '가성비' 높은 상품들을 얻기 위해서는 옛날 같으면 많은 발품과 시간품을 팔아야(오프라인) 했었지만, 요즘은 인터넷이나 SNS 등(온라인)으로도 얼마든지 가능하다.

아니면 오프라인과 온라인을 겸하는 방법으로도 구매가 가능하다. 이 경우 오프라인으로는 해당 상품에 대한 직접적인 시각적·촉각적 확인, 매장과 판매자 확인 등을 행하고, 온라인으로는 주로 제품정보 확인이나 구매결정 등을 행한다.

어쨌든 오프라인과 온라인을 적절히 활용하여 가성비가 높은 상품을 구입하는 것이 필요할 텐데, 여기서 주의할 점은 음식이든, 옷이든, 다른 상품이든 무엇보다 그 소박한 아름다움(자신의 구매 목적에 맞고 적당한 것)이 우선이라는 점이다. 자칫 홍보나 광고 등에 휘둘리게 되면 본의 아니게 피해를 보는 경우도 많다.

가성비, 가심비, 구매소요시간

또, '가심비'라는 것도 있다. 이 말은 가격 대비 심리적·주관적 만족도를 나타내는 말로써, 일반적으로 가격이나 기타의 조건들은 별로 생각하지 않으며, 오직 심리적인 자기 만족도를 기준으로 물건을 선택하려는 구매 행태를 일컫는다.

더구나 요즘은 가성비만을 기준으로 구매를 결정하기에는 왠지 많이 빈약해 보인다. 개인적 취향이나 심리적인 부분을 잘 고려하여 가심비도 당연히 중요시되어야 좋을 것이라고 생각한다.

예를 들어, A라는 갑질하는 회사의 상품은 사지 않고, B라는 ESG를 실천하지 않는 회사의 상품은 사지 않고, C라는 탄소배출을 많이 하는 회사의 제품은 사지 않고, 오직 내가 현재 원하고 있는 나만의 필요 스펙 위주로 챙기겠다는 등의 방법은 상품 선택에 있어서 아주 좋은 방법 중 하나라고 생각된다.

단지, 자칫 너무 개인적이고 주관적으로 판단하여, 자신이 원하는 스펙의 상품이면 아무리 비싸더라도, 아무리 다른 큰 문제가 있더라도 무조건 싸야겠다는 방식으로, 가심비가 자기의 과소비와 과시하려는 심리를 위한 방어기제의 수단으로 사용되면 곤란하다는 점은 유의하여야 하겠다.

또한, 가성비와 가심비 외에 또 다른 중요한 관점은 구매 시간(구매 소요시간 혹은 구매 결정 소요시간을 말함)이다. 이는 오히려 가성비와 가심비보다 더 중요할 수도 있다.

즉, 우리가 여러 상품 구매 시에 가성비와 가심비를 지나치게 비교하고 따지다 보면, 이것 또한 피곤할 노릇이다. 항상 적절한 검색과 빠른 판단력이 당연히 중요하다.

만약 너무 오랫동안 제품정보를 검색·확인만 하고 있고, 상품에 대한 선택을 계속 못하고 있다면, 심신이 지쳐 다른 일이나 공부·업무에 방해가 많이 될 수 있다는 점이다. 이른바 '결정장애'에 해당한다.

따라서 항상 적절한 수준의 검색 시간을 투자하여 가능한 한 빠르고 현명하게 결정하고, 이후에는 상품을 구매하는 일을 머릿속에서 지워버리고 자기 일상에 바로 복귀하는 것이 좋은 방법이다.

즉, 너무 가성비, 가심비 등을 많이 비교하고 따지다 보면, 도무지 검색과 비교(가격, 성능, 만족도 등에 대한 비교)가 끝날 줄을 모르게 되고 자신의 소중한 시간과 정신을 물건 고르는데 너무 많이 소모시켜, 오히려 상품을 대충 고르는 것보다 더 피해가 클 경우도 많이 있다는 것을 꼭 염두에 두어야 하겠다.

또, 인터넷 등으로 '구매주문'이 완전히 끝난 상태에서도, 자신의 선택이 옳았는지를 추가적으로 계속 검증을 하는 습관을 가지고 있다면, 이는 상당히 결정 장애적 중독 현상일 수 있으니, 구매주문이 종료되었다면 바로 잊어버리고, 돌아서서 자신의 일에 집중하는 습관을 가지는 것이 인터넷 구매가 많은 요즘 사회를 살아가는 데 매우 중요한 습관이라고 하겠다.

1-30. 엄청난 지식도 정리되지 않으면 의미가 없다!

지식이나 데이터가 엄청나게 많아도, 그것이 잘 정리되고 재해석되어지지 않으면 의미가 없다!

많이 아는 사람이 반드시 성공하는 것은 아니다. 우리 주변에는 아는 지식이 엄청나게 많은 데도 불구하고 성공을 하지 못하고, 자신의 뜻하는 바를 이루지 못하는 경우를 허다하게 보게 된다.

또한, 오히려 지식이 다방면에 풍부한 사람보다는 한두 가지 지식에 집중도와 깊이가 있는 사람이 더 잘 되는 경우를 많이 본다. 왜 그럴까? 아무리 넓은 지식도, 그것이 집약되지 못하면 큰 힘을 발휘하기 어려울 것이기 때문인 것으로 보인다.

요즘은 이른바 스펙 좋은 사람들이 많다. 그러나 아무리 다양한 스펙을 쌓았고, 많은 면허(라이선스)나 국가자격증을 가졌더라도 그것이 실제의 자신이 하고자 하는 일에 꿰어지지 못한다면 이른바 '장롱 스펙' 혹은 '장롱 면허'가 될 수밖에 없는 것이다.

만약, 특정 분야에 관심이 있고, 또 그 분야가 전망이 있다고 생각하여 스스로 열심히 공부를 하여 면허의 취득에는 성공을 하였다고 하더라도, 해당 분야에 취업을 하거나, 실제 종사를 하여 현장에 그 재능이 적용되어지지 못한다면, 그 면허는 있으나 마나 한 것이 되어버리는 것이다.

지식이나 재능은 무엇보다 자신이 현재 하고 있는 일과의 적용(매칭)이 중요하고, 실행과 실천으로 그 깊이를 돈독하게 하여야 하는데 이러한 부분을 충족하지 못하면 더 이상 진행 혹은 발전해 나가기가 어려울 수 있다.

또한 적용(매칭)이나 실천을 단순히 돈을 벌 목적으로 행하고, 그 깊이가 얕다면, 효과가 매우 제한적일 것이며, 가급적 단순한 돈벌이나 생업을 넘어서 '즐길 수 있는 수준'이 되어야, 자기 분야에 최고의 반열에 오를 가능성이 있다.

독서의 예를 한번 들어보자. 수많은 책을 읽어 다양한 지식을 많이 알았더라도, 읽은 후 곧 망각해버리거나, 기억이 가물거리면 그 효과는 매우 적을 것이다. 다독을 한다고 하여 다 좋은 것은 아니다, 다독보다 중요한 것이 책을 읽어 무엇인가 느끼고, 그 느낀 것을 어느 정도 기억하여 자기 삶에 도움이 될 수 있어야 한다는 점이다. 그러기 위해서는 독후감까지는 아니더라도 간단한 메모, 기록, 일기 등을 통하여 간략히 적어두는 습관이 꼭 필요하다. 이렇게 하여야 자기 인생에 응용해 보기도 쉽고, 가치 있는 지식으로 자기 삶에 투영·대조되어 진정한 도움을 받을 수 있을 것이다.

저장, 평가, 분석 및 적용 (그림: iconfinder.com)

회사에서도 일단은 기록을 잘하는 것이 무척 유리하다. 만약 기록이나 메모를 전혀 않는다면, 매일매일 여러 일 처리를 해나가면서 며칠만 지나도 그 했던 일들의 결과가 가물가물해지기도 하고, 이후에 벌어지는 다른 유사한 일들과도 생각이 섞여 구분하기 힘들어지고, 더 이상의 효과적인 일 처리가 어려워질 수 있다. 이처럼 직장에서는 상사의 지시사항, 각종 회의 결과, 자신의 업무 사항 등을 꼼꼼히 요약·메모하여 활용하는 습관이 있어야 회사에서 버텨나가고, 또 성공하기 위한 최소한의 기본 조건을 갖추게 되는 셈이다. 다시 말해, 회사생활에서도 유무형의 정보(데이터)의 중요성을 깨닫고, 이를 잘 기억하고 꿰찰 수 있는 사람이 결국 성공할 수 있는 것이다.

요즘은 제4차 산업혁명과 인터넷 문화의 혁명으로 인하여 도처에 빅데이터(Big Data)가 넘쳐난다. 이러한 빅데이터도 데이터 그 차제로는 의미가 매우 적다. 그것을 저장 후 평가하고 분석하여, 그 데이터가 가지는 의미나 가치를 잘 채굴해내어야 비로소 보석이 될 수 있는 것이다.

특히 빅데이터의 경우에는 그 저장, 평가, 분석이 매우 복잡할 수 있어서, 대개는 컴퓨터 프로그램을 이용한다. 이렇게 컴퓨터 프로그램을 통하여 분석되고 가공된 데이터는 AI(인공지능), IOT(사물 인터넷) 등의 다양한 산업 분야에 적용되어 엄청난 힘을 발휘할 수 있게 되는 것이다.

이렇게 빅데이터(지식이나 정보 등)는 개인적 측면이든, 회사나 어떤 집단 측면이든, 컴퓨터 시스템 측면이든, 그 양이나 수가 많은 것이 중요한 게 아니고, 잘 정리 및 저장되고, 평가 및 분석이 이루어진 후 현장에서 직접 실행되어져야 그 의미와 효과가 생성되기 시작하며, 점차 그것을 이용하는 자에게 핵심적 가치 혹은 미래가치를 창출해줄 수 있을 것이다.

1-31. 반전의 승부사가 최후의 승자가 된다!

어떠한 경쟁에서도 반전의 승부사가 될 수 있어야, 비로소 최후의 승자가 될 수 있는 자격이 있다!

중국 초한 쟁패기(천하의 패권을 위해 유방과 항우의 전면적 대결 시기) 시절에, 초나라 패왕 항우(項羽)는 역대급의 무예와 통솔력을 자랑하면서 거록대전(巨鹿大戰)에서 장한 장군이 지휘하는 진나라를 무너뜨리고, 팽성전투(수수전투)에서는 단 3만의 군사로 유방(劉邦)의 총 병력 약 60만 대군을 무찌르는 등 그 특유의 용맹과 무예로 경쟁자 유방을 격파해 내면서 거의 '연전연승'을 이루어내었으나, 결정적인 한 방(유방을 사로잡는 일)에는 번번이 실패하였다. 그 결과 최대의 승부처인 '해하전투'에서 지는 바람에 그 유명한 '우미인'과 마지막 작별을 해야 했고, 오강(烏江)을 건너지 못하고 슬픈 '해하가'를 불러야만 했었다.

아마 항우가 이렇게 될 수밖에 없었던 것은, 그가 지나치게 카리스마에만 의존하는 영웅이었고, 자신이 워낙 뛰어난 인물이었기에 그런지 몰라도, 부하 장수나 재상들의 재능을 전혀 인정해주지 않는 편이었으며, 부하 장수들이 전공을 크게 세워도 그 대우(포상, 등용, 승진 등)가 너무 미약했던 점 등이 크게 작용했을 것이라고 평가된다.

반면에, 유방은 최대의 경쟁자였던 항우보다 출신 배경이나 능력 등 대부분에서 뒤졌고, 대부분의 항우와의 전투에서 패했지만, 마지막에 결정적인 승부처인 해하전투에서 크게 이기는 바람에 천하를 통일하고 '한고조'가 될 수 있었다. 이 당시 유방이 항우에게 결정적인 한 방을 먹일 수 있었던 것은 평소에 장군, 재상 등의 인재를 잘 등용하여 중히 사용하였고, 후하게 대접한 덕택이었다. 즉, '인재경영'에 성공한 것이다. 당시 천하의 인재들이, 특히 항우 밑에 있었던 한신이나 진평과 같은 기라성 같은 인물들까지도 유방에게로 투항하여 항우를 무찌르는데 1등 공신이 되어준 것이다. 이처럼 유방이 반전의 승리를 할 수 있었던 데에는 다 그만한 이유와 철저한 준비과정이 있었다고 볼 수 있다.

황산벌전투 (그림: imnews.imbc.com/news)

또한, 우리 삼국시대에 신라가 백제를 무너뜨린 '관창의 7전8기(七顚八起)'라는 것이 있다.

당시 김관창(金官昌)은 신라 중기의 화랑도 소속으로서, 김유신의 양자인 신라군 좌장군 김품일의 아들이자 대야성 주인 김품석의 조카이다. 서기 660년 신라가 당나라와 합세하여 백제를 공격할 때 부장(副將)이 되어 황산벌에서의 백제군과의 전쟁에서 선봉에 나가 공격하여 신라군의 사기를 크게 올리는 데 공을 세우게 되었다.

그는 계백의 진영에 세 번 찾아가 결투를 벌이던 중 전사한 것이다. 그리고 그의 죽음은 신라군이 결사적으로 백제와 싸우는 데 기여하였다.

이러한 관창의 세 번의 도전 이전에 신라군과 백제군 사이에 대격전이 몇 번 벌어졌었고(이때는 관창이 참전은 하였으나 선봉이 아니었다), 이 싸움 중 신라군이 이미 4번 싸워 4번 모두 패한 바가 있었다. 따라서 총 7번 실패 후 8번째 백제군을 무너뜨렸으니, 과연'7전8기'인 셈이다.

신라군의 다섯 번째와 여섯 번째 공격 시에는 관창이 선봉에 서서 적군 속에 들어가서 싸우다가 백제의 포로가 되었으나, 백제 장수 계백이 그 어린 소년의 용맹에 너무나 감탄하였고, 또 신라군 전술의 하나임을 감지하여 그를 죽이지 않고 돌려보내었으나, 일곱 번째 공격 시에는 제 분을 스스로 못 참고, 관창의 목을 베어 말안장에 매달아 신라군에게 돌려보냈다. 신라군은 이러한 관창의 분전과 용기에 크게 고무되었고 모두 죽을 각오로 싸워 마침내 백제 결사대를 격파하고 최후의 승자가 될 수 있었다.

위에서 몇 가지 사례를 살펴보았지만, 어떤 일이라도 그 결말을 보려면, 결정적일 때 잘해야 하는 것이다. 평소에 아무리 열 번이고, 백 번이고 잘해보아야 무엇하는가? 그보다 훨씬 더 중요한 것은 뭐든 결전을 위한 준비를 차곡차곡 잘하였다가 결정적인 순간에 한 방을 잘 날려야 하는 것이다.

즉, 우리 인생에서도 결정적일 때 스스로 용기를 내어 반전의 승부사가 되어야 최후의 승자가 될 수 있다. 단 그러기 위해서는 평소에 내공을 키우고 철저히 준비를 해두어야 함은 분명하다.

1-32. 차별은 불통을, 불통은 파국을 낳는다!

우리 사회는 안타깝게도 학교나 직장, 지역사회 등에서 많은 따돌림과 텃세(일종의 차별)가 발생하고 있다. 그러나 이러한 따돌림이나 텃세주의는 어떠한 경우든, 어떠한 변명으로도 절대 행해서도 안 되고, 용서되어서도 안 된다.

각종 뉴스 매체를 통하여, 간혹 어떤 학생이 심한 따돌림으로 다른 곳으로 전학을 갈 수밖에 없었고, 또 전학한 학교에서도 이번에는 텃세가 심하여 도저히 학교생활에 적응하지 못하여 극단적인 선택을 하는 경우도 있고, 혹은 큰 사고를 치고서 소년원에 송치되는 경우도 많이 보게 된다.

직장 내에서도 자기 상사나 동료들과의 갈등으로 끝내 따돌림을 당하거나, 그런 유사한 이유로 퇴직을 해야 하는 경우가 엄청나게 많이 발생한다. 직장인의 퇴사 이유로서 실력이나 능력의 문제보다는 의외로 이러한 인간관계와 관련된 문제가 훨씬 더 크게 작용하고 있는 것이다.

물론 직장이라는 곳이 직원들 간 경쟁이 치열한 특성이 있는 곳이기는 하지만, 서로 관계가 신사적이지 못하여 동료 간 혹은 선후배 간에 약한 고리(약점이나 부족한 역량)를 공격하고 따돌림을 가하거나, 전출해온 직원이나 경력직원에 대해 알게 모르게 텃세를 가하여 배척하는 것은 어제오늘의 일이 아니며, 이러한 부분은 아주 심각한 악성 직장문화라고 볼 수 있다.

또 요즘은 도시를 떠나 귀농·귀촌을 하는 경우도 많은데, 원주민의 입장에서는 조용했던 마을에 어떤 외지인이 불쑥 나타나 마을의 분위기를 흐리고 있다고 하소연을 하는 경우가 많으며, 귀농·귀촌인들은 원주민의 텃세를 도저히 감당하기 힘들다고 서로 하소연을 많이 한다. 심지어 어떤 마을에서는 아예 "귀농·귀촌을 받지 않는다"라는 현수막을 내다 거는 곳도 있다.

배려·소통·봉사 (그림:.icrc.org/en/document)

과연 무엇이 문제인가? 원주민과 귀촌인이라는 이질적인 두 문화가 화합하려면 분명히 시간이 오래 걸리는 만큼, 상호 충분한 마음의 여유를 가지고 서로가 배울 점은 기꺼이 배우려 하고, 무엇보다 상대의 입장을 먼저 고려해보려는 훈련과 연습이 좀 필요한 것이다. 이러한 연습이 모여 습관과 관습으로 뿌리를 내려야 비로소 귀농·귀촌에 성공한 것이라고 볼 수 있겠다.

보통은 마을 사람들이 도시로부터의 귀농인에게 컴퓨터나 인터넷 활용법, 쇼핑몰 운영 방법, 금융 지식, 기술 지식, 기타 최신 정보와 관련된 지식 등을 배우면 얼마나 좋은가? 또, 귀농인은 마을 사람들로부터 지역사회 혹은 농촌의 값진 문화와 전통, 농업정보, 농사기술, 기타 지역정보 등을 적극적으로 배우면 또 얼마나 좋은가?

이렇게 서로가 상대방에게 배우고, 이해하려고 노력하다 보면 마을 전체의 물적·정신적 자산이 더욱 풍요로워질 것이 자명하지 않겠는가?

또한 신문, 방송, 잡지, 유튜브 따위의 각종 언론매체의 경우도 마찬가지이다. 서로 상대의 성향을 문제 삼으며, 극단적 비방이나 욕설이 많이 오가기도 한다.

오늘날 민주 시민사회를 위해 가장 중요한 역할과 기능을 하고 있다고 보아도 과언이 아닐 이런 언론매체마저도 서로 간의 반목, 따돌림, 텃세 등을 일삼으니 참으로 한심할 노릇이다.

이 경우, 무엇보다 먼저 상대방의 성향과 색채를, 그것이 불법이 아닐진대, 최대한 이해하고 인정해주려고 노력을 한 다음, 상대방의 문제점을 꼬집어야 마땅한데, 보통 이러한 순서를 생각하지 않고, 자기편 혹은 자기 진영이 아닌 것 같으면 무조건 비방부터 먼저 하려 드는 자세가 가장 큰 문제일 것이다.

모든 관계가 그렇듯, 서로가 서로를 '나쁜 ○○'이라고 딱지를 붙여가면서 반목하고 차별하여 비방하면 그 관계는 점차 당연히 소원에 질 것이고, 소원해지면 소통이 안 될 것이며, 소통이 안 되면 오해가 생길 것이고, 그 오해가 점차 깊어지게 되면 언젠가는 막장으로 가거나 소송으로 갈 수밖에 없고, 그 결과로 맺어지는 나쁜 악연이 다시 더 큰 반목과 차별로 회귀되는 악순환의 고리를 만들게 되는 것이다.

이렇게 여러 가지 경우를 살펴보았지만, 따돌림과 텃세는 분명 사회적 악(惡)이요, 아주 심각한 병폐이다. 이러한 따돌림과 텃세 문제의 해결과 관련하여 무엇보다 사회적 관용과 배려의 문화가 가장 절실하다고 생각된다.

모든 이질적 관계의 충돌에서, 다소 마음의 여유를 좀 가지고서, 먼저 자기부터 마음을 좀 열어보고, 상대가 좀 마음에 안 들더라도, 이해하고 인정하려는 관용과 배려로 그 관계를 출발하려 해야 마땅할 것이다. 그것이 인간으로서의 당연한 도리이고, 상대에 대한 기본적 존중이 아니겠는가?

이러한 마음으로, 제발 우리 편, 남의 편으로 구분하거나 차별하지 말고, 서로 활발한 소통을 해나간다면, 오해가 있어도 바로 풀릴 것이며, 관계의 선순환 고리를 반드시 만들어낼 수 있을 것이라고 생각된다.

1-33. '누림'은 강한 내공을 요구한다!

큰 부(富)의 누림과 큰 권세의 누림 등은 강한 내공이 있어야 원만하고 지속적인 유지가 가능할 것이다.

만약 큰 부를 누림에 있어서, 그 부의 끝 모를 욕망을 누를 수 있는 강한 내공 없다면, 결국은 욕심에 눈이 멀어 더 많은 것을 얻으려 할 것이고, 급기야는 불법적인 일을 저질러 화(禍)를 당할 수도 있는 것이다.

또한, 큰 권세의 누림에 있어서도, 그 권세의 지나침을 통제할 만한 강한 내공 없다면, 이 역시 욕심과 끝없는 탐욕에 눈이 멀어 더 높은 곳을 향하여 돌진하는 형세를 취할 것이고, 그렇게 되면, 급기야는 큰 사기꾼이 되거나 혹세무민(惑世誣民)하는 위선적인 리더가 될 수밖에 없을 것이다.

옛날에 어떤 건장한 세 사람이 몰래 고분을 도굴하여 그 속에 들어있는 금은보화를 3등분으로 나누기로 약속을 하였다. 그래서 밤에 몰래 산속에 있는 그 고분을 접근하여 도굴해보니 큰 금은보화가 가득 들어있는 상자가 하나 나왔다고 한다. 그리고 도굴에 성공한 것을 축하하기 위해 산의 바로 아래 입구에 있는 상점으로 한 사람이 내려가서 술을 사 오기로 하였다. 그러나 상점에 가서 술을 사서 급히 도굴 현장으로 다시 올라가던 그 사람의 마음에는 욕심이 생겨나기 시작하였다. 그래서 극약을 술에 몰래 탄 후에 도굴 현장으로 올라갔다.

그런데 마침 그 도굴 현장에 있던 두 사람은 술을 사러 간 사람을 죽이고 금은보화를 반반으로 서로 나누어 가지기로 모의를 하였다. 그래서 술을 사러 갔다가 막 돌아온 사람에게 두 사람이 달려들어 도끼로 죽여버렸다. 그리고서, 두 사람은 사이좋게 그 술을 먹어가면서 금은보화를 반반으로 나누었는데, 당연히 두 사람 모두 따라 죽었으며, 그 금은보화는 다음날 약초를 캐러 산에 올라간 어떤 사람이 발견하여 횡재를 하였다고 한다.

도굴 (그림:.kdnnews.kr/bbs)

이처럼 자기의 내공이 감당하기 어려운 엄청난 수준의 물건이나 재산이나 권력 등은, 자칫 모든 사고와 파국의 원인이 될 수 있으므로 극히 주의를 요한다.

요즘 우리 사회에 재벌 2세 혹은 3세들이 각종 물의를 일으키는 경우를 많이 본다. 편법 증여, 분식회계, 심지어는 마약, 폭력, 온갖 갑질 등에 연루되기도 하는 등 여러 사회적 문제를 일으키는데, 이런 현상 또한 자신의 내공이 감당하기 어려운 재산, 권세 등 때문이라고 할 수 있다. 즉, 재산이나 권세 같은 것들은 너무 적어도 불편하겠지만, 너무 많아서 자신이 감당하기 어려워지면 축복이 아니라 재앙이 될 수도 있는 두 얼굴을 가지고 있다.

또, 자식에게 재산을 직접적으로 많이 물려주려 하지 마라. 당장은 도움이 될지 몰라도 장기적으로는 별로 도움이 안 될 수 있다. 자식은 자식 스스로 돈을 벌 수 있는 방법을 터득해야 하는 것이지, 부모가 금전적으로 직접 도와주어 보아야 별로 소용이 없는 법이다. 부모는 자식이 인생을 사는 방법과 지혜를 가질 수 있도록 간접적으로 도와야 하는 것이다.

재산이 많다면 차라리 기부를 최대한 고려하여라. 자식에게는 꼭 절실한 금액만을 물려주고 나머지는 사회로 환원하는 것이, 오히려 교육적인 면 혹은 장기적인 면에서 자식에게 유리할 수 있다.

네가 세상을 살면서 많은 재산을 일구었다면 그것은 사회 속에서 일구어낸 것이므로 사회로, 못 가진 자에게로 환원시켜주는 것도 매우 자연스러운 일일 것이고, 참으로 보람된 일일 수 있다.

1-34. 자기 인생의 방향타를 마련하여라!

보통 우리 주변을 보면, 자신의 미래에 대한 '장기적 계획'보다는 그때그때의 상황에 따라 자신을 적응시키려 하고, 또 변해가는 환경에 맞추어 자기 자신을 약간씩 변통해나가면서 살아가는 경우가 훨씬 더 많은 것 같다.

이렇게 장기적 계획이 부족하다는 것은 그만큼 삶에서 목표한 바에 따른 방향타(인생에서 자기 목표를 이루어 나가는 방향을 잡는 거시적이면서도 세부적인 계획)가 없어서 가치 있는 일에 일관성 있게 접근하기 어렵다는 것이다. 즉, 그저 살다 보니, 기분에 따라, 욕심으로, 상황에 따라, 환경에 따라 살아남기 위해서 자기의 행동과 생각들이 결정되어지는 모습들이다.

자신의 삶이 의미 있고 가치가 있기 위해서는 반드시 자기 인생에서 방향타가 필요할 것이다. 그것도 가급적 거시적이면서도 상세하게 마련하는 것이 좋다.

설령 이러한 방향타가 다소 틀려도 상관은 없다. 계속 그것을 조금씩 수정하고 개량해 나가면 된다. 더 중요한 점은 구체적이고 상세한 방향타일수록 그 업그레이드가 용이하여 상당히 발전 지향적이라는 것이다. 그리고 이러한 구체적이고 상세한 방향타는 일의 우선순위나 가치순위가 높은 일에 먼저 집중할 수 있게 해주고, 어떤 위기가 닥쳐와도 능히 대처할 수 있게도 해준다.

그리고 이렇게 방향타를 마련했다는 것은 이미 어느 정도 미래에 대한 자신만의 시나리오를 가지고 있다는 것이고, 위기가 있더라도 대략적으로라도 예견된 일이니만큼 크게 당황할 일은 전혀 아닐 것이다.

방향타 (그림:.amazon.com)

가령, 내 인생에서 내가 무엇을 이룰 것인지, 어디쯤 가서는 어떤 위기가 있을 수도 있으며, 이를 위해서는 어떻게 리스크 관리를 해나가야 하는지 등에 대한 어느 정도의 확률치 내지는 예상치를 가지고 있을 것이므로 인생의 어떤 고난에서도 쉽게 해결책을 찾아내고, 더 의미 있는 생(生)을 위해서 항상 그 방향타를 업그레이드 또한 가능할 것이다.

그렇다면, 이러한 방향타를 만드는 구체적 방법은 무엇일까?

첫째, 우선 가장 자기 뇌리에 꽂히고, 하고 싶고, 마음에 드는 자신만의 자기 가치(자기 자신만의 이상적 미래상)를 찾아내어야 한다.

만약 아직 그것을 못 찾았다면 찾아낼 때까지 자기 스스로의 내면 속으로 질문을 던지고 찾으려 노력을 하는 수밖에 없다. 그리고 이렇게 찾아낸 자기 가치를 기준으로 일관성 있는 중장기적 계획을 거시적이고 상세하게 세워야 할 것이다.

둘째, 관점의 다변화를 이루어라. 즉 이러한 방향타의 시나리오를 만들 때 너무 하나의 관점에만 집착하여서는 안 된다. 가령 자신의 정신적 가치를 기준으로만 전체 계획을 세우다가는 금전적 문제나 건강상의 문제 등 다양한 측면의 문제가 발생할 수도 있다. 그래서 금전적, 정신적, 건강상, 사회적(관계적) 핵심 가치 등을 대체적으로 모두 만족할 수 있는 공통 분모를 기준으로 계획을 세워야 하는 것이다.

셋째, 자신이 이상적으로 마련한 최고의 시나리오대로 살아갈 수 있게 하기 위한 가장 큰 변수는 무엇인지, 가장 리스크가 클 수 있는 부분이 무엇인지? 등을 챙기어 집중적 관리를 행하여 리스크를 점점 줄여나가고, 목표 달성의 가능성을 점점 높여나가려는 노력이 지속적으로 필요할 것이다.

이러한 방향타를 만드는 방법 중에서 가장 중요한 것은 바로 첫 번째로 이야기한 '자기 가치'이다. 도덕적으로도, 의미적으로도, 사회적으로도 높은 자기 가치를 먼저 발견하고 그것을 목표로 하여 구체적 방향타를 잡아야 한다는 것이다.

그리고 누구나 자기 가치를 찾고자 진심으로 갈구한다면, 테레사 수녀가 그러했듯, 마리 퀴리가 그러했듯, 아이작 뉴턴이 그러했듯, 나이팅게일이 그러했듯, 스티브 잡스가 그러했듯 언젠가는 자신이 마땅히 해야 할 일(자기 가치)에 대해 응답을 받을 수 있을 것이다.

또한 방향타의 최종 목표는 '보람 있는 죽음'이 되어야 한다. 그냥 내가 훌륭한 어떤 일을 해야 하겠다, 내가 무엇을 행해서 남을 돕는 인생을 살아야 하겠다는 등과 같은 목표 달성적 의미에서 끝나는 것보다는,

그러한 것을 달성 후, 최종적으로 어떻게 죽을 것인가?, 어떤 모습으로 죽을 것인가?, 무엇을 남길 것인가? 등의 물음에 대한 답도 포함되어야 할 것이다.

"인간은 죽음을 철저히 인식할 때 가장 순수해지고, 삶을 가장 열심히, 가장 의미있게 살 수 있는 것이 아닐까?" - Pa sayings

물론 언제 죽을 것인지는 본인이 결정하지 못할 수 있어도, 어떻게 죽을 것인지, 어디서 죽을 것인지, 남들에게 혹은 사회에 어떤 의미와 메시지를 남기고 죽을 것인지 등에 대해 일관된 삶의 시나리오와 목표는 자기가 어느정도 결정할 수 있을 것이다. 어쨌든,

"죽음이 네 삶의 마침표이기보다, 네 삶의 완성과 영속이 되게 하여라!" - Pa sayings

1-35. 미신에 의지하지 말아라!

요즘도 우리가 결혼을 하거나, 이사를 하거나, 무슨 큰일을 치를 때, 심지어는 제왕절개로 출산을 할 때도, 점집을 찾아가서 날짜를 잘 택일해 달라고 부탁하고, 그야말로 길일(吉日)로 알려진 날을 받아서 행하려는 사람들이 많다.

그러나 이렇게 너무 구습에 얽매이다 보면, 미신이나 주술에 들어가는 비용만 커지게 되고, 자신의 행동이나 스케줄을 괜한 제약으로 스스로 옭아매게 할 수 있다.

따라서, 살면서 자신의 이러한 잘못된 습관을 스스로 깰 수 있어야 자신의 생활이 보다 더 자유로워질 수 있으며, 마음에 진정한 평안을 얻을 수 있다.

지금은 바야흐로 제4차 산업혁명의 시대이고, 빅데이터(Big Data)와 인공지능(AI)이 과학적이고 공식적으로 우리의 삶에 적용되고 있는 시대이다. 좋든 싫든 이러한 대세를 위주로 살아갈 수 있어야 하고, 스스로 이러한 과학적 소양을 잘 체득하여 자기 삶에 응용할 수 있어야 한다.

우리가 언제까지나 이러한 과거의 관습이나 미신(택일, 풍수, 사주, 궁합, 주술 등에 대한 총칭)에 얽매이어 헤어 나오지 못하면 되겠는가? 제발 과거의 낡은 사고에서 얼른 헤어 나와서 보다 이성적이고 과학적인 접근방법에 익숙해질 수 있도록 하여야 하겠다.

보통, "왜 풍수나 택일을 보느냐?"라고 질문을 해보면, "풍수나 택일 등을 보아서, 그리 돈이 많이 드는 것도 아니고, 좋은 게 좋다고 하니 별로 그리 나쁠 것도 없지 않겠는가?"라는 식으로 답변을 많이 듣는다.

배산임수 (그림: altskeith.com)

그러나, 이것은 크게 잘못된 생각이다. 이러한 것은 미신이라면 미신에 불과한데, 여기에 끌려다니다 보면, 자신의 정신이 점점 더 비과학적인 곳에 신경을 더 많이 쓰게 되고, 비이성적으로 변하게 되며, 차츰 몸과 마음이 황폐해지게 될 수 있는 것이다. 하루빨리 그러한 사고방식을 벗어나 새 시대에 맞는 과학적이고 합리적인 사고방식을 체득하여야 바람직할 것이다. 자칫 이러한 미신에 계속 의지하다 보면, 스스로 중독이 되게 되어, 대부분의 자기 삶의 결정이나 방향에 대해서 무엇에 의지하고 싶은 마음을 갖게 될 것이다.

또한 '풍수' 혹은 '풍수설'이라는 것에 괜히 의지하여 살다 보면, 자신의 삶이 여러 가지 기존 관습과 미신적 요소의 굴레에서 벗어나지 못하여 많이 불편해질 수 있다. 집터나 묏자리 따위의 위치나 방향을 결정할 때 자신의 판단이나 결정을 풍수설에 의지하지 말고, 차라리 지극히 상식적이고 이치적으로 판단하면 될 문제가 대부분이다.

가령 새로 지을 집의 터를 마련할 때도 흔히 "배산임수(背山臨水; 뒤에는 산이 있고, 앞에는 물이 있다는 뜻)"라고 하여, 산이 있어 바람을 잘 막아주고, 물이 있어 가뭄을 쉽게 피하고, 추가적으로 저지대가 아니면 홍수에 잘 잠기지 않아서 좋고, 교통이 비교적 편리하다면 생활에 불편함이 없어 좋다는 등으로, 이렇게 특별한 미신적·풍수적 해석법을 동원하지 않더라도 충분히 좋은 터를 구할 수 있을 것이다.

또, 묏자리를 고른다고 하더라도, 햇빛이 잘 들어와서 밝아서 나중에 성묘하기에도 좋고, 후손들이 차나 도보로 진입하기 용이하고, 산짐승들의 피해가 적을 수 있는 곳으로 선정하는 등, 상식적이고 이치적인 수준의 지식에서도 충분히 고를 수 있는 문제인 것이다.

과거 조선 예종(睿宗)은 풍수설에 따라서 자신의 할아버지인 세종의 묏자리를 내곡동 인근에서 여주에 있는 명당으로 옮겼다. 이 묏자리는 원래 광주 이씨 종가의 묘소였는데, 예종이 이인손(광주 이씨)의 아들 이극돈을 불러 핍박하여 양보를 받아낸 것이다. 그러나 예종은 얼마 지나지 않아 봉와직염의 악화로 인해 19세의 젊은 나이에 사망하였으며, 그의 아들은 너무 어려서 왕위를 승계하지 못하는 불운(요절한 형의 둘째 아들인 성종이 대신 승계하게 됨)을 겪었고, 또한, 후대의 성종(37세에 사망)과 연산군 시절에도 폐비 윤 씨 폐출문제와 사화(士禍) 등에 휩쓸려 자손들이 평탄하지 못하였다. 이렇게 아무리 인위적으로 명당을 찾고, 풍수설을 챙겨보아야 그 근거가 매우 부족하고, 실제로 잘 들어맞지도 않는 경우가 대부분이다.

또한, '택일'의 문제에 있어서도, 동서양이 좋아하는 숫자와 일자는 모두 다르다. 또한 대개는 과학적 근거라든지 증명된 바도 없다. 가령 이사를 하는 일자를 선택한다고 하면, 일단은 자신과 배우자 및 자녀들의 스케줄상 한 세대 구성원 전체가 편한 날짜가 좋을 것이고, 가급적 이사철이 아니어서 이사 비용이 비교적 적게 들면 좋을 것이고, 기상 예보상

비나 눈이 안 오는 날이면 좋고, 날이 너무 덥거나 춥지 않아서 이사에 불편하지 않을 것 등이 주요 고려점이 될 것이다.

이렇게 택일과 관련된 사항 또한, 굳이 무슨 점집이나 철학원 혹은 명리학자 등을 찾아가 물어보지 않아도 충분히 잡을 수 있는 문제이다. 만일 이러한 택일을 어떤 점집 등에 물어 결정하게 되면, 당신에게 필요한 위에 언급한 내용들에 대해 소홀해질 수 있어서, 오히려 더 불편함만 가중시킬 수도 있다.

무엇보다 살면서 자기 스스로 감당해야 할 대부분의 책임과 결정들을 점집, 철학원 등에 의지하려는 습관을 줄이거나 없애야, 진정한 네 삶의 자유를 얻을 수 있을 것이다. 그리고 이렇게 되면 네가 세상을 보는 안목이나 능력을 점점 키우고 업그레이드해나갈 수 있는 기회 또한 용이하게 잡을 수 있을 것이다.

어쨌든 우리 사회의 정신 문화가 좀 더 오늘날의 시대정신에 걸맞게, 보다 상식적이고, 보다 이치적이고, 보다 합리적이어야 하고, 결코 구습이나 미신적인 것에 너무 얽매이지 않는 방향으로 속히 나아갈 수 있어야 하겠다. 그것은 또한 네 마음의 '참자유'를 회복하는 길이기도 할 것이다.

1-36. 성찰과 메모가 너를 깨운다!

완벽한 인간은 없다. 단지 완벽하고 싶은 인간들이 있을 뿐이다. 그렇다면, 조금이라도 더 완벽에 가까운 인간이 되기 위해서는 어떻게 살아야 할까? 그 방법은 바로 평소 작은 일상의 일에도 항상 메모 혹은 기록을 잘하여, 그것을 바탕으로 늘 성찰과 반성을 이루어 나가고, 또 그 성찰과 반성을 자신의 삶의 태도에 반영하여 자기 행동의 습관을 늘 업그레이드 시켜 나가는 것이다.

세계적인 대작가 톨스토이는 태어나 두 살 때 어머니를 잃고, 아홉 살 때 아버지를 잃어 어린 나이에 고아가 된다. 어려운 가정 환경으로 정상적인 교육을 받을 수는 없었지만, 자신의 굳은 의지로서 독학으로 19세에 대학에 입학할 수 있게 되었지만, 대학 수업에 전혀 취미가 없었고 적응하지 못하여 도중에 자퇴를 하게 되고, 이때부터 톨스토이는 매일 일기를 쓰기 시작했다고 하며, 문학의 세계로 본격적으로 접어드는 계기가 이루어진 셈이다.

특히, 매일 쓰는 일기를 통해서 자신의 일상을 꼼꼼히 거짓 없이 기록하고, 세상을 보는 눈과 지혜를 키워나갔던 것이다.

19세쯤에 시작된 그의 '일기 쓰기'는 거의 죽기 전까지 무려 63년간 지속되었다. 그가 평생 쓴 일기는 무려 책으로는 20권에 달한다고 한다. 그는 일기를 통하여 자기 내면의 목소리를 듣는데 집중을 하였고, 매일 매일 자기성찰을 이루어나간 것이다. 이러한 매일매일의 자기 성찰은 자기 문학활동의 터전이자 지적 기반으로서 그 문학 소재의 핵심을 이룬 것 같다. 즉, 일기는 그가 거장이 될 수 있게 한 지적 기반이자 무한한 아이디어의 원천이었던 것이다.

우리 주변에도 일기를 쓰는 사람은 많이 있지만, 톨스토이처럼 평생에 걸쳐, 그것도 진심으로 일기를 쓸 수 있는 사람은 드물 것이며, 더군다나 그 일기의 내용들 중 많은 양이 자기 스스로 고심한 성찰로 구성되어있고, 이렇게 자기 평생의 삶에 엄청난 근거가 되는 경우는 더더욱 드물 것이다.

그의 일기에는 그가 젊었을 때 매우 방탕했던 생활에 관한 내용, 사생아를 낳은 사실, 많은 도박으로 수많은 재산을 날린 일 등 그의 해괴한 비행마저도 숨김없이 낱낱이 적혀 있다.

톨스토이는 이런 자신의 모습을 소설 '안나 카레니나' 속 레빈이란 인물에 투영하였다. 여기서 레빈이라는 인물 역시 자신의 아주 더럽고 방탕하게 여겨질 과거를 모조리 고백해놓은 '일기장'을 키티에게 전달하고 결국 용서를 받게 된다.

또한 그는 처절하게 회개한 내용을 참회록으로 남겼고 그의 참회록은 성 어거스틴, 루소의 참회록 등과 더불어 세계의 '3대 참회록'으로 꼽히기도 한다.

두 번째의 예로, 중국 명나라의 사상가이자 비평가인 이지(이탁오)는 공자, 맹자 등을 지나치게 추종하고 자기식으로만 이용하려는 당시의 풍조에 큰 비판을 가하며, 모든 형식적 교리와 예절에 반대했다가 기득권 세력들에게 이단아로 몰린 인물이다.

이탁오의 분서 (그림:.aladin.co.kr)

또한 당시의 '도덕 지상주의'를 비판하고 오로지 '능력주의'를 호소하였으며, 특히 그는 동심(童心; 거짓 없고 작위(作爲)도 없는 마음)을 매우 중시하여 당시 유가(공자의 사상을 따르는 학파)의 변질과 거짓된 진리를 날카롭게 꼬집었다.

당시의 유가들에 대한 그의 주장은 주로 "공자의 서적들을 '제 논에 물 대기' 식으로 마구 자신들의 정치적 입지에 대한 선동을 위해 해석을 달지 말 것이며, 만약 꼭 해석을 달아야 한다면 차라리 그 해석이라도 제대로 했으면 좋겠다."라는 식이었다.

한마디로 말하면, "공자에 대한 후대의 해석을 중요하게 볼 것이 아니라, 공자의 동심 즉 공자가 남긴 말만을 중요하게 보자."고 강하게 주장을 했던 것이다.

이탁오는 또 자기반성과 자기성찰을 매우 중시하였으며, 그의 저서인 '분서'에서 아래와 같은 아주 처절한 글을 남기기도 하였다.

"나이 오십 이전의 나는 정말로 한 마리의 개에 불과하였다. 앞의 개가 그림자를 보고 짖으면 나도 따라서 짖어댔던 것이다."

그리고,

"만약 남들이 그 짖는 까닭을 물어오면 그저 벙어리처럼 쑥스럽게 웃기나 할 따름이었다."라고 적고 있다.

그는 이렇듯, 평생 '생활 속 글쓰기'를 좋아하여 수많은 서간·수필·시·문집 등을 남겼으며, 비록 너무 시대를 앞서나가는 바람에 반유교적(反儒教的)·파괴적 인사라고 하여 당대를 주름잡던 대표 성리학자들로부터 '기행'으로 몰리고, 많은 비난을 받았으나, 당시 모순 많은 명나라 시대에 일반 대중에게는 인기가 무척 많았다고 한다.

톨스토이의 '일기' 혹은 이탁오의 '생활 속 글쓰기' 등은 일종의 '메모'라고도 볼 수 있는 간단한 형태의 글이었다. 중요한 것은 글을 쓰는 방법이나 형식이 아니라, 평생 메모나 기록을 가까이하고, 매일매일 자기성찰을 기하여 자신을 진심으로 완성시켜나가는 과정 자체와 그 과정 속에 비추어진 진실된 자신의 모습일 것이다.

1-37. 작은 결벽증에도 얼른 벗어나라!

작은 결벽증이라고 하더라도, 이로부터 얼른 벗어나야, 비로소 편해지고 자유로워진다!

결벽증(潔癖症: Mysophobia, Fastidiousness)은 사전적 의미로 세균이나 오염, 무질서 등에 대한 병적인 공포증으로 일종의 강박장애에 속한다.

이는 지나치게 깔끔함을 추구하거나, 정리정돈에 너무 집착하거나, 세균이나 오염 등을 두려워하여 소독에 너무 열중하거나, 샤워나 세면 시에도 피부가 아플 정도로 비누로 오래 씻어야 하는 등 생활에 아주 큰 불편을 주며, 병적 스트레스를 유발할 수도 있다.

따라서 결벽증은 단순한 습관이나 취향, 혹은 자신만의 생활 규칙을 지키는 습성과는 완전히 구별되어져야 한다. 단순히 자기가 정한 규칙을 선호하고 이를 지키는 습관은 병이라고 할 수 없고, 나쁘다고 할 수도 없다.

우리 역사에서는 영조 임금이 결벽증을 가진 것으로 알려져 있다. 그는 어렵게 얻은 왕의 자리를 지키기 위해 끊임없이 신하들의 눈치를 보고, 신하들에게 꼬투리를 잡히지 않기 위해 완벽주의를 추구하였다. 이렇게 결벽증과 완벽주의를 추구하다가 거기서 얻은 스트레스를 아들 사도세자에게 투영하게 된 것이다.

그래서 아들을 혹독하게 자기의 기준대로 몰아붙였는데, 이는 무인의 체질인 사도세자의 괄괄한 성격과 맞부딪치게 되어 화변(禍變)으로 이어지게 된 것이다.

우리나라 연예인 중에서는 서장훈이 결벽증이 다소 있는 것으로 공개된 바 있다. 그는 냉장고나 화장대 위에 있는 음식물이나 물건에 열(列)과 방향을 똑바로 맞춰 놓아야 직성이 풀리는 성격이고, 유통기한을 기준으로 음식물을 정렬해놓아야 하고, 약간의 외출 후에도 집에 돌아왔을 때는 "바깥에서 묻은 세상의 모든 더러운 것들을 씻어내야 한다"라며 샤워를 1시간 이상이나 하는 편이라고 알려져 있다.

결벽증은 자기도 모르게 다가오는데, 영조의 경우에는 천민이라고도 불리는 무수리의 아들로 태어나 어렵게 왕이 된 후 형을 독살했다는 음모에 시달리는 등 엄청난 스트레스가 자신에게 그렇게 병적 강박관념을 갖게 했을 수가 있고, 연예인 서장훈의 경우에는, 자신의 말에 따르면, 현역 선수 시절 각종 징크스에서 벗어나려고 하다 보니, 그 스트레스 때문에 결벽증이 생긴 것 같다고 하였다.

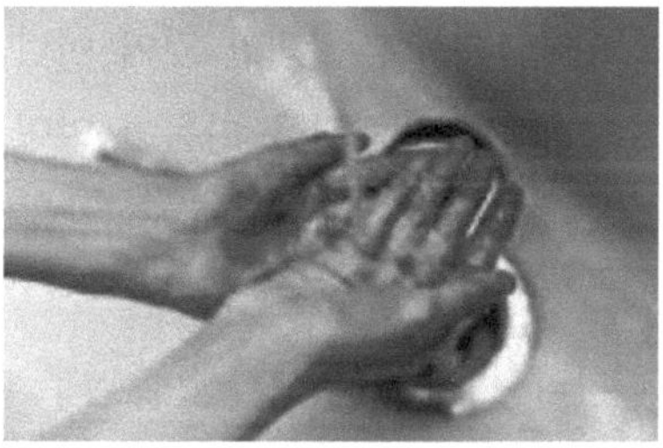

결벽증 (그림:.drtaji.com, .lupus.org/resources)

이렇게 병적인 결벽증까지는 아니더라도 우리는 '준 결벽증'이라고나 할까, 자신 스스로의 생활 규칙이 너무 엄하여 자기 스스로를 옭아매고, 거기서 스스로 스트레스를 받는 경우를 주변에서 많이 볼 수 있다.

이를테면, 집안에 떨어진 머리카락 하나도 못 본다든지, 지하철 안의 손잡이를 꼭 손수건을 덧대어야 잡을 수 있다든지, 아침에 세수를 너무 오래 한다라든지, 화장실에 너무 오래 앉아있는 다든지, 이런 모든 것들이 바로 결벽증이라고는 할 수 없어도, 준 결벽증 혹은 자신의 규칙이 너무 까다로워 스트레스로 작용하는 다소 병적인 수준이라고도 할 수 있겠다.

이러한 결벽증 혹은 준 결벽증의 증상은 아래와 같은 문제가 있을 것으로 예상된다.

첫째, 생활상에 집중도와 효율이 떨어져 일에 능률이 오르지 않을 수 있다. 즉, 너무 사소한 것 하나에 집착하다 보면, 전체적 자기 스케줄이나, 시간의 안배가 제대로 안 되어, 하루에 처리하고자 하였던 많은 계획들이 수포로 돌아갈 수 있으며, 도무지 하고자 하는 일에 집중이 안 되어, 삶의 질이나 효율이 많이 떨어질 수 있겠다.

둘째, 대인관계에서 너무 까다로워 '진상'이라는 소리를 들을 수 있고, 심하면 왕따를 당할 수도 있는 것이다. 혹은 자기 스스로 '대인관계 기피증'을 가질 수도 있겠다.

셋째, 세상에 완벽한 것이 어디 있겠는가? 무엇보다 완벽한 것을 너무 추구하다 보면, 결국 마음이 많이 상하게 되고, 심하면 병원행을 고려할 정도로 정신적·육체적으로 쇠약해질 수도 있을 것으로 생각된다.

따라서, 우리는 생활상에 너무 지나친 완벽주의를 지양하고, 다소 털털한 면모도 항상 잘 유지하여 원만한 생활, 원만한 대인관계의 유지를 잘 할 수 있었으면 좋겠다. 무엇이든 지나치면 좋지 않다! 과연 당신이 혹시라도 사소하고 작은 그 무엇에 오늘도 집착하고 있지나 않은지 성찰해보는 것이 좋겠다.

1-38. 안전에 쓰는 돈과 시간을 아까워하지 말라!

세상에 안전(Safety)에 쓰는 돈과 시간을 아까워하는 자만큼 어리석은 자는 없다!

후진사회일수록 여러 안전사고가 발생하더라도 그 원인을 파악하고, 반성을 하고, 대책을 세울 만한 여력이 안 되는 경우가 많다. 이러한 현상은 개인에 있어서도 똑같이 적용되어진다. 즉, 가난하고 여유가 없는 사람일수록 자신의 안전을 위해 돈을 쓰는 일을 등한시할 수밖에 없다.

그러나 선진사회라면 좀 나르다. 신진사회는 대게 안전사고가 발생하면 그 원인을 철저히 파악하고, 각별한 반성을 하게 되며, 그 대책 또한 비교적 철저히 세우게 되어있나. 또한, 신진사회는 안전에 필요한 재난 복구장비, 소방대, 재난 예방·감지설비, 재난 연구 및 평가시스템, 재난 관련 제도의 법제화, 각종 사회적 보험제도 등에 돈을 쓰는 것을 절대 아까워하지 않는 법이다.

이렇게 선진사회처럼 안전에 돈과 시간을 충분히 투자하는 경우라면 사고 예방활동이 적절히 이루어져, 매년 발생하는 사고 또한 점차 줄어들 것이 자명하다.

여기서, 안전 예방과 관련된 매우 중요한 법칙이 하나 있는데, 그것은 바로 '하인리히 법칙(Heinrich's law)'이다.

하인리히의 법칙은 '1:29:300 법칙'이라고도 불리는데, 어떤 큰 사고가 발생하기 이전에 같거나 유사한 원인으로 수십 차례 이상의 경미한 사고와 수백 번 이상의 그와 관련된 징후가 나타난다는 것을 의미하는 통계학적 법칙이다.

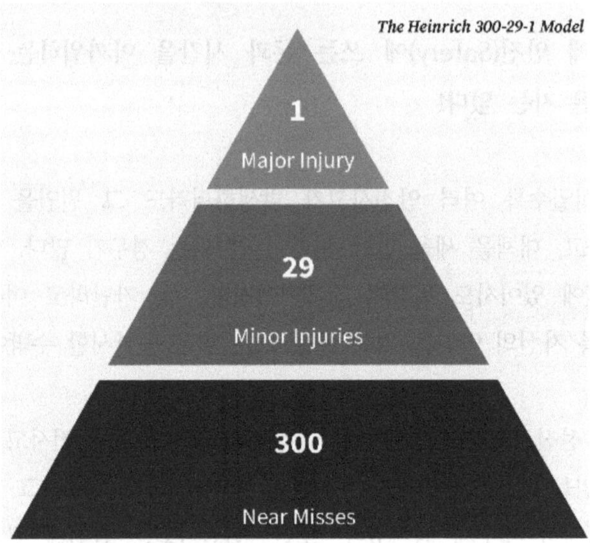

하인리히 법칙 (그림:.incleanmag.co.nz/2020/11)

이 법칙은 하인리히((Heinrich)라는 이름의 미국의 트래블러스 보험사(Travelers Insurance Company)에 다니는 회사원이 발간한 책 속에서 처음 소개된 내용이다.

하인리히는 자신이 다니는 회사가 보험회사라는 업의 특성상, 수많은 사고 통계를 접했으며, 이를 체계적이고 통계학적 이론에 따라 연구하여 '1:29:300 법칙'을 연구해낸 것인데, 여기서 구체적인 숫자가 중요한 것이 아니라, 아주 중요한 사고 한 번에 경미한 사고는 약 29회라고 평가할 만큼 많이 일어나고, 그 징후는 무려 약 300회라고 평가할 만큼 사전에 많이 나타난다는 의미 자체가 중요하다. 즉, 이러한 사전의 경미한 사고나 사전 징후를 무시했을 때 비로소 큰 사고를 직면하게 된다는 뜻을 가지고 있다.

물론 하인리히 법칙에 대한 비판도 있다. 그가 분석 대상으로 삼은 75,000건의 데이터 중 일부는 관리자의 취사선택을 거친 일종의 가공된 데이터라는 게 그 비판의 핵심이다. 그리고 "이 법칙을 처음 내어놓은 1930년 당시 대비 지금은 산업의 구조도 크게 변했고, 현재는 바야흐로 제4차 산업혁명의 시대가 아닌가?" 라는 비판도 있다. 그러나 이러한 비판에도 불구하고 하인리히의 연구는 오늘날의 산업재해를 해석하는 데에도 놀라울 만큼 잘 들어맞는다.

요즘의 실제 현장에 '하인리히의 법칙'을 적용하여 과학적으로 분석을 해보아도 그 통계적 현상은 거의 유사하게 나타난다.

예를 들어, 우리나라의 최근 10년간 교통사고 통계를 분석하면 1회의 사망사고에 약 30~40회 정도의 중·경상 사고가 발생했으며, 수백 건 이상의 위험한 교통법규 위반사례가 적발됐다는 것이다. 이 같은 비율은 하인리히 법칙을 다른 여타의 사고 현장에 적용해보아도 그 결과는 크게 다르지 않다.

특히, 1995년 발생한 삼풍백화점 붕괴사건을 보게 되면, 이 백화점은 증축 당시 건축 구조 공학적 계산에 따르지 않은 무리한 설계도면의 수정을 행하였으며, 그 후 옥상에 균열이 가는 현상, 수차례 안전검사에 불합격한 점, 기타 설계·시공·안전 관리에서 나타났던 수백 번의 이상 징후들이 있었던 것이다. 이러한 수많은 사전 경고에도 불구하고, 별 뚜렷한 대책을 못 세우고 있다가 결과적으로 끔찍한 결과를 맞은 셈이다.

이 외에도 이 법칙을 성수대교 붕괴사고, 세월호 사고 등의 대형사고에 대입해 보아도 결과는 비슷하게 나온다. 결론적으로는 하인리히 법칙을 무시해서 혹은 사전의 엄청난 징후들과 경미한 사고를 무시하여 엄청난 대가를 치렀다고밖에는 해석할 수 없겠다.

우리 사회는 빠른 근대화와 산업화 등으로 인하여 무엇이든 "빨리빨리 문화"가 팽배해 있고 안전에 대해서는 매우 인식이 부족한 편이다. 이렇게 인식이 부족하니 사고도 많고, 더 중요한 것은 발생한 대형사고들의 빈도가 좀처럼 개선되어지지 않는다는 점이다. 그냥 수없이 대형사고들이 반복되어지고, 그 빈도나 강도가 좀처럼 줄어들지 않는 것이다.

사고라는 것은 충분히 금전적 투자를 하고, 충분한 시간을 투자하여 예방에 노력하면 분명히 개선되어지게 마련이다. 그렇다면 왜 그렇게 충분한 투자와 시간 할애를 하는 것에 인색할까?

그것은 바로 사회적 인식의 부족 때문이다. 즉, 안전에 돈을 쓰고, 투자를 하고, 시간을 많이 할애하여 그 예방에 노력한다는 것을 마치 사치처럼 생각하는 풍조가 아직도 고쳐지지 못하고 있다.

우리 사회가 진정 안전을 중시하고, 생명의 가치를 존중하는 사회로 나아가려면 이러한 안전에 대한 인식의 전환이 하루빨리 이루어져야 한다. 그것이 오늘도 각종 산업현장이나 여러 도처에서 희생되는 고귀한 생명을 1명이라도 더 구할 수 있는 유일한 길일 것이다.

영화'타이타닉'에서는 구명보트 수량이 승객 필요 수량의 절반 수준밖에 비치하지 않고 있어서 배가 침몰 시 엄청난 혼란과 아비규환을 겪는 장면이 나온다.

평시에 좀 불편하고 수고를 감수하더라도 안전에 대한 우리 사회의 '인식' 자체가 바뀌어야, 비로소 충분한 시간과 자금의 투자를 기꺼이 감내해낼 수 있을 것이 아니겠는가?

1-39. 아무런 꾸밈 없이도 멋지고 당당하여라!

네 생활에 아무런 꾸밈이나 가식이 없이도 항상 멋지고 당당한 모습으로 살아라!

보여주기를 좋아하는 외면 지향적인 사람은, 멋진 외면을 보여주고 유지하기 위해 공을 많이 들여야 하고, 또 운도 어느 정도 따라주어야 멋지게 보이겠지만, 내면 세계를 잘 가다듬으려 하는 내면 지향적 사람은 외면에 아무거나 걸쳐도, 그냥 편하게 행동하여도 멋지고 자연스러워 보일 수 있다. 이는 내적인 기세와 자신감이 외적으로 흘러나와 그렇게 멋지고 자연스러워 보이게 하는 것으로 생각된다.

아니, 이런 평가보다는, 내면 지향적 사람은 자기의 외면이 멋지게 보이든, 그다지 멋지지 않게 보이든 신경 자체를 별로 안 쓰는 사람이라고 보는 것이 더 정확하겠다.

노자의 도덕경에 보면 대교약졸(大巧若拙)이라는 말이 나오는데, 이 말은 "훌륭한 기교는 마치 서투른 듯하다"라는 뜻으로서, 의역을 하자면, 아주 재주가 뛰어난 사람은 그 재주를 남에게 자랑하지 아니하므로, 언뜻 보기에는 마치 서투른 것 같기도 하다는 의미이다.

우리가 김정희의 추사체를 보거나, 봉래 양사언이나 석봉 한호, 자암 김구 등의 초서체 등을 보게 되면, 일반인들은 다소 해석하기가 힘든 게 사실이다. 어떤 때는 과연 그런 글씨를 명필이라고 불러야 하는지가 헷갈리는 경우도 있다. 심지어 일반인들 눈에는 그서 갈겨 쓴 글씨 같기도 하고, 무슨 장난 친 것처럼 보이기도 하는 것이다. 물론 이는 보통 그 경지에 오른 글씨에 대한 '감상법'을 잘 몰라서 그러할 것이다.

그러나 만약 이러한 인물(명필)들이 자신들만의 독특한 경지에 오른 특별한 서체로 쓴 글이 아니고, 정자체인 해서나 행서 등으로 또박또박 쓴 글을 보게 되면, 우리가 "이사람들은 과연 명필이로구나!" 하는 생각이 들게 되고, 대단한 실력임을 한눈에 알아보게 되기도 한다. 즉, 이러한 인물들은 독특하고 특별한 서체로도 훌륭하지만, 그 이전에 일반적 서체로도 이미 매우 훌륭했던 것이다.

이렇게 당대의 경지에 오른 명필들은 자신들만의 특이한 서체인 추사체나, 초서체 등만을 고집한 것이 아닌데, 여러 매체나 지면에서 그들의 독특한 글씨 위주로만 많이 소개하다 보니, 우리 일반인들이 그들의 글씨의 참 의미를 이해하는데 다소 어려움이 있는 것 또한 사실인 것 같다. 이 점에서는 언론이나 매체의 역할과 태도가 좀 아쉽다고 하겠다.

그림 분야에서도 마찬가지이다. 예를 들어, 파블로 피카소의 경우에는 독특한 입체주의 그림으로 유명한데, 이런 그림은 해석하기가 매우 어려워서, 만약 일반인들이 피카소 그림을 보면 이상한 장난을 친 그림 같기도 하고, 요상한 느낌이 들 경우도 많이 있다.

이 역시 경지에 오른 그림을 일반인들이 이해를 잘하지 못하여 그런 느낌을 받는 것이라고 보아야 할 것이다.

중요한 것은, 피카소 역시 이러한 입체주의의 난해한 그림만을 그린 것이 아니고, 일반인들이 잘 이해할 수 있는 방식으로의 그림들도 많이 그렸다. 더군다나 그의 초기 그림에서는 철저히 기초에 충실하고 비교적 쉬운 '그림 그리기'를 많이 행하였고, 이러한 기본적 훈련과 연습을 바탕으로 비로소 자신만의 경지의 세계로 점차 올라간 것이다.

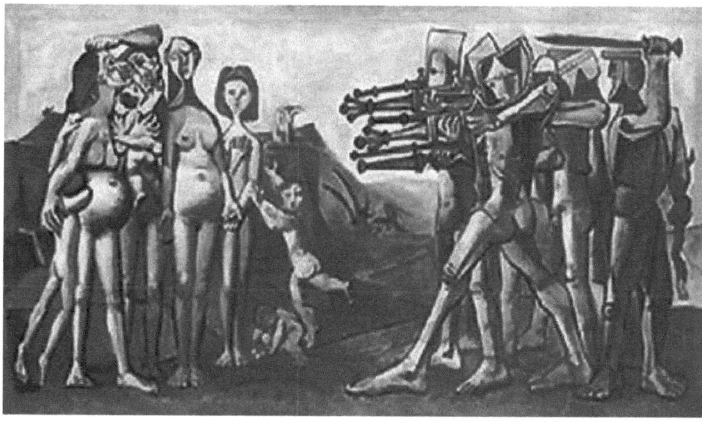

'한국에서의 학살' by PABLO PICASSO (그림: en.calameo.com/read)

이렇게 서예와 미술을 예로 들어, '대교약졸'을 설명해보았는데, 이러한 경지에 오른 예술가들의 특징을 보면, 그들은 자신들의 작품을 통해 주장하고 싶은 메시지, 강조하고 싶은 메시지 등을 강하게 주장하고 있다는 특징이 있다.

작품 그 자체의 사실적 묘사는 웬만한 예인이라면 따라 할 수도 있겠지만, 그들이 자신의 작품을 통해 강하게 시사하는 메시지 같은 것은 가히 흉내 내기가 쉽지는 않을 것이다.

또, 도덕경에는 "수심파랑정 학광어성저(水深波浪精 學廣語聲低)"라는 말이 나오는데, 이 말은 "물이 깊으면 파도가 고요하고 배움이 깊으면 말소리가 나직하다."는 뜻이다. 이를 좀 더 의역해 본다면, "바다가 깊을수록 파도가 고요한 것과 같이, 사람도 그 배움의 깊이가 깊을수록 요란하지 않고 말소리가 조용하다"로 해석할 수 있겠다.

우리가 주변을 살펴보더라도, 가령 재주가 조금 있는 사람들은 자신의 재주를 자랑하기 위해서 매우 요란할 수 있지만, 재주가 아주 뛰어난 사람은 적어도 함부로 나서는 경우는 매우 적다. 그리고 이러한 현상은 “벼는 익을수록 고개를 숙인다.” 혹은 “빈 수레가 요란하다.”라는 우리 옛 속담과도 딱 맞아떨어지는 것이다.

무릇, 작은 재주에 요란을 떨지 않는 것이 좋으며, 사회생활에서 명함이나 직함 같은 외면 지향적 자기 과시로 승부를 보려고도 하지 말아야 한다.

외면적 지위나 명성보다는 자기 내면세계를 하루하루 잘 가다듬어야 네 생활이 편해지고 자유로워질 것이며, 언젠가는 스스로 크게 떨칠 것이고, 큰일을 맡을 수 있을 것이다.

1-40. 막다른 골목으로 몰리지 말아라!

통제되지 않은 권력과 금전은 주인을 막다른 골목으로 몰아갈 수 있다!

국민에 의해 직간접적으로 적절히 통제를 받지 못하는 권력의 경우 부패하거나 파국으로 치달을 확률이 대단히 높다. 대부분의 독재정권이나 혹은 이에 가까운 권력자 및 세력가들은 국민의 눈을 가리고, 귀를 막기 위해 방송, 신문, 기타 매체 등의 언론을 장악하려 들고, 자신들에 대한 국민의 시선과 통제는 최대한 피하려고 할 것이다.

그러나, 권력이나 세력이라는 것은 아침이슬과도 같다고 하지 않았던가? 이슬은 아침에 그 영롱하고 희망찬 모습으로 잎사귀에 달려 있다가 해가 뜨면 금방 사라져버린다. 그러니 '인생무상(人生無常)'이라는 말이 나오지 않았겠는가?

신라 효성왕 때 신충(信忠)이라는 사람이 있었는데, 그는 효성왕이 즉위하기 전까지만 하여도 서로 친구로서 격이 없이 지내던 사이였다. 잣나무 밑에서 바둑을 두면서 장차 즉위하면 등용시켜 주기로 약속까지 한 것이었다. 그리고 효성왕이 즉위한 후 이찬 벼슬로부터 시작하여 효성왕의 친동생인 경덕왕 재위 때는 최고 벼슬인 상대등까지 지내다가 권력의 무상함을 느껴 홀연히 서라벌을 떠났다. 그리고는 머리를 깎고 불자가 된 것이다. 이후 임금과 나라, 그리고 신라 백성을 위해 기도를 올리며, 도(道)를 닦는데 정진하였다고 한다.

그야말로 권력과 금전에 대한 욕망을 완전히 끊어내고, 자신만의 세계를 뚜벅뚜벅 걸어가서 자기를 완성한 인물이다.

나중에 일연 스님의 기록에 따르면, 권세로부터 탈피하여 진정한 자유를 선택한 신충의 심정을 두고 "임금의 총애가 아무리 많아도 어차피 한 생애는 황망(慌忙)할 뿐"이라고 표현하였다.

또한 이러한 권력 외에 '금전'에 대해서도 주인이 적절히 통제해내지 못하면, 돈에 취하게 되어 결국 파국으로 갈 수 있다. 인간인 이상 금전의 유혹은 워낙 대단하여, 자신도 모르게 서서히 그 유혹에 빠져들어 헤어 나오기 어려운 마약과도 같은 특성이 있는 것이 또한 금전이다.

이를 적절히 절제해낸다는 것은 참으로 어려운 일이다. 그리고 이를 해결할 수 있는 거의 유일한 방법은 아마 스스로 물질적 가치보다는 정신적 가치를 중요시할 수 있는 마음을 가지려는 노력일 것이다. 현대사회의 비리나 범죄는 대부분 이 금전적인 사유와 밀접하게 결부되어있는 것 또한 사실임을 우리는 거의 매일 뉴스를 통해 목격한다.

결국 통제되지 않은 권력과 통제되지 못한 금전은 그 주인을 막다른 골목으로 몰아가고, 파국으로 이끌 수 있다.

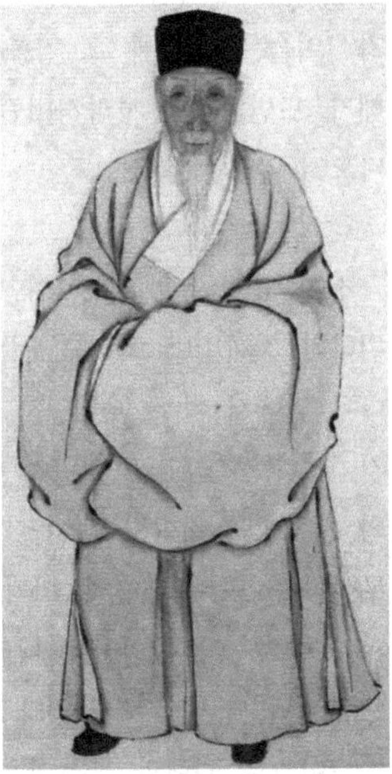
진계유
(그림: kknews.cc/culture)

중국 명나라 때 진계유(陳繼儒)라는 사람은 타고난 시인이며 화가였다. 어려서부터 매우 총명하여 글과 그림, 시문 등에 뛰어났을 뿐만 아니라, 뜻이 매우 곧고 밝아서 많은 사람은 그가 장차 아주 큰 사람이 될 것이라고 입을 모았으나, 스물아홉 살이 되던 해에, 선비의 의관을 태워 버리고 관도(官途)의 뜻을 포기한 뒤, 홀연히 잠적을 하여 소곤산(小崑山)으로 들어가 버렸다. 그는 부와 권력 같은 것들을 다 버리고 홀연히 산에 들어가 자신이 하고 싶은 진정한 삶은 산 것이다. 그는 82세까지 아주 자유로운 삶을 누리며, 진미공전집, 보안당비급 등의 문집 속에 주옥같은 작품들을 수없이 담아내었다.

이렇듯, 성공의 길이라는 것이 꼭 부와 명예 혹은 권력 등에만 있는 것이 아니다. 오히려 자유로운 삶을 선택하여 참다운 자신을 발견하고, 진정한 자신의 세계를 살아낸 신라의 신충이나, 명나라 진계유처럼 살아가는 인생도 분명 의미 있는 삶일 것이다.

즉, 인생을 순간순간 혹은 당장의 승패로 판단하지 않고, 긴 호흡으로 내다 본다면, 그들의 인생도 참으로 멋진 선택이었고, 멋진 삶이었다고 생각된다.

1-41. 도움도 이치나 도리에 맞지 않으면 거부하라!

만일 어떤 사람이 당신에게 호의적 태도로 큰 도움을 주겠다고 제의를 해오면, 당신은 어떻게 하겠는가? 덥석 받아들이겠는가? 대부분의 사람들은 상대방의 호의를 대체적으로 고맙게 받아들이고, 기꺼이 응하려고 하는 경우가 많을 것이다.

그러나 그의 제안을 본격적으로 받아들이기 전에 반드시 체크해보아야 할 것이 있다. 그것은 바로 굳이 당신을 도와주려고 하는 의도이다. 특히 금전적 문제와 얽혀있는 의도라면 더욱 조심하여야 한다.

거창한 제안 (그림:.freshbooks.com/blog)

그렇다면, 당신에게 큰 도움을 주겠다고 제의를 해오는 의도에는 어떤 것이 있을 수 있을까?

첫째, 다른 사람에게 이미 손해를 끼치거나 배반을 한 후, 반대급부적

으로 너에게 접근하는 인물이다

예를 들어, 다른 경쟁 회사에 근무하다가 당신의 회사에 입사하여 많은 정보를 주겠다고 제안하는 경우를 생각해보자. 아마 솔깃할 수 있을 것이다. 경쟁회사와 치열한 경쟁 속에서 살아남기 위해서는 그러한 정보와 도움이 아주 절실할 수도 있겠다. 그러나 그 의도가 무엇인지 잘 따져야 뒷날에 탈이 없을 것이다. 만약 상대방이 가진 정보가 도리에 맞지 않게 기업정보를 빼내는 것이라든지, 다니던 회사의 대외비나 극비 같은 것이라든지, 기타 불법적 요소가 있는 경우라고 한다면, 당장 법적으로도 문제가 될 수 있을 것이며, 설령 다행히 법적 문제를 회피할 수 있다고 하더라도 도의적인 문제는 여전히 남아있을 수 있을 것이며, 또한 무엇보다 그 사람이 이미 이전에 다니던 회사를 배반하는 행위를 한 인격의 소유자라면, 당신의 회사에 입사하여도 역시, 여러 방법으로 배반할 소지가 매우 크다는 점을 절대 간과하여서는 안 된다.

둘째, 자신의 이익을 위해 철저히 계산된 방식으로 도와주려는 사람이다.

예를 들어, 정치계의 경우, 선거캠프에 자기가 참여할 터이고, 큰 역할을 해줄 터이니, 나중에 당선이 되면, 자기에게 무슨 자리를 좀 내어달라는 등의 조건을 내거는 방식이다. 물론 적군과 아군의 진영을 아무 때나 종횡무진 오가는 철새 정치인들이 많은 게 정치판이라는 말도 있지만, 이렇게 자신의 몫을 강하게 챙기려는 사람은 나중에 뒤탈이 나기 쉽다. 선거캠프에 참여 도중에도 알게 모르게 변칙적 제안을 들먹일 수 있을 것이며, 서로 오해로 인한 갈등과 소요도 배제할 수 없다. 또한 이런 유형은 특유의 넓은 오지랖으로 인하여 네 캠프의 기밀정보를 위협할 수도 있다.

셋째, 의도가 불명확한 경우이다. 무엇이든 그 사유가 명료하여야 뒤날이 없는 법인데, 이런 유형의 인물들은 주로 감추려고 하는 성향이 짙은 사람인데, 나중에 그 행동이 어디로 튈지 모르는 인물들이고, 처음의 약속과 달리 추가적으로 무언가를 자꾸 요구할 수도 있을 것이다.

가령, 아무 조건 없이 도와준다고 하여 같이 일을 도모하다가, 그 일을 진행하는 도중에 추가적인 조건을 자꾸 제시한다든지, 생각이 생뚱맞거나, 엉뚱한 데로 튀는 경우도 많고, 가면 갈수록 도무지 정상적인 협조나 통제가 어려워질 수 있는 인물일 경우이다.

결론적으로 볼 때, 상대방이 아무리 좋은 제안을 해오더라도, 이치나 도리에 맞지 않거나 정상적이지 않은 경우라고 생각되어질 때는, 아예 단호하게 거절을 하거나, 일단 보류 후 자세히 뭘 좀 알아보는 것이 좋겠다.

특히 당신이 우리 사회의 리더급이거나, 유명인에 속할 경우에는 더욱 더 이러한 부분을 경계하여야 할 것으로 보인다. 내가 어렵거나 아쉬운 상황이라는 이유로 덥석 상대의 호의를 받아주었다가, 나중에 큰 화를 입을 수도 있으니 말이다. 즉,

"무엇이든 그 의도가 중요한 법이다. 정당하지 못하거나 불명확한 의도의 제안에는 가능한 한 사양하는 것이 나중에 후회하지 않을 방법일 것이다!" - Pa sayings

1-42. 무리수를 두지 말고, 오해의 원천을 없애라!

우리가 어떤 일을 하다 보면, 자기도 모르게 무리수(無理手)를 두게 되거나, 오해를 살 만한 일을 구태여 하게 되는 경우가 많이 있다.

이러한 무리수는 쓸데없이 자신의 많은 기력을 소진하게 하고, 대개는 뚜렷한 결실 없이 오해나 갈등으로 이어질 수 있다. 즉 자신은 비록 좋은 뜻으로 힘들여 열심히 하였는데도 불구하고, 주위의 반응은 신통치 않거나, 오히려 자신을 오해하기에 이를 수 있다는 의미이다.

예를 들어, 당신이 다니고 있는 회사에 어떤 소송 문제가 발생하여 유능한 변호사를 섭외하기 위해 이리저리 물색하고 있는데도 도무지 적합한 인물을 잘 못 찾고 있을 때, 당신의 친지나 친구 중에 유능한 변호사가 있어서 그 사람을 소개해주게 되면 과연 어떨까? 물론 당신은 회사를 위해서 그 변호사를 추천하였겠지만, 사람이라는 것이 보통 계약 후 계속 관계를 가지다 보면, 확률적으로 오너의 마음에 들기보다는 어딘가는 부족한 점이나 문제점이 더 잘 보일 수도 있을 것이다. 특히 많은 돈이 오가는 큰 소송건이라면 나중에 비용 처리 문제가 매끄럽지 않을 수도 있으며, 혹여나 뒷돈 거래 등의 오해 소지까지 있을 수 있다.

이렇게 좋은 뜻으로 한 일이 나중에 너에게 큰 부담으로 작용할 수도 있다. 그리고 때로는 "그때 괜히 내가 친지를 소개했구나!"라며 후회할 수도 있다. 즉 이렇게 위험의 부담이 있는 무리수는 잘 되어야 본전이며, 대개는 오해나 의심으로 점철될 수 있다.

따라서, 이럴 경우에는 굳이 무리수를 두어 친지나 친구를 소개해줄 것이 아니라, 당신과 밀접한 관계가 있지 않은 사람으로 물색하여 추천함이 좋을 것이다. 열심히 그런 사람을 찾아보고, 정 네가 못 찾으면, 못 찾았다고 솔직하게 보고만 잘하면 되는 것이다. 굳이 왜 무리수를 두려 하는가?

이렇게 우리가 생활 속에서 겪을 수 있는 여러 무리수나 오해의 문제를 근원적으로 해결할 수 있는 방법에는 어떤 것이 있을까?

첫째, '이해 충돌 방지'의 실천이다.

무엇보다 욕심을 버리고, 나와 이해관계가 걸려 있는 선택은, 설령 아무리 네가 선한 의도에서 한다고 하더라도, 가급적 피하는 것이 좋다.

특히, 공(公)과 사(私)를 철저히 구분하여, 나의 재산, 나의 가족이나 친지, 나의 친구, 내가 거래하는 곳, 그밖에 내가 잘 알고 있는 사람 등은 공(公)적인 계약이나 돈거래가 발생하는 일, 이익이 크게 발생할 수 있는 곳 등에는 아예 처음부터 결부시키지 않도록 하는 것이 좋겠다.

둘째, 나의 처신에 대한 상대의 반응을 미리 예상해 보아라.

즉 내가 어떤 판단이나 행동을 하기 전에 상대방의 반응을 잘 예상해보고, 상대의 독특한 성격이나 인격상 혹시라도 오해 거리가 발생할 가능성이 있는 경우라면, 미리 보류하거나 취소하는 것이 좋다. 가능한 한 그런 방법들은 철저히 배재하고, 그 외의 방법 중 하나를 선택하는 것이 좋다.

셋째, 근원적이고 원천적인 방법을 선택하여라.

무엇이든 문제가 발생할 소지가 있으면, 설마설마하지 말고, 아예 근원적으로 그런 문제를 막을 수 있는 방법을 선택하는 것이 현명하다. 오해의 소지를 없애기 위해 대충 적당한 방법으로 얼버무려 놓으면, 그 일이 완전히 끝날 때까지, 혹시라도 있을 수 있는 사고에 대한 걱정 때문에 네 마음이 늘 편치 못할 것이다.

한중일(韓.中.日)을 아우르고 유불선(儒.佛.仙)을 아우르는 천재 최치원은, 당나라에서 약 16년간 유학을 하고나서 고국인 신라에 귀국 후, 그의 출중한 능력에도 불구하고, 귀족들로부터 많은 견제를 받았다.

최치원 (그림:.lsqww.com/gudaiyeshi/yyqw)

당시 자신을 많이 아껴준 헌강왕이 사망하고, 정강왕이 즉위하자, 최치원은 진골 귀족들에게 밀려 외직(外職)으로 나돌 수밖에 없었으며, 진성여왕 때는 '시무10조'를 올렸으나 당시를 주도하던 골품 귀족들의 거센 반발로 인하여 뜻을 이루지 못했고, 점차 견제가 더욱 심해지자, 귀족들의 오해나 의심을 살 수 있는 문제를 원천적으로 해결하기 위해 자신의 직(職)을 내려놓고, 차라리 자연과 더불어 유랑하며, 자신이 그리 좋아하는 글을 쓰기로 결심했다. 그리고 마지막에는 가족마저 데리고 가야산 해인사로 들어가, 비록 화려하지는 않지만, 마음 편한 삶을 선택하여 살아간 것으로 전해진다.

그렇다고 하여, 오늘날 일반인들에게 이렇게 최치원처럼 하기를 권장하는 것은 결코 아니지만, 어떻든 최치원에게서 배워볼 수 있는 점은 자신이 오해를 받거나 의심을 받을 수 있는 일에 대해 아예 원천적으로 미리 선을 그어 해결해 나가는 의연한 모습일 것이다.

1-43. 진정성 없는 이야기를 늘어놓지 말아라!

진정성이 떨어지는 이야기나 불확실한 이야기를 늘어놓지 말아라!

우리가 일상적인 가벼운 대화나 농담을 할 경우를 제외한 어떤 Q&A(묻고 답하기)나 약속, 주요 정보 전달 등을 할 때는 꼭 챙겨야 할 것이 있다.

해당 대화 안건에 대해 잘 모르는 상황에서, 알 수 없는 답변의 의무감 같은 것에 사로잡혀서 무턱대고 이야기하는 습관은 매우 좋지 못하다.

정확하지 않은 이야기이지만, 꼭 하여야 할 경우에는, "사실 정확한 정보는 아닙니다만, 그렇지만~", "제 개인적 상각입니다만 ~"이라는 등의 전제를 달거나 혹은 좀 더 생각을 해보아야 알 수 있다고 하는 형태로 이야기를 하거나, 그도 저도 아니라면, 차라리 해당 사항에 대해서 침묵하는 것도 하나의 방법이 될 수 있다.

그렇지 않고, 생각이 많이 부족한 상황이거나, 제대로 모르는 상황에서 마구 이야기를 하다 보면, 결과적으로 서로에게 피해가 갈 수 있다. 물론 이런 경우에도 상대의 질문에 관해 나름의 어떤 답변을 좀 해주기 위해서 했던 이야기였다고 변명을 할 수도 있겠고, 선의(善意)로 그렇게 이야기를 했다고 변명할 수도 있겠으나, 그렇다고 하여, 자칫 팩트(사실)와는 거리가 멀 수 있는 이야기를 남발하다가는 대화에 있어 많은 혼란을 가져올 수 있고, 무엇보다 서로 간의 신뢰가 깨어질 수도 있는 것이다.

그래서 신뢰가 깨어지면 서로 간의 건전한 도움을 주고받거나, 더 이상의 거래가 원만하게 이루어지지 않을 수도 있고, 이른바 앞으로의 관계가 단절이 되는 경우도 발생할 수 있다.

'브레인스토밍(Brainstorming)'이라는 아이디어 창출 기법이 있다. 이것은 혁신이 필요한 일반 기업, 공기업 등에서 두루 많이 사용하는 방법으로서, 어떤 팀별 주제에 대해 해당 팀원들이 거의 전원 아이디어를 내고, 일단은 집단지성으로 많은 아이디어를 자유롭게 이야기하여 모은 후에, 이 중에서 더 좋은 안(案)을 점차 추려내고, 그다음은 그 선택된 아이디어를 좀 더 개량하여 세련되게 만들어 나가는 기법이다.

브레인스토밍 (그림:.mindmeister.com/blog)

이 기법에서 가장 주의할 점은 다른 사람이 아이디어를 내면, 설령 네 생각에는 틀렸거나 적당하지 못한 아이디어라고 할지라도 일단은 받아주어야 한다. 이렇게 모든 아이디어를 너그럽게 받아준 후 그 제시된 아이디어를 반대하거나 배척하는 것이 아니라, 보다 더 좋은 아이디어를 점차 추려 나가는 방식을 취하게 되는 것이다. 팀 미팅 중 절대 남의 아이디어가 나쁘다는 등의 표현은 자제하는 것이 중요하며, 비판은 오직 마지막 단계에서만 허용이 되고, 이 최종 단계에서도 비판보다는 선택과 개선이 우선시 되어야 하는 것이다.

이러한 '브레인스토밍'에서도 중요한 것이 상대 팀원들이 웬만해서는 거부하지 않는다고 하여, 근거가 아주 부족하거나, 틀린 이야기들을 마구 쏟아내면 절대 안 된다. 나름 최선을 다해서 자기로서는 최고라고 생각하는 아이디어를 제안하여야 한다는 것이다. 즉 아이디어를 내는 당사자들의 진정성이 중요하다. 만약 잘 모르는 아이디어들까지도 무작정 양적으로만 많이 쏟아내게 되면, 그 미팅은 더 이상 방향을 잃어버릴 수도 있다.

다른 예로, 당신이 큰 기업의 자재·구매부서 담당자라고 하고, 어느 협력업체에서 좋은 납품 아이디어를 제안해왔다고 할 경우, 당신은 그 제안된 제품이 마음에 안 들어도 일언지하에 거절하는 것보다는, 간단한 평가와 함께 좀 더 개선이 필요한 부분을 상의한다든지, 다음에 올 때 어떤 부분을 더 보완해보라고 한다든지 하여, 그 여지를 남겨두어야 서로 관계가 계속 유지되어 향후의 발전적 관계를 계속 기대할 수 있게 된다.

분명 처음 듣는 납품 아이디어의 경우, 당신이 아무리 똑똑하다고 하더라도 그 이해도에는 한계가 있을 수 있을 것인데, 만약 당신이 제대로 알지도 못하면서 무리하게 "No!"라고 외친다면 그것은, 갑을관계의 특수성을 떠나서도, 업체 간 도리가 아닐 것이다.

물론, 그 협력업체가 제시한 제품이, 당신 생각에는 완전히 좋지 못한 제품이라고 확실히 생각되어 그렇게 단적으로 거절했다고 항변할 수도 있겠지만, 세상일이란 것이 대개 그렇게 무 자르듯 정확히 재단할 수 있는 것이 아닌 경우가 훨씬 더 많다. 또 네가 가진 지식에도 분명히 한계가 있다는 것도 시인해야 할 것이다. 그리고 납품할 제품이라는 것은 하루가 다르게 그 성능이나 품질이 개선될 수도 있기 때문에 미래의 일은 아무도 그 가치를 모를 것이다.

결론적으로 볼 때. 우리가 정확히 모르거나, 확실하지 않은 사실에 대해서는 절대 단정적으로 이렇고 저렇다고 결론을 내듯이 말하지 말고, 항상 겸손하고도, 여지를 남겨두는 열린 자세가 좋다. 그래야 혹시 나중에 상황이 좋은 쪽으로 변했을 때 그 결과에 대한 혜택을 당신도 누릴 수 있을 것이다.

즉, 어떤 대화에서도 어설프게 진정성이 떨어지는 이야기 혹은 부정확한 이야기를 늘어놓거나, 어설픈 결론을 내리지 말고, 열린 마음으로 앞으로의 여지를 남겨두는 겸손한 대화 자세를 취하는 것이 좋다.

단, 어떤 사안이든 자신의 진실된 의견이나 방향은 명확히 하는 것이 좋다. 그래야 뭐든지 개선이 용이해지니 말이다.

1-44. 은은한 인격이 오래간다!

사람의 인격을 화려한 인격, 은은한 인격(순수한 인격), 추한 인격으로 한번 나누어보자.

우선, 화려한 인격은 보통 자랑할 만한 스펙이 많으며, 뛰어난 요소를 많이 갖춘 듯하지만, 반면 허세가 있을 수 있고, 다소 자극적이며, 배타적일 수 있는 성격이다. 이른바 좀 잘난 인격이라고도 볼 수 있겠다.

추한 인격이라는 것은, 말 그대로 생활 속 여러 장면에서 추한 모습을 자주 보이는 인격으로서, 성격상 깔끔하지 못하고, 더티 플레이를 일삼는 등의 부정적 요소가 많은 인격을 말한다. 이런 유형의 인격은 성격적으로 어딘가 모르게 어수선하고, 자기 삶의 철학이 아주 얕거나 부족하며, 심지어는 괴짜 철학을 가지고 있을 수도 있는 것이다. 이런 인격에게는 가능한 한 속거나 당하지 않게 주의를 기울여야 하고, 혹시 네 주변 인물이라면 철저히 관계에 대한 리스크 관리를 할 필요가 있다.

은은한 인격(순수한 인격)이라는 것은 대개 허장허세가 없으며, 마음의 진실성을 가장 담보할 수 있는 인격이다. 이러한 성격은 보통 타인의 시선 본위가 아니고, 자기 내면적 가치 본위인 성격이 많다.

이러한 인격의 소유자는 웬만해서는 자랑하려 들지 않고, 어떤 일에도 무리하게 나서려 하지 않고, 여러 일들을 같이 도우면서 도모하려 하고, 일이 끝난 후에 뒤끝 또한 깨끗한 인격 유형이다.

우리는 보통 겉보기에 훌륭한 '화려한 인격'의 친구에 많이 호감을 가질 수 있겠지만, 이러한 화려한 인격은, 그 관계가 오래가지 못하는 경우가 많다. 좀 사귀어 보면, 금방 그 내면의 본 모습을 드러내거나, 바닥이 드러날 수도 있다.

화려한 인격은 그 본질을 숨기고 과장하기 위해 많은 치장을 할 것이고, 많은 자랑들을 뱉어내겠지만, 언젠가는 그 밑바닥이 드러나고, 숨겨진 진실을 드러낼 것이라는 것이다.

진실됨의 참모습은 결코 화려한 인격의 모습을 하고 있는 것이 아니며, 항상 겉으로는 잘 안 보이는 내면 속에 숨겨져 존재하는 것이다.

반면, 은은한 인격의 소유자는 그 내면으로부터의 풍기는 향기가 화려하거나 자극적이지는 않지만, 은은하고 지속적으로 풍겨져 나와, 언젠가는 네가 충분히 느낄 정도가 될 것이다.

그리고 이러한 인격은 항상 물질적 가치보다는 정신적 가치를 중심으로 움직이는 인격이라서 단순한 유혹이나 꾐은 통하지 않을 것이고, 오직 진실과 진정성으로만 소통이 가능해질 것이다.

또한 은은한 인격은 주로 남에게 받으려는 성향보다는 남에게 줄 것이 없는지를 찾는 성격이다. 즉 항상 남에게 베풂의 가치, 봉사의 가치 등을 중요히 인식하고 있으므로, 어떤 쟁점이 있을 때는 자신이 먼저 기꺼이 손해 보려는 사람일 것이다.

우리는 이렇게 은은한 인격을 스스로 추구하고 또 갈구하되, 사회라는 것은 매우 다양한 인격의 소유자들이 같이 모여 사는 곳이므로, 비록 화려한 인격이나 추한 인격이라고 하더라도 결코 너무 배척하려 들지 말고, 적절히 자신에 맞게 관리를 해나가거나, 오히려 먼저 마음을 열어 그들에게도 충분한 기회가 돌아갈 수 있도록 배려해주는 것이 좋겠다.

아래는 위대한 교육 사상가 '페스탈로치'의 명언이다.

페스탈로치와 아이들 (그림: commons.wikimedia.org/wiki)

"고귀한 지혜를 가진 사람일지라도 자신에게 순수한 인격이 없다면, 어두운 그늘이 그를 둘러쌀 것이다. 그러나 천한 오막살이에 있을지라도, 교육된(순수한) 인격은 순수하고 기품있는 만족된 인간의 위대함을 발산한다."

1-45. 보다 품격 있는 사회이어야 한다!

품격 있는 사회란 보다 온화하고 포용적 사회를 의미한다!

남의 행동을 너무 쉽게 판단하고 평가하려 들거나, 남에게 너무 쉽게 뒷담화하거나, 항상 사회적 마찰을 빚는 행동을 난무하게 하거나, 진영논리에 휩싸여 상대 무리를 악의 패거리로 모는 부류의 행동을 결코 하지 말아야 한다.

우리 사회는 보다 더 품격을 갖추어 항상 온화하고, 상대에 대해 더 포용적이어야, 선진 사회들처럼 사회적 갈등이 적은 나라로 갈 수 있게 될 것이다.

흔히 자기 직장 상사가 없을 때는 부하 직원들이 모여서 자기네들 상사에 대한 험담이나 욕설을 하면서도, 스스로의 행동과 처신에 대해 "없는 자리에선 나라님도 욕한다!"라고 하며 슬쩍 자기 합리화를 하는 경우도 있다.

그러나 이러한 행동이나 생각들은 자신들의 스트레스를 풀기 위해서라면, 혹은 자신들의 부정적인 감정을 해소하기 위해서라면 그 자리에 없는 그 누구에게도 욕을 마구 퍼부어도 괜찮다는 식의 주장이 되며, 자신들 스스로는 그런 식으로 당하게 되기를 결코 원하지 않을 것이기 때문에, 심각한 자기모순의 일종인 것이다.

만약 자기 자신이 그 자리에 없었더라면, 또 다른 친구들이나 후배들이 자기에 대해 모욕적인 흉을 보거나, 욕설을 할 수도 있었을 터이고, 그러한 상황을 자신이 마음속으로 받아들이기 어려울 터인데, 왜 자기

합리화를 하려고 한단 말인가?

심리학적으로 볼 때, 인간은 망각의 동물이니, 현재 시점에 현재의 자리에 없는 모든 것들을 부정하기가 쉽다. 즉 단적인 말로 표현해보면, 현 시점에 이 자리에 없으니 나쁜 것이고, 그런 사람에 대해서는 내 감정을 위해 아무리 욕설을 해도 괜찮다는 심보인 것이다.

없는 자리에선 나라님도 욕한다 (그림:.korea.net/NewsFocus/Culture)

유사한 예로, 사람들은 과거에 자기네들이 스스로 뽑은 자기 대통령이나 지자체장들에 대해, 법적인 큰 문제가 없는 상황에서도, 단지 자기 마음에 안 든다는 이유로, 지나친 흉을 보거나 욕설을 하는 경우도 있다. 이것 또한 자기모순에 가깝다. 국민이 스스로 좋다고 투표하여 뽑았으면, 설령 자기 자신은 그 당선자에게 표를 주지 않았더라도, 일단 당선이 되었고, 우리 모두의 지도자이자 대표자인 것인데, 절차적·행정적 큰 결함이 없어도 마구 흉을 보거나, 욕설을 하는 것은 결코 온당하지 못하다. 지도자에 대한 평가는 누구나 할 수 있다. 그러나 평가와 욕설은 분명히 다를 것이다.

물론 국민이 기대를 많이 하고서 그렇게 뽑아주었는데, 뽑아준 후 직무수행을 매우 잘못하였으니 당연히 화가 많이 날 수 있고, 아무리 욕을 해도 시원치 않다고 할 수도 있겠지만, 그렇다고 하여 그 지도자만을 욕할 필요는 없다. 투표권이 있는 우리 국민 모두의 집단지식의 수준이 더 높아져야 더 좋은 인물을 뽑을 수 있다는 것이 근원적으로는 더 중요한 문제일 수 있겠다.

또한 한번 선택되어진 사람을 함부로 내려오라고 하면 안 된다. 법적인 중요 하자기 없는 한, 충분히 맡겨주고, 충분한 기회를 주고, 되도록 많은 시간을 기다려줄 줄 아는 지혜도 필요한 것이 아니겠는가? 이런 것이 바로 선진 시민의식 중 하나라고 할 수 있을 것이다. 사실 한 나라의 품격있는 민주주의는 결과적으로는 그 주인인 국민의 역량에 달린 것이다.

또 하나의 관점은, 우리사회는 보다 포용적이어야 한다. 그런데 지금 현재 그 포용력이 너무 약하다고 평가할 수 있다.

예를 들어, 과거의 우리 위인들에 대한 동상 철거 문제를 한번 살펴보자. 과거에는 존경하였고 심지어는 흠모까지 하였던 인물들에 대해서, 현재의 시각으로 보니 문제가 많다고 하여 하루 아침에 동상을 철거하자고 주장하는 것 또한 자기모순인 것이다.

물론 현재에 와서야 드디어 과거를 파헤칠 수 있었고, 역사적으로 재해석을 해보니, 그리고 현재의 잣대로 보아하니, 문제가 많은 인물이니 그 동상을 철거해야 한다고 하는 의견도 있을 수 있겠으나, 과거에는 우리 국민 스스로가 그렇게 위대하다고 평가하였던 잘못도 분명히 있는 것이다.

그리고 인간에 대한 평가는 그 인물이 위대하고, 위대하지 않고를 떠나서, 지성들이나 전문가들 사이에도 그 평가가 매번 갈릴 수 있는 법이다.

그렇다면 차라리, 너무 결벽증(Mysophobia)처럼 생각할 것 없이, 과거의 동상 옆에 현재의 평가와 과거의 평가를 둘 다 동시에 표기하여 주는 것이 현대와 미래를 사는 사람들이 역사를 두루 살펴볼 수 있는 안목을 키워주는 길이고, 민주적 국민의 균형잡힌 소양을 높이는 데에도 도움이 많이 될 것이다.

또한 세상에 완벽한 사람이 없다는 것을 우리 모두가 잘 알고 있지 않은가? 시대가 흘러 정치적 지형이 바뀌었다고 하여, 전 대의 지도자 중 자신들의 입장과 주장이 다른 인물들을 모조리 부정하는 것은 너무나 정치 편향적인 생각이다.

전 세계 어느 위인도 세세하게 들여다보면 흠결도 있고, 문제점도 있었고, 그런 것이 또한 인간인 것이다. 그러나 우리는 그 인물들의 흠결보다는 업적에 더 감사를 표하기 때문에, 흠결이나 문제점은 용서해주는 것일 수도 있다.

어쩌면 국민적 위인과 반역자는 종이 한 장 차이로 갈리는 경우도 있을 것이다. 즉 그 공적과 악행의 비율이 엇비슷한 모호한 영역의 인물도 많이 존재할 것이다. 우리는 항상 어떤 인물에 대해서도 그 허물과 공적을 동시에 보려 하는 공정하고 균형 잡힌 시각을 가져야 하고, 과거와 미래에 대해 보다 포용적 자세를 취하는 것이 좋겠다.

이렇게 포용적 사고를 하게 되면, 과거에 우리가 존경했던 인물들은 그 흠결이나 과오보다는 공적(功績)과 함께 우리 가슴 속에 남을 것이며, 우리나라의 귀중한 인적·정신적 자산으로 승화될 수 있을 것이다.

제2부.

참다운 지혜

2-1. 지켜보아 주는 것이 가장 큰 사랑이다!

인간관계에서 좀 가까워지면, 서로 많이 챙겨주려 하고, 이것이 더 발전하면 서로 간섭하려 들기도 한다. 이렇게 되면, 서로에게 적절하고 유익한 거리의 유지가 이루어지지 못하여 오히려 더 멀어지게 되는 사태도 발생할 수 있다.

인간관계에서 상대에게 무엇을 해주는 것보다 더 원천적으로 중요한 것이 서로 상대를 존중해주는 것이다. 바람직하게는 이런 존중의 바탕이라는 전제하에 비로소 서로 간의 도움, 협조, 사랑 등이 존재할 수 있다.

부모가 자식을 챙겨주고 싶은 마음을 가지는 것은 지극히 당연한 일인 것이다. 그러나 이것이 지나치면 자식에게 오히려 부담을 줄 수 있다. 자식의 세계에 너무 깊숙이 진입하려는 시도 역시 자식에게 좋지 못하다. 즉, 너무 지나치게 챙겨주려 해서도 안 되고, 너무 심하게 간섭하여서도 안 된다.

가장 좋은 것은 바로 옆에서 항상 지켜보아 주고, 적절한 거리를 유지해주는 것이고, 간혹 자식의 세계 깊숙이 침투하여야 할 경우에는, 자식이라고 하더라도 사전에 충분한 동의를 구해야 좋을 것이다.

다만 자식의 입장이라면, 자식 된 도리로서 부모의 약간의 호의에서 나오는 챙겨주기를 가급적 받아주는 것이 좋다고 생각한다.

스티브 잡스는 대중적인 인지도가 아주 독특한 인물인데, 그가 입양되어 성장 후 리드 대학(Reed College)에 진학하였을 때 대학교까지 부모가 자동차로 데려다줬음에도 불구하고, 캠퍼스에 같이 들어가 보고 싶어 하는 부모의 가벼운 요청을 단연코 거부하고 캠퍼스 입구에서 돌려보낸

다음 혼자 걸어 들어갔다고 한다.

부모는 자식에게 무엇이라도 해주고 싶고, 챙겨주고 싶고, 옆에 같이 있고 싶은 것이 인지상정인데, 스티브 잡스는 그때까지 철이 덜 들어서 그런지, 원래 성격이 그래서 그런지, 그렇게 부모의 자그마한 청(請)도 거절하였던 것이다. 그는 학교에 혼자 걸어 들어가면서 부모에게 인사도 안 하고, 심지어는 눈도 잘 마주치지 않으려고 하였다고 한다.

나중에 스티브 잡스의 전기에 따르면, 이때 그의 행동이 자기 인생에서 가장 후회되는 일이라고 회상하였다.

아버지와 아들 (그림:.vectorstock.com/royalty-free-vector)

나도 어린 시절에 부모가 무엇을 해주겠다고 하면 "No"라고 했던 적이 몇 번 있었던 것으로 기억된다. 가령 당시에는 시골에 자동차가 거의 없던 시절이라, 아버지가 아침에 나를 짐자전거 뒤에 태워서 학교까지 데려다주고자 하거나, 머리카락을 자르러 읍내 이발소에 대려다 주겠다고 하면 자주 거부하고서 그냥 걸어갔었던 것으로 기억된다.

지금 와서 생각해보면, 아버지는 나를 데려다주고 싶어 했고, 자식의 옆에 동반하고 싶어 하는 것이 당연한 일이었을 텐데, 내가 생각이 어려서 그 호의를 제법 거부했던 것으로 기억된다.

그렇다, 나이가 많든 적든 간에, 자식된 도리로서는 어른이 호의를 베풀고 싶어 하거나, 같이 옆에 있고 싶어 하거나, 같이 손잡고 걸어가고 싶어 한다면, 네 일이나 스케줄에 큰 문제가 안 된다면, 기꺼이 받아들여 주는 것이 훨씬 성숙된 모습이라고 생각된다. 그게 그분들이 지금껏 자식을 키워온 노고에 대해 조금이나마 존경과 감사를 표할 수 있는 길이 되지 않을까?

이제 내가 아버지가 되어, 아마 옛날 내 아버지가 그러했듯이, 자식에게 뭐든 해주고 싶고, 챙겨주고 싶고, 넘어질세라, 깨지고 다칠세라, 슬퍼할세라, 울세라 늘 노파심도 생기고, 어떤 일에도 항상 같이 동행하고 싶은 마음이 생길 때도 많지만, 그런 마음을 일단 접어두는 게 더 나은 것이라고 생각해본다.

그리고 그것보다 그냥 옆에서 잘 지켜보아 주는 것이 훨씬 더 중요하고 큰 사랑이라고 생각해본다.

2-2. 책임을 캐기보다는 문제 해결에 집중하라!

특허사무실로부터 실장님의 전화가 한 통 걸려왔다. 지난번 출원한 미국 특허의 발명자로 내가 명시해준 사람 4명에 대해, 서류를 바로 미국으로 보내야 하니, 미국으로 보내기 전에 최종적인 확인을 한번 해달라는 것이었다. 나는 4명이 아니라 3명이라고 말해주었다.

그러자 지금까지 여러 번 이메일을 주고받았는데, 자신은 쭉 발명자가 4명이라고 알고 있었다는 것이다. 그래서 그간의 이메일을 모두 확인을 한번 해보겠다는 것이다.

나는 그러지 말라고 잘라 말했다, 이메일 내용은 이미 지나버린 일이고, 그렇게 의미 없이 과거를 따지는 행동은 현시점에서는 고려할 필요가 없다고 생각했으니.

원래 발명자가 3명이 맞는데, 이메일로만 서로 의견을 주고받다 보니 실장님은, 어떤 이유에서든 4명으로 잘못 알고 있었던 것이다.

그런데 실장님은 우선 지금까지의 수십 통 이상이나 되는 이메일을 모조리 확인하여 누가 먼저 잘못했던 것인지를 한번 확인해보겠다는 것이다.

내 생각에는, 어차피 그렇게 이메일을 자세히 확인하여 잘잘못을 가려보아야, 그 결과는, 내 아니면 실장님 중 한 명이 잘못하여 서로 오해가 생겼다는 것으로 결론이 날 것이 아닌가? 미국 특허와 관련된 큰일을 앞에 두고 그게 그렇게 중요한 문제인가?

그것을 따지기 이전에 먼저 우리나라 특허청과 미국 특허사무소에 연락하여 발명인 정정이 현시점에서 가능한지를 확인해보는 것이 훨씬 더 중요한 것이 아니겠는가?

그래서 내 의견은, 그 정정 가능 여부를 먼저 확인하라는 것이다, 자칫 정정의 기회를 놓치면 안 되니.

비즈니즈 업무처리 (그림:.macslist.org/interviews)

요즘은 이메일이나, SNS 등으로만 진행되는 일처리가 많아서, 서로 여러 통의 메일이나 문자들을 주고받다 보면 간혹 내용상 오해가 생기거나, 서로 다르게 글을 해석하는 경우가 많이 발생한다.

이럴 경우 그 문제의 해결에 집중을 하는 것이 우선인데도 불구하고, 많은 경우에 일단 누가 먼저 글을 잘못 써서 서로 오해가 생겼는지, 누가 더 정확하게 서류를 작성하였는지, 그런 것부터 먼저 따져보려는 사람들이 많다.

이러한 소모적이고 부가가치 없는 잡무에 우선적으로 신경을 쓰다 보면, 정작 매우 중요한 일처리의 핵심을 놓치는 경우가 꽤 많이 발생하는 것이다.

이럴 경우에는 당장 발생한 문제 해결에 서로 집중을 하고, 꼭 잘못한 사람을 확인해야 하는 상황이라면 나중에 시간이 충분히 있을 때, 누가 잘못하여 이런 일이 발생하여 혼란을 빚게 되었는지를 따져볼 수도 있는 문제이다. 그리고 잘못이 있는 사람이 바로 사과하면 문제 될 것이 없을 것이다.

대외적으로 특허 관계자들과 특허청, 미국 특허사무소 등에 연락을 빠르게 취하여 발명인 인원수에 대한 정정이 가능한지, 어떤 방식으로 해야 서류상 수정이 가능한지, 그렇지 않다면, 다른 어떠한 가능한 방법이 또 있는지 등에 대한 확인을 잘해서 일을 바로잡는 게 우선이지, 누가 잘못했는지 잘잘못을 따지는 게 절대 우선이 될 수는 없는 것이다.

우리는 여러 일처리에서 이러한 자신의 작은 자존심이나 호기심을 챙기기 위해 일처리의 본질을 깨닫지 못하고, 순서나 방향을 잘못 정하는 경우가 허다하다.

이럴 경우 중요한 것은, 먼저 자존심을 버리고서 부가가치가 없는 말꼬리 물기라든지, 잘잘못을 파헤치는 문제에 너무 익숙하지 말 것이며, 일처리의 본질을 놓치지 말고, 그 처리 한계 시점도 놓치지 말아야 할 것이다.

자칫 알량한 개인의 호기심이나 자존심, 아집 등으로 인하여 일처리의 큰 대세를 잊어버리거나 방향과 순서를 헛갈려 하면 절대 안 된다는 의미이다.

일반적으로 일이 잘못되었을 때, 책임 소재가 분명히 필요한 큰 사건의 경우라면, 공식적 미팅이나 법정 등에서 공정하고 정확하게 따져볼 일이지만, 일상의 비즈니스 처리에서는 이러한 방식보다는, 어떻게 하면 보다 협조적으로 일처리를 할 것인지, 어떻게 하면 일처리를 더 매끄럽게 할 수 있는지 등과 같은 중요도와 부가가치가 높은 일에 보다 더 집중하여야 하는 것이다.

또한 감정적인 부분보다는 철저히 이성적이고 합리적인 방향으로 모든 일을 처리하여야 마땅할 것이다.

법정이 아닌, 일반 사업장에서조차, 자존심을 앞세워 서로 간 책임 소재 따지기를 우선시하고, 서로 소모적인 논쟁이나 행동을 하는 것은 참으로 부질없는 것에 자신을 허비하는 일일 것이다.

2-3. 소중한 것일수록 차분하게 대하라!

우리는 소중한 것일수록 즉흥적이지 않고 아주 차분히 대할 필요가 있다.

즉흥적인 일처리나, 즉석에서 실행 결단을 바로 내리는 습관은 일에 실수가 많고, 거칠어질 수 있다는 것을 동시에 의미하기도 한다. 자칫 모든 것이 도로아미타불로 될 수 있다.

'윤창호법'이라는 것이 있다. 2018년 9월 부산광역시 해운대구에서 발생한 음주 운전 교통사고로 휴가 나온 육군 병사 윤창호가 안타깝게 숨진 사건에서 친구들과 가족이 음주 운전에 대한 강력한 처벌을 눈물로 호소하는 등의 사회운동을 벌여 만들어진 법이다.

그러나 이 법은 2021년과 2022년 두 차례에 걸쳐 위헌결정이 내려진 바가 있는데, 이렇게 우리 사회는, 국가적으로 매우 중요한 사안이라고 할 수 있는 입법이나 법률 개정에 관한 처리에서조차, 흥분한 몇몇 민심 달래기에 허둥지둥 바빠하며, 무엇하나 차분하게 제대로 처리하는 경우가 드문 형편이다.

이렇게 법을 제·개정하려면 사전에 그 책임과 형벌 간 비례원칙, 타법과의 형평성, 범죄 횟수 사이의 시간적 제한 문제, 과거 위반 전력, 범법의 수준 등 여러 검토해야 할 사항이 무척이나 많은 데도 불구하고, 국회에서는 졸속으로 입안 및 처리되고, 제대로 된 검토가 많이 부족한 상태로 본회의를 통과하고 시행되는 경우가 많다.

물론 국민이 원하는 법을 빠르게 처리하여 통과시키고, 빠르게 민심을 달래주는 자체는 좋은 일이라고 할 수 있다. 그러나, 우리나라 입법 과정을 보면, 사전에 반드시 검토해야 할 사항들에 대해 전혀 검토가 이루어지지 않은 채 졸속으로 처리되는 일이 너무나도 많고, 이러다 보니 국민은 그 법의 내용에 대해 혼란에 빠지고, 그 법은 나중에 많이 뜯어고쳐야 하니, 온통 '누더기법'이 되기 일쑤인 것이다.

즉, 입법에서부터 시행까지의 제반 절차가 매우 즉흥적으로 이루어지므로, 나중에 사회적으로 치르거나 감당해야 할 직간접 비용이나 혼선이 너무나도 크다는 것이다.

누더기법 통과 (그림: m.segyelocalnews.com)

법이라는 것은 항상 국민의 신뢰를 바탕으로 할 수 있어야 오래 가는 법인데, 이렇게 가벼이 만들어지고, 가벼이 고치고, 가벼이 없어지는 형국이 잦다 보면, 당연히 우리는 후진적 민주주의 사회에서 벗어나기 힘든 것이다. 그리고 민주사회 최후의 버팀목이라고 할 수 있는 법률이 주는 권위와 무게감이 한참 가벼워지게 되기도 한다.

중대재해법(중대재해 처벌 등에 관한 법률) 또한 마찬가지이다. 입법 난세에서부터 완전히 '종이호랑이' 혹은 '이빨 빠진 종이호랑이'로 전락한 전력이 있다. 이 법은 처음에는 그렇게 국민적 필요성에 대한 공감대를 가지고 입법 활동에 들어갔지만, 김용균 씨 사건 등을 비롯한 많은 산재의 사망 원인으로 지적됐던 '1인 작업' 방지책도 명확하게 규정되지 못하였고, 시행령조차 모호하여 만약 사고가 발생하였을 경우 적절한 법적 조치가 취해졌는지의 여부를 두고 법적 공방과 책임 소재 문제 대두가 불 보듯 뻔하며, 하청 노동자들의 안전보건 관리에 관한 비용 등에 대해서도, 그 구체성 면에서 턱없이 미흡하며, 제대로 사회적 합의가 이루어지지 못한 현실 타협형 '누더기법'이 되어버린 것이다.

보다 더 차분하게 이 분야의 학자들이나 전문가들에게 제대로 맡겨 우리 노동자들의 인권과 기업들의 경영 상황 등을 동시에 잘 검토하고 국민적 토론을 이어나가야 함에도 불구하고, 지나치게 진영논리 위주의 정치 싸움으로 번져, 정작 피해를 보는 사람은 우리 국민일 것이다.

우리 사회가 보다 성숙한 민주주주로 나가기 위해서는 사회적으로 소중한 입법의 문제, 법률안 개정의 문제, 기타 사회적으로 큰 이슈(병역문제, 인권문제, 경제범죄문제 등)에 대한 문제 등을 해결하기 위해서는, 평시에도 늘 전국민적으로 필요한 토론을 이어가고, 합의를 중요시하는 사회, 토론의 장이 모든 국민에게 항상 열려있는 사회가 되어야 바람직할 것이다.

이러한 지속적 토론과 차분한 준비 없이는, 그동안도 우리 사회가 많이 그러했듯이, 사후약방문(死後藥方文; 죽은 뒤에 약을 찾는다는 뜻으로, 사고를 사전에 예방하지 못하고서 꼭 일이 터진 후에야 대책을 내어놓는다는 의미)식 저급한 처리만 난무할 것이다.

2-4. 공유가 최고의 에너지이다!

개인이 많이 벌어도 씀씀이가 헤프다면 벌이가 시원찮게 느껴질 것이다. 기업들의 경우 매출과 이윤이 아무리 커도 쓸데없는 비용 지출이 워낙 크다면 버텨내기 어려울 것이다.

또, 나라에서 발전소를 많이 지어 전기를 아무리 많이 생산하여도, 전국 각 지역에서 전기 소모가 너무 크다면, 도저히 감당해내지 못할 것이다.

서울시에서는 지난 2020년까지 '원전 하나 줄이기 운동'을 약 8년 이상 펼쳐 에너지의 생산과 절약에 일대 혁신을 가져왔다. 물론 그 성과의 질에 대해서 약간의 논란은 있지만, 그간 신재생에너지의 확대, 에너지 사용의 효율화, 건물에너지와 수송에너지의 절감 등에 총력을 기울여 왔고, 그 성과도 많이 낸 것만은 사실이다. 이러한 모범 사례는 다른 지자체에도 많이 벤치마킹이 되는 것이 마땅하지만, 그 움직임이 너무 적어 보여 애석할 따름이다.

지금까지는 이렇게 '원전 하나 줄이기 운동'처럼 에너지를 아껴 쓰고, 어떤 수단을 써서 절감을 하고, 새로운 고효율의 에너지를 보급하는 방식으로의 접근방법이 주효하였지만, 작금의 제4차 산업혁명 시대에는 이러한 방법 이상으로 '공유경제'의 개념이 더욱 도드라지고 있다. 이러한 공유경제를 우리가 선도적으로 발전시켜 나갈 수 있다면, 세계적으로 신경제의 틀을 선점할 수 있을 것으로 보인다. 즉, 공유경제가 곧 최고의 에너지 절약이 되는 셈인 것이다. 그리고 공유경제는, 여기에서 예로 든 '에너지 분야' 뿐만 아니라, 모든 물질적·정신적 재화가 모두 포함되어질 수 있겠다.

공유경제(sharing economy)는 원래 인터넷이나 스마트폰 기반의 플랫폼의 중계를 기반으로 사회적·경제적 가치를 공유하고자 하는 모델이다. 이것은 시공간의 제약 없이도 확산될 수 있으며, 자신이 소유하고 있는 자원을 타인과 공유, 교환, 대여함으로써 그 새로운 가치를 창출해낼 수 있는 협력적 생산·소비 방식이며, 무엇보다 남아돌아가는 유효한 자원을 주변 모든 사람들에게 공유해주어 자기 자신도 좋고, 공유받는 사람 또한 좋아할 수밖에 없는 일종의 '윈-윈 경제모델'의 일종이라고 할 수 있을 것이다.

공유경제 (그림:.gsef-net.org/en/node)

우리가 사회생활을 하면서도 어떤 물건이라도 서로 나눌 수만 있으면, 그것은 최고의 절약 방법이 될 것이다.

간단한 예로, 한 교실에 학생이 30명 있다고 하면, 사과를 하나씩 나누어주려면 30개의 사과가 필요하지만, 서로 필요한 만큼 나누어 먹게 하면 아마 30개가 필요 없을 것이며, 그 절반인 15개 정도로 충분할 수도 있다. 어떤 아이는 아침을 많이 먹고 와서 아예 안 먹으려 할 것이고, 어떤 아이는 사과를 싫어하여 안 먹을 것이고, 또 어떤 아이는 반쪽만 먹으려는고 할 경우도 있을 것이다. 모든 게 이런 식으로 된다면, 전국적으로 볼 때는, 사과를 생산하는 과수원의 수량은 그만큼 줄어들어도 되는 셈이다.

이와 같이, 어떤 물건이나 음식이라도 서로 공유를 하게 되면 그만큼 절약이 많이 되고, 그것을 생산해내는 시설 또한 많이 줄여도 될 것이다.

다른 예로, 집을 수리할 때 사용하는 전동공구 같은 것들은 한 번 사용하면, 이후 거의 사용하지 않는 경우가 많다. 이렇게 다소 비싸고 자주 사용하지도 않는 물건에 대해서는 여러 사람이 공동으로 구매하여 공유를 하거나, 이미 해당 물품이나 서비스를 보유하고 있는 사람이 다른 사람에게 매우 저렴한 가격으로 돌려쓰기를 허락하는 방식으로 자원의 절약을 할 수 있을 것이며, 경제 주체들의 부담도 확실히 줄어들게 될 것이다. 또한 그렇게 낭비를 줄이는 방식으로 인하여 글로벌 경제에 미치는 선순환의 영향이 엄청나게 커질 수 있을 것이다.

요즘 많은 이슈가 되고 있는 에너지 문제의 경우에도 절약의 한계를 넘어서서, 서로 공유를 잘하게 되면 아마 발전소 몇 개를 줄일 수 있을 정도로 에너지가 절약될 수 있을 것이다.

그래서 정부는 분산형 에너지라고 할 수 있는 태양광, 태양열, 지열, 풍력 등의 에너지에 대한 효율적인 공유를 위해 공급망 연계와 저장기술에 총력을 기울이고 있는 것이다. 이 기술이 잘 정립되면 아마 발전소 한두 개가 아닌, 훨씬 더 많은 양의 발전소를 줄여나갈 수 있을 것으로 내다보인다. 그리고 이러한 기술은 제4차 산업혁명의 에너지 분야에서 가장 핵심기술로 자리 잡을 가능성이 크다. 이렇게 된다면 아마, 미세먼지도 줄어들고, 온실가스도 많이 줄어들 것이니 얼마나 좋은 생각인가?

자동차 분야에서는 전기차가 가장 공유경제에 적합하다. 전기차는 그 구성 부품수가 상대적으로 매우 적고, 에너지 효율이 우수하고, 서비스나 다루기가 편리하며, 도심지에서의 오염이 적고, 소음이 거의 없는 등 그 장점이 엄청나게 많아서 앞으로 운송수단의 대세로 굳어질 가능성이 크다. 또, 이러한 전기차도 개인별로 소유하는 것보다, 모바일 방식으로 공유하여 사용한다면 전국의 필요 자동차 대수를 무척 줄일 수 있을 것이며, 탄소배출 저감에도 크게 기여할 수 있을 것이다.

수소차와 수소경제의 경우에는 아직은 그 기반이 약하지만, 미래에는 전기차와 어깨를 나란히 할 수 있는 잠재력을 가지고 있다고 하겠다.

이러한 공유경제에 단점도 물론 있다. 간혹 공유 물건에 대한 관리 책임자의 불명확성, 기존 사업자와의 마찰 가능성, 플랫폼 사업자의 독점 가능성, 노동착취(회사가 필요로 하는 인력이나 납품업체에 대한 착취, 계약직화 또는 아웃소싱화 등)의 가능성이 있을 수 있는 것이다.

그러나, 이러한 난관을 뚫어내고, 경제 주체 간 합의를 잘 이루어내어, 거대한 제4차 산업혁명의 협력 시스템과 법적 조치를 빠르게 만들어낼 수 있는 나라가 향후 글로벌 경제 생태계의 이니시어티브(Initiative)를 잡게 될 것으로 보인다.

2-5. 짧아서 생(生)이 매력적이다!

만약 우리 인간의 삶이 영원하다면 생(生)이 무슨 의미를 가질 수 있을까? 아마 아무런 의미를 가지지 못하게 될지 모른다.

우리 인간의 생명이 영원하다고 가정한다면, 오늘을 열심히 살 필요가 없을 것이다. 따라서 오늘 할 일은 내일 혹은 나중으로 마냥 미루면 될 것이고, 지금이 아니라도 다음에 또 기회가 항상 많을 것이니 굳이 지금, 이 시점에 최선을 다할 필요가 전혀 없다. 무엇 하러 지금 현시점에 그렇게 고생을 해가면서 열심히 살려고 노력하겠는가?

인간의 이승(현 세상)은 짧기 때문에 더욱 가치가 있는 것이며, 매시간, 매초를 최선을 다해 남은 일생을 잘 살아가려고 할 것이다.

그리고 주어진 시간은 누구에게나 공평하다. 단지, 다소 짧은 사람이 있고, 다소 긴 사람이 있을 뿐이다. 그래 보아야, 연속되는 인류의 긴 역사에 비해 보면, 자기 인생이 짧거나 길다는 것은 조족지혈(鳥足之血)에 불과할 것이다.

어떤 종교를 가지든, 어떤 철학을 가지든, 어떤 예술은 하든 물리적인 인생의 기회는 공정한 것이다. 단지 그 인생을 해석하고 받아들이는 태도만이 다를 뿐이다.

어떤 이는 인생무상(人生無常)을 노래하는 자가 있고, 어떤 이는 사후 세계에 더 큰 의미를 두는 사람도 있다. 그러나 어떤 생각을 가지든 간에, 한 번의 인생 기회에서 자신이 무엇을 어떻게 할 것인지는 모두 자신의 신택에 달린 것이다

또한 인간은 이 세상의 진리를 잘 모르기 때문에 참으로 다행인 것이다!

소크라테스 (그림: en.wikipedia.org/wiki)

만약 이미 스스로 깨우쳐 진리를 모두 안다면 무엇 하러 인생을 살겠는가? 아마 인생을 사는 의미가 없어질 지도 모른다.

인간은 살아가면서 끝없이 이 진리를 찾으려 노력하지만, 끝내 보편적인 진리는 그 누구도 찾지 못하는데, 이는 위대한 성인들도, 철학자들도, 그 누구도 결코 못 해낸 일이다.

그래서 동서양의 위대한 인물들이 내어놓은 인생 철학도 아래와 같이 모두 다 다르다. 아주 천차만별이다.

* 소크라테스 :

인생은 질문 덩어리이고, 멍청이는 해답 덩어리이다.
성찰하지 않는 인생은 살 가치가 없다.
죽음은 인간에게 주어진 가장 큰 축복이다.

* 셰익스피어 :

인생은 연극이다.

인생은 걸어가는 그림자에 불과하다.

* 플루타르코스 :

인간의 삶 전체는 단지 한순간에 불과하다, 인생을 즐기자.

* 찰리 채플린 :

인생은 가까이서 보면 비극, 멀리서 보면 희극이다.

* 모차르트 :

꿈을 꾸기에 인생은 빛난다.

* 상 파울 :

인생은 한 권의 책과 같다.

이렇게 세상 최고의 인물들도 인생을 정확히 정의한 사람은 없다. 단지 "자신은 인생을 이렇게 생각한다."라는 정도의 말을 남긴 것에 불과하다.

따라서 인간이 이 세상의 원리를 정확히 모르기 때문에 항상 구도자의 모습이 좋은 것이다. 절대 욕심을 내지 말고, 절대 자존심을 내세우지 말고, 자신이 얼마나 모르는지를 항상 깨달아 겸허한 자세를 견지해야 마땅하다는 것이다.

이러한 낮은 태도에서라면, 이 세상에는 감탄할 만한 것들이 너무나도 많다. 신이 만들어놓은 온갖 꽃, 식물, 동물, 바위, 돌, 물, 흙 등 우수

만물이 모두 신기하고 감탄할만하지 않겠는가?

단지 인간은 이렇게 대단한 신의 작품을 즐기고, 구경하고, 구도자의 모습을 견지하면 적당할 것으로 보인다, 제발 욕심내지 말고.

"당신이 누구든, 당신의 인생은 결국 당신 스스로 외부를 보는 모습 그대로 자기 속에 비추어진 거울과도 같을 것이다!" - Pa sayings

2-6. 겸허히 텃세를 뚫어라!

당신이 어느 영역에 새로이 진입하려면, 보이지 않는 장벽을 뚫기 위해, 겸허하고 긍정적인 마인드로 그 새로운 무리 속에 통용되는 언어와 태도에 완전히 뼛속까지 젖어 들도록 시도해보아라.

누구도 어떤 새로운 영역에 진입하려면, 먼저 그 내부에서 통용되고 있는 언어(속어, 숨겨진 의미 등을 포함), 보이지 않는 규칙(명문화되지 않아도 통용되는 규칙), 공감 방법(서로 공감하고 느낌을 주고받는 방법) 등을 먼저 이해하려고 노력해보는 것이 좋다.

당신이 만약 아주 객관적이고 합리적이고 전형적인 방법으로만 접근한다면, 그 텃세 혹은 제 밥그릇 챙기기의 문턱을 넘기가 결코 만만치 않을 것이다. 이러한 순수한 방법으로의 접근은 당신이 도전하려는 영역 안에 한쪽 다리만 걸쳐놓은 듯한 어정쩡한 모습에 비견될 정도의 수준밖에 안 될 수 있다.

우리 사회는 각 영역 마다 세분화되어 발전을 거듭하면서, 각 세부 부문마다 특화되고, 일정한 수준 이상의 고도화가 이루어지고, 전문화(專門化)가 심도있게 이루어져, 외부에서 볼 때는 마치 침범하기 어려운 진입 장벽으로 보이기가 쉬울 것이다.

가령, 대표적인 예를 몇 가지 들어보면, 문과 출신이 이과 계열의 직업에 도전하거나, 혹은 그 반대로, 이과 출신이 문과 계열의 직업에 도전하는 경우에는, 그 노선하세 뵌 사찡이아 이떻든, 극심한 정신적 혼란을 겪게 될 수 있다. 문과는 주로 감성이나 느낌 등에 호소하는 분야이지만, 이과는 상대적으로 매우 이성적이고 논리적인 혹은 철저히 계산적인 두

뇌를 가지고 있는 분야이니, 서로 기술이나 감정의 호환이 잘 이루어지기에는 많은 난관이 따를 것이다.

또한, 산업계에 종사하던 사람이 학계에 진출한다든지, 아니면 그 반대일 경우에도 역시 극심한 심리적 혼란이 찾아올 수 있다. 산업계는 철저히 경제적 이윤을 따지는 곳인 데 반해서 학계는 이윤보다는 순수한 연구나 학문적 성과 그 자체에 많은 의미를 부여하기 때문에 서로 생각하는 관점과 가치 자체가 다를 수 있다.

다른 예로, 음악, 미술, 문학, 영화 등의 문화·예술 계통에 종사하던 사람이 일반 직장이나 소상공인 영역에 뛰어드는 경우에도 쉽지 않다. 그들은 보통의 현상이나 거래관계 등을 계산적으로 바라보지 못하고 느낌이나 예술적 감성으로 바라보려 할 것이니 당연히 비즈니스 활동이 어려울 경우가 대부분일 것이다.

When in Rome, do as the Romans do (그림: en.wikipedia.org)

이렇게 우리는 몇 가지 예를 들어 그 영역을 허물고 새로운 영역에 진입하려는 시도가 얼마나 어려운지를 심리적인 관점 위주로 살펴보았다.

그런데 우리가 살다 보면 여러 사정에 의해 완전히 새로운 영역에 도전해야 할 경우를 많이 본다.

과거 IMF 외환위기 시절, 문과 출신의 수많은 기업 경영자들이 직장에서 준비 없이 퇴출당하여, 작은 기술이라도 배워보려고 몸부림치는 경우를 많이 보아왔다. 가령 은행 고위직(경영진) 출신 인물이 자기가 근무하던 빌딩의 지하 기계실에서 보일러 관리인으로 근무하는 등 여러 직업군의 이동 현상들을 보았다.

물론 이렇게 새로운 영역에 진입하려면, 당연히 여러 애로사항이 많이 따라붙는다. 그런데, 이러한 여러 고난의 과정에서 크게 잘못된 '사회적 병폐'를 살펴보자.

첫째는, 이미 그 영역에 종사하고 있는 사람들이 자신들이 누리고 있는 힘이나 기득권을 공고히 하기 위해서 새로이 진입하려는 자를 의도적으로 밀쳐내는 것이다.

이른바 텃세 심리가 작동하는 것이다. 어쩌다 새로이 들어와서 적응하기에 어려움을 겪고있는 동료 신입직원에게 도와주지는 못할망정, 핀잔을 늘어놓거나, 집단 내 왕따를 시키거나, 이유 없는 모함을 하는 등의 문제로 그 신입직원은 또다시 그 회사를 떠나거나, 또 다른 선택을 하여야 하는 경우가 많이 발생한다.

둘째는, 내부 규정이나 규칙 등을 만들어 새로운 진입을 원천적으로 차단하려고 나서는 행태이다. 가령 회사의 취업규칙에 엄청난 스펙 혹은 특이한 스펙을 요구하거나, 일정 수준 이상의 경력이나 실적을 요구하는 등, 노동법을 교묘히 피해 가며 이상한 울타리를 쳐서 아예 진입 그 자체를 막는 경우이다.

그러나 어쩌겠는가?

이러한 잘못된 조직문화를 가진 집단들은 당연히 처벌을 받거나 징계를 받아야 마땅하겠지만, 새로이 그 조직에 진출하려는, 갑이 아닌 을의 입장에서는 과연 어떻게 처신하여야 바람직할까?, 혹은 어떻게 해야 새로운 영역에 제대로 안착할 수 있을까?

첫째, 흔히 우리가 쓰는 격언 중에 "로마에 가면 로마법을 따르라(When in Rome, do as the Romans do)"라는 말이 있다. 이러한 격언처럼, 자신이 그 새로운 영역에 도전장을 내밀었다면, 당연히 수긍해야 할 고통과 감내해야 할 문제가 많이 있을 수 있다는 겸허하고 긍정적인 마인드를 가져야 한다. 처음부터 부정적인 마인드로는 아무런 결과를 만들어내지 못할 것이니, 일단은 긍정적인 마인드로 출발하는 것이 네 첫 번째로 필요한 모습일 것이다.

둘째, 일을 대하는 태도 혹은 문화를 잘 습득해야 한다. 예를 들어, 일을 대하는 태도가 기업에 따라 천차만별이니, 그 태도나 언어 구사 방법 등에 익숙해야 한다는 것이다. 즉 그들만의 태도, 방식, 언어 등에 젖어 들어야 한다는 것이다. 가령 어떤 회사는 사원들에게 "주인의식을 가져라"라고 외치는 회사도 있고, 다른 어떤 회사는 "주인이 아닌데 무슨 주인의식이냐?, 사원답게 행동하여라"라고 외치는 회사도 있는 것이다.

셋째, 말속에 숨겨진 뉘앙스나 숨겨진 언어에 익숙해져야 한다. 즉, 언중유골(言中有骨; 말속에 뼈가 있다는 뜻으로, 예사로운 말속에 단단한 속뜻이 들어있음을 이르는 말)을 잘 살펴야 한다는 것이다. 즉, 상사의 지시나 동료들 간의 업무 협의 과정 등에서 말 속에 내재된 속뜻을 잘 살펴야 하는 것이다.

넷째, 과거에 대한 미련을 갖지 말아야 한다.

옛날에 잘나갔던 시절 자신의 모습과 당시의 기억나는 영광스러운 장면들 등을 모조리 잊어버리는 것이 좋다. 오로지 새로운 문화에 몰입하고 젖어 들어 자기 자신의 변화를 꾀해야 하며, 절대 과거를 회상하여 슬퍼하거나 우울해하는 일이 없어야 한다.

살면서 어쩌다 자신의 처지나 생업(生業)을 크게 바꾸어야 할 때, 위에서 언급한 이러한 내용들을 제대로 실천한다면, 당신은 아마 아무리 새롭고 어려운 일을 맞닥뜨리더라도, 의연하게 이겨낼 수 있을 것이고, 나중에는 달라진 자신의 모습을 보면서 자신도 깜짝 놀랄 수 있을 것이다.

2-7. 네 자유 영혼을 보듬어라!

네 영혼이 자유롭지 못하다면, 아마 개인적으로나 사회적으로 유의미한 변화나 혁신을 이끌어내기가 상당히 어려울 것이다.

즉, 스스로의 생각이나 행동이 자유롭지 못하고, 늘 상대의 눈치를 많이 보아야 할 상황이라면, 제대로 된 자아의 실현이 결코 쉽지 않을 것이고, 사회적으로 의미 있는 가치와 보람을 만들어내기가 매우 어렵다는 것이다.

예를 들어, 어떤 회사원이 돈을 벌기 위해서 싫은 일이라도 억지로 하려고 한다면, 자기 일에 끌려다니거나 치이게 되기 쉽고, 상사나 동료들의 눈치도 많이 보게 될 것이다. 그리고 그 눈치를 자기 행동과 판단에 반영하려고 할 것이니, 자신이 자발적으로 결정한 행동을 하기보다는, 아무런 스스로의 가치 판단 없이 상사나 동료가 좋아하는 방식으로 일하게 될 것이다.

누구나 자신의 소중한 사유와 판단 자체가 당연히 매우 자유로울 권리가 있음에도 불구하고, 누구의 눈치를 보아야 할 상황이라면 그 결과로 나온 행동은 큰 힘을 내거나, 큰일을 해내기가 결코 어려울 것이다.

혹시 있을 수 있는 실직에 대한 두려움(이 직장에 무조건 다녀야 벌어먹고살 수 있다는 두려움)은 자신에게 절대 좋지 못하게 작용할 것이다. 따라서 막연한 생계와 미래에 대한 두려움을 절대 가지지 말기를 바란다. 아직 일어나지도 않은 일에 왜 고민하고 두려움을 가지는가? 기꺼이 두려움에 맞서 맞짱을 떠라.

신은 분명 네게 그 두려움을 헤치고 나갈 지혜와 용기를 주었다. 자고로,

"인간이 극복하지 못할 정도의 두려움은 애당초부터 존재하지 않는다!"   - Pa sayings

물론 나의 이런 조언이 당신이 회사일을 처리함에 있어서, 너무 자신만의 방식으로 무리하게 처리하라는 것은 결코 아니다. 회사원도 한 조직의 구성원인 이상, 회사의 규정과 룰에 잘 따라야 하고, 조직원 간 눈치껏 협조적으로 일해야 함은 당연한 것이다.

그러나 중요한 것은, 조직의 공동 목표를 달성하기 위해서 네 생각과 지혜를 자신 있게 피력해야지, 다른 사람이 싫어할 것 같아서, 네가 회사에서 잘릴까 봐서, 상사가 싫어하니까 자기 생각을 접는다거나 축소시키는 식으로의 행동은 결코 좋지 못하다.

자신의 생각이 맞다면 그런 두려움은 접어두고 자신 있게 조직원들을 설득시켜 보라는 것이다. 바로 이렇게 용기 있고, 기개 넘치는 생각을 가진 직원들이 많은 조직이 성공할 수 있는 것이다. 그리고, 그러한 기개와 자신감은 점차 너의 일 처리 방법과 처신을 더욱 훌륭하고 세련되게 진화시켜 줄 것이다.

설령 만약 최악의 경우가 발생하여, 당신의 선한 행동이 오해를 받아 회사에서 쫓겨난다고 하더라도, 그만한 용기를 가진 자라면 결코 좌절은 없을 것이고, 아마 어떠한 방법으로든 다시 일어설 수 있을 것이다. 그리고 언젠가는 원하는 기회를 더 크게 잡을 수도 있을 것이다.

스티브 잡스는 자신이 직접 창립한 애플에서 자신이 직접 영입한 존 스컬리에 의해 쫓겨나는 수모를 겪는다. 물론 그의 독특한 성격과 고집이 그 직접적 원인이 되었기는 했지만, 그의 회사를 위한 진정성만큼은 대단하였던 것 같다.

잡스는 비록 이렇게 경영 분쟁에서 밀려나 헤매었지만, 그의 독특한 용기와 도전정신은 또다시 'NeXT 컴퓨터'라는 회사를 창업하여 새로운 개념의 운영 체제를 개발해내었다. 그리고 이 회사가 다시 애플에 인수되면서 애플의 CEO로 복귀하게 되고, 이번에는 애플을 제대로 혁신하여 아이팟, 아이폰 등을 개발해내어 시장에서 큰 성공을 거두게 되었을 뿐만 아니라, 전 세계 기업인 중에서도 IT 분야에 가장 큰 공헌을 한 인물로 꼽힌다.

아이폰 (그림: en.wikipedia.org)

이 모든 과정은 비록 거칠었지만, 잡스의 회사를 위한 진정성, 기술 혁신을 이루려는 진정한 의도와 태도, 끊임없는 자신과의 대화가 그 발전의 토대가 되었을 것이다. 만약에 잡스의 그러한 진정성 있는 자유 영혼이 없었다면, 애플에서 쫓겨나지 않았을지는 몰라도, 위대한 '애플 아이폰'은 탄생하지 못하였을 것이다.

"진실한 자유 영혼만이 너 자신과 사회에 유의미한 변화와 진화를 이끌어낼 수 있다. 만약 그것이 없다면 모든 것이 퇴보에 지나지 않을 것이다!" - Pa sayings

2-8. 나쁜 관례를 끊어내고 네 소중함을 지켜라!

우리 사회는 아직 관례에 따라 여러 부조리를 저지르는 경우가 상당히 많다.

어떤 조직은 명절 혹은 1년에 정해진 몇 차례에 걸쳐서 관례에 따라, 갑을(甲乙) 관계로 인한 큰 선물이나 뇌물성의 그 무엇을 주고받는다든지, 심지어는 다량의 상품권, 현금 등을 주고받는다든지 하는 관행도 많이 남아있다.

물론 이러한 뇌물(직무 관련성, 대가성, 이권 등과 관련된 부정한 돈이나 물건)이나 촌지 문화는 그동안의 법률안 강화와 민주 시민의식 고양에 따라, 과거에 비해서는 많이 줄어들었다고도 평가할 것이다. 그러나 아직도 우리 사회의 각 분야에 여전하며, 어쩌면 인간이 존재하는 한 이러한 관행이 완전히 없어지지는 않을 것 같다. 그러나 우리 사회를 보다 공정하고 보다 정의롭게 하려면 무엇보다 이러한 관행을 최대한 엄격하게 다루어야 할 것이다.

사실 요즘의 뇌물이나 촌지라고 해보아야, 일반적으로는 그 액수가 그렇게 크지 않은 편이다. 그러나 적은 금액의 뇌물이나 촌지도 부담이 되는 사람 또한 많을 것이다. 돈벌이가 없거나 가진 것이 적은 이에게는 더욱 부담이 될 것이다.

무엇보다 중요한 점은, 이러한 뇌물이나 촌지의 관행은 법적 문제 외에도, 우리들의 정신을 갉아먹는다는 사실이다.

이러한 뇌물이나 촌지는 단기적으로는 서로 좋은 관계를 도모하려고 시도하는 것이겠지만, 장기적인 측면에서는 관계를 더 악화시키는 경우가 대부분이다. 서로 간에 심리적·법적 약점이 잡히는 경우가 되는 셈이므로 그 관계가 오래 좋으리라는 것은 기대하기가 매우 어려울 것이다. 그리고 보통 은밀한 거래로 맺어진 관계일수록 거짓된 관계성에 기반하므로 그 근거가 부족하여 금방 무너지기 십상이다.

따라서 오래 지속되기를 원하는 진정한 관계를 원한다면, 가급적 뇌물성 거래는 금물이다.

뇌물이나 촌지를 받은 사람(甲)은 혹시라도 나중에 누가 고발하여 문제가 되지 않을까 혹은 그 일로 내가 지금 속한 조직에서 쫓겨나지나 않을까 하는 생각이 들어 항상 불안한 마음이 가시지 않을 수가 있고, 뇌물이나 촌지를 준 사람(乙)은 자신의 낮은 지위 탓에 어쩔 수 없이 준 것이지만, 역시 나중에 문제가 되지 않을까 생각하여 여전히 찜찜하고, 자신의 금전적 사정으로도 많은 부담을 떠안게 된 것이다.

뇌물 (그림: en.wikipedia.org)

이러한 관행은, 일반 사기업의 인사들보다 국민의 녹봉으로 생활한다고 할 수 있는 우리 공직자들에게 더욱 심각한 문제가 된다. 사회적으로 공정과 공평을 실행하는 주체라고 할 수 있는 공무원들이, 김영란법이나 공무원 행동강령 등의 법망을 피해 가며 혹은 법을 무시하고서, 이러한 행각을 하는 것은 도저히 묵과할 수 없는 일이고, 사회적 부패의 끝판을 보여주는 행태라고 평할 수도 있겠다.

물론 이러한 행동은, 먼저 요구를 하거나 혹은 주려고 하는 사람이 1차적으로 잘못되었을 것이다. 그러나 그러한 행동에 응한 사람도 당연히 크게 잘못되었다. 더군다나, 어쩔 수 없는 을(乙)의 처지에서, 갑(甲)의 위력에 의한 요구에 응할 수밖에 없었던 상황이라면 이 문제는 더욱 심각한 것이다.

그러나 이러한 나쁜 관행이, 사회 일각에서는 마치 어떤 사회적 행사나 이벤트를 마무리하기 위한 통과의 관례나 공식처럼 자주 자행되고 있으니, 우리 사회의 일그러진 '도덕 불감증'의 한 단면을 보여주는 것이라고 하지 않을 수 없다.

물론, 나중에 문제가 되거나 발각이 되면, 자신이 잘못되었지만, 그동안의 관례적인 일이었다고 변명을 늘어놓으면서, 이번 한 번만은 봐달라고 선처를 요구하며 떼를 쓰는 경우도 있겠다.

그릇된 이익, 은밀한 이권, 검은 대가(代價)를 취하기 위해, 네 양심과 영혼을 팔아서는, 나중에 크게 후회할 것이다, 네 마음이 매우 편치 않을 것이니.

오히려 욕심내지 말고 순리대로 모든 것을 풀어나가라, 네 나중이 편하도록.

과거의 나쁜 관례와 단절하여 네 소중한 관계를 지켜나가라, 그들이 진정한 친구로 남아있도록.

돈과 권력으로부터 자유인이 되어라. 당연히 그러하여지려는 자신감을 가져라, 네 영혼이 진정 행복하도록.

"검은 그 무엇을 주고받는다는 것은, 법적 문제를 차치하고라도, 당신의 고매한 인품과 인생 전체를 심각히 갉아먹는다는 것을 명심해야 한다!" - Pa sayings

2-9. 작은 계산으로 큰 도리를 놓치지 말아라!

살다 보면, 우리 사회는 워낙 복잡다단하고 많은 이해관계가 서로 얽혀있어서, 여러 혼란한 상황이 난무하여 매우 판단이 어렵고, 갈피를 잡기 어려울 때가 있다.

이러한 상황에서도 자기중심을 정확히 잡으려면, 평소에 뭔가 '자기 기준'을 명확히 가질 필요가 있다. 그래야 어떤 일이 닥치든, 처리할 우선순위를 잘 정할 수가 있고, 비교적 정확한 판단을 내릴 수가 있게 될 것이다.

그런데 여기서'자기 기준'이란 과연 무엇인가? 이는 사람에 따라서 그 설정하는 기준치가 다르겠지만, 자기 기준의 우선순위로는 보통 신뢰, 양심, 인격, 인간성 등과 결부된 도리(道理; 보편적으로 인식되는 인간으로서 마땅히 행해야 할 바른길)를 그 1순위로 삼아야 마땅할 것이고, 서로 간의 자존심이나 이해관계(利害關係)와 관련된 것 혹은 다소 물질 우선적 가치들을 후순위로 두는 것이 마땅할 것이다.

가령 예를 한번 들어본다면, 부모와 자식 간에도 다툴 때가 있다. 부모가 자식의 기분을 상하게 하였다고 하여, 자식이 부모에게 계속 인사도 안 하고 지내거나, 얼굴도 안 쳐다보는 행동 같은 것은 당연히 자식된 도리가 아닐 것이다.

즉, 아무리 부모와 자식 간에 다투거나 관계가 소원해졌다고 하더라도, 그 도리와 예를 지키지 못하면 나중에 크게 후회할 근심거리를 만드는 격이 된다. 무슨 피치 못 할 일이 있더라도 항상 기본적으로 꼭 지켜야 할 그 도리는 반드시 지켜나가는 것이 '된사람'의 기본적 자세일 것이다.

또, 형제간 어떤 다툼으로 인하여 서로 소원해졌다고 하여도, 최소한 서로 헐뜯지는 말아야 하겠다. 피를 나눈 형제들끼리 유산 문제, 돈 문제, 부모 모시는 문제 등 여러 갈등으로 서로 담을 치고 살거나, 서로 비난을 하기만 한다면 그것 또한 도리가 아닌 것이다. 서운한 것은 서운한 대로 일단은 묻어두었다가 천천히 대화를 통해 그 오해나 감정을 풀어나가는 방법이 현명할 것이며, 그런 불편하고 어려운 과정에서도 기본적으로 지켜야 할 도리는 늘 사수해나가는 것이 바람직하겠다. 절대 잔 계산으로 형제를 핍박해서는 안 된다, 나중에 후회하지 않도록.

다른 예로, 절친(매우 친한 친구)끼리 서로 오해가 생겨, 많이 서운하거나 섭섭했더라도, 잠시는 몰라도 계속적으로 반목하여 살아서는 도리가 아닌 것이다. 오해는 대화를 통해서 풀어나가려는 노력이 필요할 것이고, 서운했던 감정에 관해서는, 절친 사이라면 그냥 손해 본 듯 양보할 수도 있을 것이다.

중요한 것은 그렇더라도, 자신의 이해관계를 너무 따지지 말고, 그 친구에게 기꺼이 기본 도리를 지켜나가는 태도를 보여주는 것이 참다운 친구, 진정한 친구의 자세일 것이다. 절대 어느 순간에도 친구에게 해서는 안 될 말을 하거나, 도리에 어긋난 행동 혹은 일정한 선을 넘는 행동은 금물이다.

공자의 "군자고궁 소인궁사람의" (그림: /kknews.cc/culture)

공자는 "군자고궁 소인궁사람의(君子固窮 小人窮斯濫矣)"라고 하였다. 이 말은 "군자는 곤궁에 처해도 자기의 할 도리를 지키지만, 소인은 어려워지면 경계를 넘지 못하는 일이 없어진다(즉, 방탕해진다)."라고 해석이 되는데, 바로 이것이다!

서로 간에 소중한 관계일수록, 살다 보면 때로 관계가 매우 어려워질 때도 있다. 이럴 때도 작은 감정에 휩싸이거나, 서로 서운한 감정에 매몰되지 말고, 기본적으로 지켜나가야 하는 최소한의 우의에 대해서는 항상 최선을 다하는 의연한 모습이 보다 멀리 갈 수 있는 진정한 관계일 것이다.

한순간도 관계의 경계(마지노선)를 넘어서는 말이나 행동이 있어서는 안 된다, 나중에 크게 후회하는 일이 없도록.

아래와 같은 구절로 요약해보자!

"인생에서 아무리 어려운 굴곡을 지나고 있더라도, 관계의 기본 도리는 한결같이 지켜나가라!" - Pa sayings

2-10. 권력 앞에서 얼쩡대지 말아라!

중국 원나라 말기와 명나라 초기에 활동한 심만삼(沈萬三)이라는 강남 최고의 대부호가 있었다. 주원장이 명나라를 건국할 때, 심만삼의 재력 도움을 크게 받았다고 한다.

심만삼은 명나라 건국 전후로 부자의 대명사로 이름을 알렸는데 항간의 소문에 의하면 재산이 명나라 전체 예산보다도 많았다고 하니 명나라 대표 부자라고 해도 손색이 없었을 것이다.

내란이 극심해지기 시작한 원나라 말기 무렵, 심만삼은 당시 민중봉기 활동의 주역인 주원장(朱元璋)의 리더십과 카리스마를 알아보고 그를 적극적으로 지원하게 되었다.

그는 한때 명태조(明太祖)가 된 주원장이 난징성을 건축할 때 선뜻 자신의 재산을 내어 홍무문(洪武門)에서 수서문(水西門)에 이르는 10km 이상의 성벽을 쌓는 공사를 완성시켰는데 기록에 따르면 전체 공사비 중 3분의 1에 가까운 금액을 스스로 부담했다고 한다.

이러한 그도 최후의 모습은 참으로 쓸쓸했다. 명나라 초기에 여러 공로를 인정받아 그의 두 아들이 황실의 고위 관리로 임명되었는데 훗날 두 아들이 비리 사건에 연루되어 심만삼은 운남(云南)으로, 두 아들은 차오저우(潮州)로 귀양을 갔다. 물론 그의 재산은 모두 몰수되었다.

하지만 그에게 더 큰 불행이 엎친 데 덮친 격으로 찾아왔다. 심만삼의 증손과 사위가 반란 사건(남옥 사건)에 연루되어 일가 전체가 몰살을 당한 것이다. 그는 비록 죽음은 면했지만, 다시 재기할 희망도 포기한 채 운남에서 쓸쓸한 여생을 보내다 굶어 죽었다고 한다.

이렇듯, 심만삼이 비통한 최후를 마칠 수밖에 없었던 것은, 막강한 권력 앞에서 얼쩡댔기 때문 이리라! 권력이라는 것은 날카로운 칼과 같아서 그 앞에서 어설프게 날뛰다가는 단칼에 베어지는 것이 보통 권력의 속성이다.

심만삼 (그림: kknews.cc/history)

심만삼 개인의 출자로 난징의 성벽을 쌓고, 감히 황제의 군대를 자기 돈으로 포상하겠다고 하는 등, 지나치게 주제넘은 짓을 하였고, 뚜렷한 재능이 없는 아들들을 황실의 고위 관리로 들이는 등 그의 이러한 지나친 행동이 결국 화를 불러온 것일 것이다.

북한 김정은의 고모부 장성택은 김정일 시대에는 굴곡이 있긴 했지만, 명실상부한 북한의 2인자로 군림하였던 실세 중 실세였으며, 한때 김정일의 뒤를 이어 북한의 최고 권력자가 될 수도 있다고 하는 예측을 한몸에 받기까지 했던 인물이었다. 그러던 그가 김정일 사후 2013년 12월경 석연치 않은 이유로 숙청 및 처형을 당하였다.

그 처형의 이유로는 여러 난무하는 소문이 있지만, 한마디로 요약하자면 권력 앞에서 괜히 얼쩡댔기 때문일 것이다.

우리가 권력이라는 것은 보통 나누어 가질 수 없는 것이라고 말하는데, 이 말은 권력 앞에서는 완전히 납작 엎드려 충성을 맹세하거나, 아니면 아예 완전히 물러나 권력과는 거리가 먼 곳에서 권력과 무관한 행동을 하여야 한다는 처세술을 의미하기도 한다.

그런데, 장성택은 어린 조카이자 북한의 유일 통치자인 김정은의 지위를 위협할 정도로 행세하고, 중국 외교의 실세임과 군부의 실세임을 자처하려다가 결국은 공개처형을 당한 것이다.

이렇듯, 심만삼과 장성택의 달콤한 권력에 대한 욕심과 권력의 비정함을 제대로 방어해내지 못한 실수의 대가는 그야말로 '참혹' 그 자체였다. 즉, 권력욕과 사리판단 부족으로 결국 스스로 화를 당하게 된 것이다.

그러나, 그들이 권력의 비정한 속성을 왜 몰랐겠는가? 그들은 아마 그런 권력의 속성을 잘 알면서도, 그 욕망에 끌려 들어가 자제를 할래야 할 수 없었으리라!

자고로, 큰 조직이든, 작은 조직이든 권력의 비정한 횡포에 당하지 않으려면 항상 스스로 미리 삼가고, 자신의 차오르는 욕망을 잘 다스려 나가야 할 것이며, 무엇보다 원천적인 방법으로는, 그 욕망을 제어할 수 있도록 자신의 몸과 마음의 위치를 항상 낮은 곳에 두어야 할 것이다.

2-11. 죄는 죄대로 처벌하고, 사랑은 그대로 실천하라!

실패한 사람이나 왕따 당하는 사람의 마음을 어루만져 줄 수 있는 사람이 진정 참다운 사람일 것이다. 가령 왕따(집단 따돌림) 당한 사람을 두고, 같이 왕따 시키는 그룹에 속하여 그 사람을 비난하기는 쉬워도, 왕따 당하는 외로운 사람에 대해 배척하려는 마음을 접고서 그 애처로운 처지에 연민을 가져줄 수 있는 행동은 상당한 용기가 필요할 것이다. 자칫 주변 동료들로부터 집단적 오해를 받기도 십상이기 때문이다.

우리 사회는 예나 지금이나, 학교나 사회나 간에, 왕따 문제가 상당히 많은 사회적 문제를 일으키고 있다. 물론 어떤 왕따 문제에서도 왕따 당하는 사람의 책임도 있을 수 있다. 그러나 문제는 이렇게 왕따 당한 자를 주변의 모두가 외면하기만 하다 보면, 왕따 당한 자는 자신이 웬만큼 노력해서는 결코 왕따의 굴레를 벗어나 정상적인 제자리로의 복귀가 매우 어렵게 된다는 것이다. 아예 영영 제자리로 못 돌아오고, 다른 외롭고 낯선 길을 선택할 수밖에 없을 수도 있다.

그리고 그 길마저도 여의치 않다면 극단적인 선택을 하기도 하여 사회적으로 심한 후유증을 낳기도 하는 사례가 무척 많이 발생한다.

우리에게 익숙한 아우구스티누스의"죄는 미워하되 사람은 미워하지 말라"라는 말이 있다. 우리는 이 말을, 은연중에 너무 이상적인 말이라고 생각하여 현실과는 거리가 멀다고 생각하는 경향이 있다, 마치 나와는 거리가 먼 고매한 인품의 성인 반열의 인물들이나 행할 수 있는 말인 것처럼.

그렇지 않다. 이 말은 나도 너도 일상에서 많이 생각해보아야 할 중요한 관점을 내포하고 있다. 이 말의 구체적 의미는 죄와 사람을 철저히 분리하고, 죄만 미워해야 하며, 사람은 결코 미워하지 않아서, 죄지은 자에게 재기할 기회를 주라는 말일 것이다.

아우구스티누스 (그림:.christianitytoday.com)

그러나, 우리는 이 말의 가르침처럼 죄와 사람을 분리하지 않고 있기 때문에, 매체 등에서 여러 사건이 터질 때마다 집단적 분노를 많이 분출하고, 감정적으로만 빠져들기 쉽다.

만약 우리가 죄와 사람을 철저히 분리하고, 죄에 대한 벌을 법의 영역(처벌)으로 맡기고, 그 인간 자체에 대해서는 결코 미워하지 않고, 연민을 보내주고, 계속 기회를 줄 수 있다면 현재의 사회문제를 극복하는 데 많은 도움이 될 수 있겠다.

우리나라 사람들은 너무 감성적 성향을 가지고 있고, 그럼으로서의 장점도 일부 있기는 하지만, 중요한 문제에 대한 해결점이나 타협점을 계속 찾지 못하거나, 사회적인 난제에 대해 미결 문제가 속출하는 경우가 상당히 많다. 따라서 사회가 어수선해지기 쉽고, 자칫 신뢰도가 낮은 사회로 전락할 수 있다.

예를 들어 TV 등에서 유치원 아이를 심하게 다루거나, 학대를 한 뉴스를 보면 대부분의 국민이 흥분하여 유치원 교사를 사회적으로 영원히 매장시켜야 된다는 식으로 여론이 형성된다. 물론 이러한 여론은 제목이나 클릭 장사를 하기 위해 기사를 너무 자극적으로 내보내는 언론인들의 잘못도 있지만, 결과적으로 그 유치원 교사는 아무리 반성을 많이 한다고 하여도, 거의 영원히 정상적인 자리로의 복귀가 힘들 수도 있다.

이렇게 너무 지나친 감성적 집단 감정에 익숙한 우리 문화는 사회적 난제를 해결하는 데에 절대 유리하지 못하다. 즉, 이렇게 매사 너무 감성적이어서는 결코 안 되는 것이며, 적절한 이성적 사고를 여기에 반드시 결합시켜야 한다는 것이다.

잘못된 교사의 행동에 대해서는 당연히 법적인 조치로 엄단을 내릴 수 있어야 한다. 그러나 그 죗값을 치른 후 한 때의 실수를 다시 반성하고 나서는 다시 재기할 수 있는 기회를 충분히 줄 수 있는 사회가 성숙된 사회라고 할 수 있을 것이다.

물론 그렇게 충분히 기회를 주었는데도 드물게는 반성이나 회개를 못 하고, 계속 잘못된 범죄를 저지르는 경우도 있을 것이다. 그런 경우에는 우리 법에서도 분명히 가중 처벌을 하게 되어있기도 하고, 사회적 격리 제도 등의 법적 장치도 충분히 마련되어있다. 그래서,

"법은 법대로 엄히 처결하라. 그러나 사람에 대한 사랑은 사랑 그대로 실천을 해 나가야 한다." - Pa sayings

우리는 여러 사회 문제에 있어서, 범법자 혹은 범죄자들에 대해 극악무도하다는 굴레를 씌어 사회적으로, 인격적으로 매장을 시도하는 경우가

너무도 많다. 이런 문화가 우리 어린 학생들이나 연예계 혹은 스포츠계 스타들에게까지 고스란히 반영되어 각종 왕따 문제, 극단적 선택 문제 등을 많이 야기하고 있는 것이다.

특히 인터넷이나 SNS, 유튜브 등 각종 매체에서 보면, 한 사람의 약간의 잘못도 인정을 못 하고 곧바로 총알 같은 댓글들을 날려 그 사람에게 인신 공격을 하고, 그 사람의 가족사마저도 모두를 파헤쳐 일가족 전체를 정신적으로 생매장하다시피 하는 방식으로, 집중포화를 퍼붓는 경우가 많다. 이러한 행동들은 너무나도 여유가 없고, 지나칠 정도로 사회적 포용력이 결핍된 우리 사회의 일그러진 단면을 보여주는 것이겠다.

어쩌다 죄를 지은 사람도 어떤 조그마한 비빌 언덕이라도 있어야 다시 재기를 할 수 있을 것이니, 우리가 끝까지 연민의 끈을 놓지 말고, 좀 더 따스한 태도로 그 마음을 어루만져 주어야 할 것이다.

사회적으로 이런 태도야말로 진정한 민주시민으로서의 훌륭한 자질이 될 수 있지 않겠는가?, 그리고 이는 계속 반복되기만 하는 우리 주변의 극악 범죄를 줄일 수 있는 유일한 방법이기도 할 것이다.

2-12. 주변에 말이 별로 필요 없는 사람을 많이 만들어라!

비즈니스 업무상, 어떤 미팅에 갔다고 생각해보자. 이해관계가 있는 사람일수록 인사가 더 깍듯할 수 있고, 특히 을(乙)의 입장이라면 상대의 지위 고하를 막론하고 친한 척하고 싶어 한다. 그러나 그 미팅에서 자기와 아주 친하거나 가까운 사람을 만난 경우라면 별로 말이 필요 없을 것이고, 눈빛만으로도 반갑다는 감정을 알아차릴 수 있을 것이다. 그냥 고개만 약간 끄떡이면서 나중에 따로 한번 보자고만 말하여도 이미 서로 간의 인사 게임이 끝났을 수도 있는 것이다.

회사 내부 전체 미팅에서도 자기와 이해관계가 있거나 타 부서의 사람이라면, 서로 조심하고 깍듯하게 대하려 할 것이고, 다소 무거워진 분위기 속에서 예절과 격식을 차리려 할 것이다. 그러나, 자기와 같은 부서의 동료나, 아주 가깝고 친밀한 부서 사람 간에는 따로 인사에 그리 신경을 안 써도 된다. 그냥 고개만 한번 위아래로 흔들어 주거나, 손을 한번 올려 표시하거나, 가벼운 눈빛에도 인사 게임은 끝이 날 것이다.

종갓집 모임이나 친척들 간 모임에서도 먼 친척이나 조심스런 관계라면, 혹시라도 오해를 사지 않게 하고, 자신의 대외적 인망과 평판을 관리하기 위해서라도 인사를 아주 깍듯이 하려고 할 것이다. 그러나 아주 가까운 형제나 가족에 가까운 사람 간에는 손만 한번 잡아주거나, 눈만 한번 깜박여 주어도 이미 인사 게임은 끝난 것이나 다름이 없다.

위에서 몇 가지의 경우를 살펴보았지만, 자신의 내적·인적 자산 측면에서 성공한 사람이 되려면 인사가 별로 필요 없고 말이 별로 필요 없는 사람이 주변에 많아야 한다.

이들 사이의 인사나 말은 결코 격식을 차린 것들일 필요가 없고, 편안함과 친밀함의 표시 정도로 느껴질 것이다.

그리고 이런 관계에서는 서로 오해가 거의 없을 것이고, 설령 허물이 있더라도 서로 최대한 이해를 하려고 하는 편일 것이며, 오히려 그 허물을 극복하는 데 서로 도움을 주려 할 것이고, 힘들 때는 언제나 서로 마음을 어루만져 주려 할 것이다.

가까운 형제나 가족 관계라면 당연히 이 정도 이상이 되는 경우가 대부분이겠지만, 중요한 것은, 이 정도 수준 이상의 친밀 관계를 지닌 친구들이나 사회적 동지들이 가능한 한 많아야 좋다는 것이다. 그래야 네 인생이 결코 외롭지 않을 것이며, 행복의 가장 원천적 가치를 확보하는 셈일 것이다.

인생의 보람이 무엇이겠는가? 그 보람 중 으뜸 보람이 바로 자기 주변에 서로 의지할 수 있는 좋은 사람이 많은 것일 것이다. 이는 자신이 인생에서 어려움을 겪을 때일수록 더욱 절실해지기 마련이다.

가령 자신이 공직이나 직장의 높은 자리에 있다가 퇴임 후, 어떤 어려움에 처했을 때, 혹은 궁핍할 때도 한결같이 만나주고 찾아주는 그러한 사람이 필요한 것이다. 그 친밀도나 신뢰도가, 부모형제만큼은 아닐지 몰라도, 그것에 근사한 정도의 사람 혹은 마치 '죽마고우' 이상의 편안한 느낌을 줄 수 있는 사람이 바로 이런 부류에 속할 것이다.

조선 후기 실학자이자 문학가였던 연암 박지원(朴趾源) 선생은 문인, 무사, 예인, 서얼 출신 등과 격이 없이 어울리고 백탑청연('백탑'이라고 불리던 원각사지 10층 석탑 근처에 모여 지식과 국가의 미래를 토론하는 맑은 인연이라는 모임, '연암그룹'이라고도 불림)이라는 모임을 만들어서 우정어린 만남을 이어갔는데, 그중에서도 절친 중 절친이었던 이덕무('책에 미친 바보'라는 별칭이 있음)는 '선귤당농소'라는 책에 아래와 같은 글을 담았다.

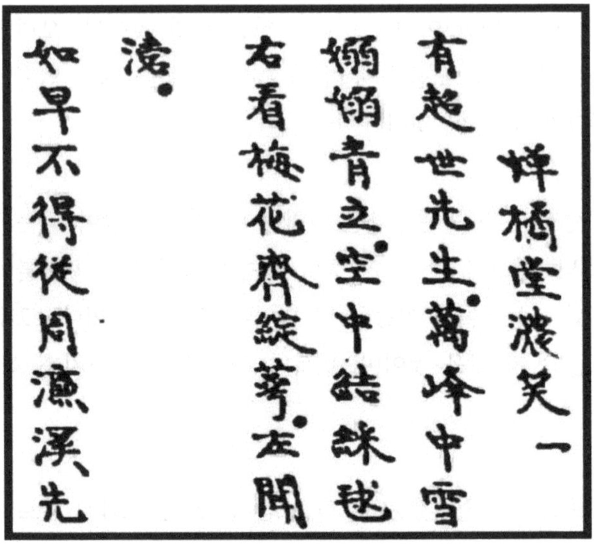
蟬橘堂濃笑一
有超世先生。萬峰中雪
嫻嫻靑之。空中結[illegible]毬
右看梅花齊綻。等左聞
濤。
如早不得從周濂溪先

선귤당농소 (그림: 한국고전DB)

"만약 한 사람의 지기를 얻게 된다면 나는 마땅히 10년간 뽕나무를 심고, 1년간 누에를 쳐서 손수 오색실로 물을 들이리라.

열흘에 한 빛깔씩 물들인다면, 50일 만에 다섯 가지 빛깔을 이루게 될 것이다.

이를 따뜻한 봄볕에 쬐어 말린 뒤, 여린 아내를 시켜 백 번 단련한 금침을 가지고서 내 친구의 얼굴을 수놓게 하여 귀한 비단으로 장식하고, 고옥으로 축을 만들어 까마득히 높은 산과 양양히 흘러가는 강물, 그 사이에다 이를 펼쳐 놓고 서로 마주 보며 말없이 있다가, 날이 뉘엿해지면 품에 안고서 돌아오리라."

이렇게 이덕무는 가슴에 사무치도록 백탑청연의 친구들에 대한 우정을 갈망하였고, 지성으로 당시의 시국을 토론함으로써, 우리나라의 조선 후기를 문학과 사상을 풍부하게 만들어 나갔던 것이다.

결코 쉽지만은 않은 일이지만,

"네 주변에 화려한 네트워크보다는 말이 별로 필요 없는 인적 네트워크를 많이 만들어라!" - Pa sayings

2-13. 아직 일어나지도 않은 일을 왜 염려하는가?

우리는 삶에서 여러 작은 일들에 얽매이지 말아야 하고, 특히 아직 일어나지도 않은 미래의 일에 대해서도 염려하지 말아야, 보다 크고 호방한 삶을 살아낼 수 있다. 즉 아주 작은 일이나, 지엽적인 일이나, 아직 일어나지 않은 일에 대한 걱정거리를 염려의 대상으로 삼지 말고, 그저 차분히 대비하고, 필요하다면 그 리스크를 관리해 나가야 할 대상으로만 생각하면 된다.

우리는 누구나 매일매일 여러 걱정을 많이 하는 편이다. 오늘 학교에서, 직장에서, 여러 미팅에서 무슨 일이 일어날까?, 어제 마음에 거슬렸던 사람과의 관계나, 여러 미해결 문제점들은 어떻게 풀 수 있을까? 등의 많은 고민들을 하고 있다.

특히 이러한 걱정들은 보통 자신감이 없는 경우, 몸이나 마음의 컨디션이 좋지 못한 경우 혹은 자신의 바이오리듬이 많이 처져있을 경우일수록 더욱 많이 발생한다.

그러나, 이보다 더 중요한 보다 근본적인 원인은 심리적으로 평소 조급해하거나 예민한 마음일 것이다. 즉,

> **"급할수록, 예민할수록 더 불안해질 것이고, 불안해지는 만큼 더 많은 걱정을 하게 된다."** - Pa sayings

따라서 우리는 이러한 문제를 제대로 해결하기 위해서는 우선, 급한 마음과 예민한 마음을 철저히 없애어 비교적 여유 있는 마음을 가져야 하며, 미래의 걱정거리에 대해서는 사전에 충분한 시간을 가지고 차분히

준비를 해나가야 하는 것이다. 마음속에 절대 흥분이 전혀 없는 상태이어야, 비로소 제대로 된 판단을 하거나, 대책이 세워질 수 있을 것이다.

그다음은, 우선순위 목록을 세워서 선결되어야 하는 문제부터 하나씩 하나씩 해결해 나가고, 목록에서 지워나가는 방법이 바람직할 것이다.

또한, 한 번 처결한 문제를 다시 재탕으로 꺼내어 고민하는 것도 소모적일 경우가 많다. 네 마음이 너무 민감할수록 이런 경향을 보일 수도 있을 것이니, 매사 자신을 잘 성찰해볼 일이다.

아무쪼록 순간순간 명확한 판단을 하려 해야 하고, 무엇보다 선결된 문제에는 너무 미련을 두지 않도록 노력하여야 문제의 전체 덩어리를 원스톱 방식으로 일관성 있게 해결해 나갈 수 있을 것이다.

이러한 쓸데없는 걱정이나 고민을 다스리는 방법과 관련하여, 우리나라 '인구문제'를 예로 들어서 설명을 한번 해보자.

현재 전 세계적으로 우리나라의 출산율은 세계 꼴찌이지만, 우리의 대책은, 급한 마음에 그저 돈을 많이 푸는 유인책으로 어떻게든 출산율을 끌어올리려 하는 방식으로만 진행해온 것이 사실이다. 그리고 출산율이 결국 우리 경제의 발목을 잡을 것이라고 하면서, 국민연금의 위기, 국력추락의 위기 등의 심화를 주장하고 걱정하는 목소리가 무척 크다.

그런데, 너무 지나친 염려를 하는 것보다, 미래에 대한 차분한 준비가 우선되어야 한다. 출산율 꼴찌를 극복하고 인구 감소 속도를 줄이기 위한 제대로 된 해결책은 대체적으로 다섯 가지로 요약할 수 있을 것 같다.

첫 번째 해결책은, 부동산이든, 물가이든, 사회적 생활 여건이든 간에 모든 사회적 인프라와 생존 환경들을 개선하고, 무엇보다 지나친 경쟁심리로부터 탈출시켜주어야 한다. 즉, 애를 낳고 살기에 좋은 나라로 만들어야 하는 것이다.

이 대책은 가장 기본적인 필수적 대책으로서, 반드시 이 문제를 해결하여야 출산율 및 인구감소 문제를 막을 수 있는 기본 조건을 충족하게 될 것이다.

두 번째 해결책은, 국민 의식의 대전환을 위한 크고 지속적인 캠페인을 진행하는 것이다. 즉 사회적 인프라나 생존 환경이 자신 있다면, 그다음은 전 국민적인 큰 담론을 통한 의식의 혁명을 이끌어 내야 한다.

1997년 금모으기운동 (그림: 국민일보DB)

과거 우리가 새마을운동이나 금모으기운동 등에 성공했듯이 출산율 문제도 사회적 큰 담론이나 캠페인을 통하여 분명히 사회적으로 큰 자신감이나 돌파구를 찾아낼 수 있을 것이다.

세 번째 해결책으로는, 결혼제도의 완화가 필요하다. '혼외자'라고 하더라도 서구 선진국들처럼 떳떳하게 살아갈 수 있는 사회적 제도의 뒷받침이 필요하고, 누구나 편안하게 2세를 출산할 수 있는 여건을 만들어주는 등, 고전적이고 경직된 결혼제도를 더 이상 고집해서는 안 되는 것이고, 지속적인 결혼제도의 선진화를 가져와야 할 것이다.

네 번째, 불신과 불확실성을 최대한 걷어주어야 한다.

즉, 안전한 사회, 안정된 사회를 이루어 사회적 불안감이나 불신을 없애고, 부동산 정책, 교육정책, 인구정책 등의 사회적 현안에 대한 반듯한 정리를 꾀하고, 그 변동성을 줄여서 사회적 불확실성을 제거해 주어야 하겠다.

다섯 번째, 이미 우리나라는 인구 절벽 현상이 현저하여 앞으로 그 추세를 만회하기는 어렵게 되어있다. 지금 당장 좋은 해결책을 내어놓아도, 그러한 대책이 실질적 효력을 발휘하여 인구의 증가 추세를 견인하기에는 수십 년 이상의 시간이 걸릴 수 있다. 따라서 이미 벌어진 일은 그대로 받아들이고, 거기에 용이하게 적응할 수 있는 사회 시스템을 구축하여야 한다. 특히 이민정책을 정교하게 재정비해야 하고, 이민자나 외국인 노동자에 대한 사회적 수용성을 높이고, 올바른 다문화사회로 거듭날 준비를 잘해 나가야 할 것이다.

이렇게 앞일을 너무 걱정만 하지 말고, 위의 다섯 가지 해결책을 차곡차곡 실천해 나간다면, 우리 삶에 대한 국민적 지지와 신뢰가 쌓이고, 사회적 스트레스가 감소함으로써 자연적으로 출산에 대한 사회적 욕구와 외국인에 대한 사회적 수용성, 차별 없는 세상에 대한 국민의 믿음과 실천도 점차 커질 것이 아니겠는가?

2-14. 자기 혼자 열심히 일한다고 능사가 아니다!

어떤 후배가 자신이 회사에서 팀장인데 부하 직원들 중 새파란 MZ세대(보통 1980년 이후에 태어난 세대를 일컬으며, 자유롭고 실리주의적인 성향을 가짐)들이 많아 일을 맡겨 놓으면 책임성 있게 완수하지 못하고, 일이 잘 되든 안 되든 간에 칼퇴근(퇴근 시간이 되자마자 조금도 지체 없이 바로 퇴근함)을 한다고 투덜대었다. 간혹 급하고 중요한 업무를 마무리하지 못하고 그냥 칼퇴근을 해버려, 회사 임원이나 고객과의 약속을 지키기 위해 팀장인 자신이 야근을 해가며 그 일을 마무리할 수밖에 없다고 투덜대는 것이었다.

나는 그 후배가 그렇게 모든 것을 감수하고 자신을 희생하는 일이, 조금만 더 장기적인 관점에서 생각을 해본다면, 결코 회사에 도움이 되는 일도, 훌륭한 대처 방법도 아니라고 차근차근 설명해준 적이 있다.

물론 그 후배 입장에서는 부하직원인 팀원이 못 지킨 업무에 대해 고객의 약속을 지키기 위해 자신을 희생하여 결국 팀의 미션을 완수하였으므로 팀 전체를 보면 계획된 업무를 완수하는 효과를 가져왔고, 회사 발전에 많이 기여했다고 생각할 수도 있을 것이다.

그러나 잘 생각해보면, 회사 전체의 그 많은 팀장 중 한 명이 그렇게 열심히 일한다고 해서 회사 전체에 크게 도움이 되지는 못한다. 그리고 자기가 애써 말하거나 표현하지 않으면, 그의 노력이 별로 표시도 나지 못하기가 십상일 것이다.

회사의 업무는 회사의 조직 시스템의 힘으로 저절로 이루어져야 하는 것이지, 한 개인이 그 규칙을 크게 뛰어넘는 개인기를 발휘하고, 열심히 한다고 하여도 조족지혈이 되기 쉬운 것이다. 그리고 그러한 개인기는,

회사 내 스트레스를 점차 가중시켜, 오래 지속되기도 매우 어려울 것이다.

차라리 그냥 내벼려 두고, 모든 일을 원칙적으로 처리하여야 회사 말단에 존재하는 그대로의 민낯이 고스란히 드러나고, 그러한 노출된 문제에 대해 회사 경영진들이 회사 시스템을 개선하거나 정상화할 수 있는 기회도 갖고, 보다 조직적이고 시스템적으로 회사 내의 문제를 해결해나갈 것이다. 이렇게 하여야 비로소 해당 문제를 보다 근본적이고 원천적으로 해결해나갈 수 있다.

만약 회사의 중간 관리자들이, 좋은 뜻에서든, 나쁜 뜻에서든 이러한 문제를 중간에서 틀어막고 있거나, 숨기고 있다면 그것은 매우 근시안적인 방법이며, 결코 회사의 중장기적인 건전한 발전을 위한 리더십은 아닌 것이다.

호날두 vs. 메시 (그림: mobile.newsis.com)

축구 경기에서의 예를 들어보면, 월드컵 등의 A매치(국가 대항전)에서 크리스티아누 호날두 선수가 아무리 훌륭해도, 포르투갈 팀 전체 선수의 평균 기량이 부족하여 독일이나 프랑스, 스페인 등의 강팀에게 무자비하게 패하는 경기를 많이 보았고, 리오넬 메시 선수가 개인적으로는 아무리 훌륭한 선수라고 하여도, 타 동료 선수들의 수준이 부족하여 결코 아르헨티나가 훌륭한 경기를 해내지 못하는 경우도 많이 보아왔다.

이렇게 우리는 큰 조직이든, 작은 조직이든 간에, 지속 가능하면서도 보다 세련된 발전을 위해서라면 개인적인 노력이나 개인기에 의존해서는 절대 안 된다. 그 조직의 내부 시스템을 잘 정비하고 선진화를 이루어야 답이 될 수 있을 것이다.

이렇게 시스템적 개선을 우선시하는 조직 문화를 실천한다면, 어떠한 위기 때도 그 답을 스스로 찾아가는 그야말로 인공지능형 조직을 만들 수 있을 것이며, 성공하지 않으려야 않을 수 없는 조직이 될 수 있을 것이다.

2-15. 천재는 와신상담하는 자를 결코 이길 수 없다!

세상에 제일가는 천재라고 하더라도 결코 와신상담하면서 벼르는 자를 이길 수는 없는 법이다!

대단한 천재는 대개 자신의 재주와 능력을 세상에 너무 많이 노출하여 상처받기도 쉽지만, 와신상담하는 자는 결코 자신의 내면과 속셈을 세상에 노출하는 법이 없다. 오로지 자신의 계책을 내면적으로 계속 생장시켜 나가면서, 나중에 기회가 오면 자신이 뜻하는 바를 전광석화같이 이루어내는 실속파라고도 할 수 있겠다.

대체적으로는 인생에서 공격을 뛰어나게 잘하는 사람은 천재형에 속하고, 수비를 잘 해내면서 역습을 노리는 사람은 와신상담형이라고 할 수 있을 것이다.

스포츠에서도, 공격을 뛰어나게 하지 못해도 우승을 해낼 수는 있지만, 수비를 못하고도 우승하는 경우는 거의 보기 힘들다.

역으로 큰 승리를 일구어내거나 우승을 해내는 선수나 팀들은 하나같이 그 수비력이 탄탄하다는 전제가 있어야 한다.

과거 이탈리아 축구는 이른바 '빗장수비'라고 하여 완벽에 가까운 수비 탓에 공격이 좀 부족하더라도 우승에 가까운 성적을 내는 경우가 많았던 적이 있었다. 즉, 수비가 잘 되니, 공격이 약간만 바쳐주어도 승리하기에 매우 유리해지는 것이다.

또한, 공격형(천재형)은 설령 그 화려한 실력 덕택으로 최고의 위치에 올랐다고 하더라도, 그 영화가 오래가지 못하는 경우가 많다. 그러나 수비형

(와신상담형)은 상대적으로 우승의 영광이 상당히 오래가는 경향이 있다.

예를 들어, 권투선수로는 무하마드 알리, 슈거 레이 레너드 등이 이러한 수비형 선수에 속한다.

위대한 복서(The Greatest)라 불리는 무하마드 알리는 그의 뛰어난 공격도 공격이지만, 그 스피드와 유연성을 바탕으로 한 수비는 가히 타의 추종을 불허하였다.

과거 1974년 10월 조지 포먼과 맞붙은 경기에서 당시 조지 포먼은 24세의 압도적인 챔피언이었고 지금까지도 헤비급 복싱 역사상 최고의 주먹으로 평가받는 인파이터 선수였다. 반면에 32세의 알리는 베트남 전쟁에 징병 거부를 한 탓에 선수 자격 박탈을 당하여 약 4년간 선수 생활 자체를 거의 하지 못하여 권투를 제대로 할 수 있는 몸을 거의 만들지 못한 상황이었다.

알리의 로프 기대기 기술 (그림: en.wikipedia.org)

그래서 어느 누구도 알리에게 승산이 있을 것이라고는 감히 생각하지 못한 상황이었다. 그러나 당시 알리가 스스로 로프를 기대고 쉬어가면서 포먼의 핵주먹을 계속해서 방어하고 무력화해낸 장면은 아직도 많은 사람들이 기억하고 있을 것이다. 결국은 와신상담 마지막 라운드가 거의 끝날 무렵에 힘이 빠져 지칠 대로 지친 포먼을 KO 시킬 수 있게 되었다.

또 한 명의 천재 복서 '슈거 레이 레너드'는 1981년 10월 라스베이거스에서 숙명의 라이벌이었던 토마스 헌즈와 웰터급 통합전을 가지게 된다. 지금까지 열렸던 수많은 라이벌전 중에서도 가장 많은 사람이 최고로 꼽는 시합 중 하나였다. 당시 레너드의 뛰어난 수비 기술보다 헌즈의 강력한 공격력이 워낙 강해 보였기 때문에 많은 이들이 헌즈의 승리에 배팅을 하였다.

더군다나 레너드는 시합 전 왼쪽 눈에 부상이 있었고, 컨디션도 좋지 못하다고 평가되었었다. 그러나 레너드는 뛰어난 유연성과 민첩성을 바탕으로 수비전을 펼치면서, 와신상담 기회를 엿보는 듯하였는데, 마침내 14회에 헌즈를 때려눕혀 버린 것이다. 당시 세계가 열광의 도가니에 휩싸인 것을 많이들 기억할 것이다.

다른 예로, 우리나라의 프로야구, 프로축구, 프로농구, 프로배구 등 대표적인 프로스포츠를 살펴보아도, 수비가 강한 팀이 공격이 강한 팀을 능가하는 경우가 훨씬 더 많다. 각 종목에서 역사상 우승한 팀들 중에는 공격력이 약한 팀은 더러 있을 수는 있지만, 수비가 약한 팀은 거의 없었다. 이는 어떤 팀이라도 탄탄한 수비력을 바탕으로 해야 자신의 공격력이 먹힐 수 있다는 것이고, 수비력이 약하다면 아무리 강한 공격력을 가지고 있어도 '밑 빠진 독에 물 붓기'라는 의미일 것이다.

우리 인생살이도 마찬가지인 것 같다. 우리 주위에서 말주변이 화려하고, 모든 면에서 혹은 대부분의 스펙에서 우수하고 뛰어난 자가 결국 와신상담하며 착실히 자기 실력을 키운 자에게 지는 경우를 허다하게 본다.

이렇게 와신상담하여 결국은 큰 성과를 이루어내는 자들의 특징으로는 대개 요란하지 않고 조용함, 눈빛이 집중되어있고 긍정적인 마인드를 가짐, 목표 지향적임, 어떠한 고난에도 좌절하지 않음, 히든카드(자신의 주무기)를 항상 준비함 등의 특징을 가지고 있는 것 같다.

와신상담하는 자들은 이러한 특징들로 무장하여 결국 자신에게 기회가 찾아왔을 때 무하마드 알리나 슈거 레이 레너드처럼 전광석화 같은 카운트 펀치를 날려 목적하는 바, 승리로 마무리하는 모습을 보여준다.

2-16. 미래를 맞힐 수 있다고 말하는 것은 사기이다!

미래는 정확히 맞힐 수 있는 것이 아니라, 단지 인간이 직감적으로, 혹은 확률적으로 예측하는 것일 뿐이다. 즉, 자신이 예측하거나 예상한 미래에 벌어질 일들은 정확히 맞을 수도, 안 맞을 수도 있는 것이다. 그러나 애석하게도, 자신이 맞힐 수 있다고 생각하는 확률보다는 실제로 맞히는 적중률이 훨씬 더 적은 것이 보통이다.

이는 보통 자신의 사적 의도나 욕심의 눈꺼풀이 공정한 수학적 모델링이나 확률의 결과를 가로막기 때문일 것이다.

그런데, 우리 주변에는 이러한 미래를 자신이 훤히 내다볼 수 있고, 맞힐 수 있다고 사기성 발언을 하는 사람들이 흔하다. 물론 이러한 자들이 활개를 치는 것은 우리 사회에 귀가 얇은 사람(남의 교묘한 말에 속아서 잘 넘어가는 사람을 일컬음)이 워낙 많기 때문이기도 할 것이다.

과거 혹은 요즘까지도 약장수나 이와 유사한 사기성 장사치들이 너무나 많다.

특히 시골에 거주하는 마음이 여리고 순수한 우

점성술가 (그림: soundcloud.com)

리 어르신들에게 노래 등 유흥 프로그램을 진행하면서 일단 어른들의 환심을 산 후 화장지나 냄비, 플라스틱 그릇 등 자잘한 공짜 선물을 주고, 처음에는 물건 사라고 안 하고 이렇게 계속 재미있는 놀이를 하거나, 공짜 상품을 주다가 점차 물건을 파는 속셈을 서서히 드러내는 것이다.

주로 이들이 고가로 파는 물건들은 건강 보조식품, 건강 매트, 관절염이나 허리통증에 좋다고 선전하는 이상한 약병 등이다. 일단 이러한 현란한 말솜씨의 약장수에게 걸려들면 순박한 우리 시골 어르신들은 속수무책인 것이다.

대부분 노인성 만성질환에 통하는 만병통치약이며, 지체장애인(앉은뱅이)도 내일이면 벌떡 일어나 걸을 수 있게 될 것이라고 우겨대는 그 대단한 과장 광고에 충동구매를 하지 않을 수 없게 되는 것이다.

또한, 예로부터 오늘날까지, 사주나 궁합 등을 명리학, 동양철학이라고 고상하게 치장하여, 마치 과학인 듯 설명을 하고, 그것을 자신의 돈벌이에 이용하려는 사람들이 무척 많다. 이러한 사주, 궁합 등에 대한 관심은 앞으로도, 정도의 차이는 있겠지만, 여전히 지속될 것이다.

사실 우리 인간은 그 누구도 절대 이미 정해진 길(삶)을 살아가는 것이 아니다. 단지, 통계적으로 혹은 직감적으로, 손님이 이렇게 생기고, 이런 행동거지를 보이고, 이런 느낌의 사람은 이런 부류의 사람이고, 앞으로도 이런 패턴으로 살아갈 것이라고 점쟁이나 점성술가들이 추측을 할 뿐인 것이다. 또한, 그러한 점쟁이, 점성술가들은, 자신의 직업 특성상 사람 보는 촉이 발달할 수밖에 없어서 점을 보러 간 일반 고객으로서는 마치 족집게처럼 잘 맞힌다고 느낄 뿐인 것이다. 또한 사주나 궁합 등을 보아주면서, 시작부에 고객의 속마음을 슬쩍 떠보면 어느 정도 이 사람(고객)이 어떤 사람이라는 힌트를 충분히 얻을 수도 있는 것이다.

또한, 우리가 생각하기에, 사주 등이 대체로 자기에게 잘 맞는다고 많이 느끼는 이유에는 포러 효과(Forer effect; 사람이면 보편적으로 가지고 있을 성향을 들려주면, 그것을 자신만의 고유한 특성으로 느끼려는 심리적 경향)가 자리 잡고 있다. 사주나 궁합을 보아준다면서 누구에게나 통할 수 있는 말을 해주어도 그 말이 마치 자신의 과거와 미래를 너무나 잘 설명해준다고 착각을 하게 되는 것이다.

또한, 보통 사람들은 '인생은 고행의 길'이라고 생각할 만큼, 불확실한 미래에 대한 불안감과 초조감, 취업이나 결혼과 출산에 대한 걱정 등의 많은 불안감 혹은 절망감을 어느 정도 가지고 있으므로, 점쟁이가 조금만 긍정적인 말을 해주어도 너무 좋아하게 되고, 앞으로도 계속 점을 보고 싶어 하는 심정이 생기게 되는 것이다.

이와 관련하여, 많이 알려진 사실이지만, 과거 레오나르도 다 빈치의 '최후의 만찬' 그림에 숨겨진 일화가 있다.

다 빈치는 '최후의 만찬' 모델을 찾아서 깨끗하고 선하게 생긴 19세 젊은이를 예수의 얼굴로 그렸다. 그 후 6년 동안 11명의 제자를 완성했는데 배반자 가롯 유다의 모델을 찾지 못했다. 다 빈치가 유다의 모델을 찾는다는 소식에 로마의 시장은 "로마 감옥에 가면 사형수들이 수백 명 있으니 거기서 모델을 찾아보라"고 했고, 다 빈치는 그곳에서 한 죄인을 선택했는데 그가 다 빈치 앞에 무릎을 꿇으면서 "내가 저 그림 속에 그려진 6년 전 예수의 모델이었습니다"라고 말했다.

즉 성스럽고 선한 얼굴의 젊은이가 최악의 살인마 얼굴로 변해 있었던 것이다. 이러한 일화는 사람의 미래가 절대 정해져 있는 것이 아니며, 사람의 관상도, 미래도 자신의 생각과 행동에 따라서 수시로 변할 수 있다는 것을 단적으로 보여준다.

우리가 보통 주식에 투자를 하더라도 유망 종목에 투자한 후, 다소 일정한 기간을 좀 참을 수도 있어야 투자에 성공할 수 있다. 그러나, 자신의 주가 예측 능력을 너무 지나치게 믿어서, 필요 이상으로 팔고 사기를 수시로 반복하다가는, 자칫 손해를 보는 경우가 대부분인 것이다. 이것 또한 자신의 예측 능력에 대한 과신이 불러온 화(禍)이기도 하다.

자고로 우리는 모든 일을 임함에 있어서, 과신이나 맹신이 아닌, 합리적이고 과학적인 지식과 수학적·확률적 통계로 이성적 접근을 꾀하여야, 그나마 다가올 당신의 미래를 가장 정확히 예측할 수 있을 것이다.

2-17. 호언장담하지 말고 내면에 기(氣)를 담아라!

우리가 진정 꼭 이루고 싶은 것이나, 가슴에 품은 큰 뜻이 있다면, 절대 미리 공공연한 장담이나 스스로 의기양양해서 자신감을 드러내 보이지 말아라.

남에게 혹은 대중에게 자신이 무엇을 잘 할 수 있다고 호언장담을 하고 나면, 심리적으로, 자신이 할 수 있는 미래의 최선의 상태에 대한 자랑을 대부업체로부터 빚내어 써버린 결과가 되어버리니, 더 이상 미래에 추가적으로 수고를 할 의욕이 사라질 수 있다. 이렇게 되면 그 일을 실행할 가치를 별로 못 느끼거나 의욕을 못 만들어내기 때문에 집중도가 떨어지게 되는 것이다. 이렇게 집중도가 떨어지게 되면 당연히 그 호언장담한 일이 잘 성취되기는 어려워지는 것이다.

다만, 그래도 의지적인 집중도를 억지로 가지려고 시도해볼 수는 있겠지만, 그 집중도는 이미 자신에게 내재된 기(氣)가 와해된 상태에서 나오는 것이므로 별로 강하지 못할 것이다.

이렇게 호언장담을 하고 나면, 자신의 말에 대한 책임이나 의무감 때문에 처음에는 최대한 말한 바를 이루어 보려고 시도하겠지만, 그 호언장담이, 이루어내기에 단순한 보잘것없는 것이 아닐진대, 금세 지쳐버리게 되고, 급기야는 조급함에 사로잡혀 어쩔 줄을 몰라 하게 될 수 있다. 그리고 점차 자기 내면속에 자리 잡고 있던 기(氣)가 빠지는 형국이 되어갈 것이다. 즉, 이미 자신이 하고 싶은 수준을 입으로 다 분출 및 해결을 해버렸으니, 더 이상 고생을 해나갈 동기가 없어지게 되고, 무리해서 억지로 더 진행할 의욕도 상실될 수 있다는 것이다.

우리 속담에 "입찬소리는 무덤 앞에 가서 하라"라는 말이 있다. 즉,

"자기가 크게 자랑하여 장담하는 것은 죽고 나서야 하라"라는 뜻이므로, 절대 쓸데없는 장담을 늘어놓지 말아야 한다는 교훈이 담긴 말이다.

우리가 살다 모면 실제로도 이런 속담의 교훈에 탄복하여 혀를 내두를 때가 많다. 내가 장담한 말이 실제 벌어지지 않아서 내 체면이 구겨지는 경우라든지, 내가 크게 입으로 떠벌렸는데 그렇게 실천하지를 못하여 신뢰를 잃는 등의 일들이 흔히들 발생하는 것이다.

또, "소금도 곰팡 난다."라는 속담처럼, 미래라는 것은 우리가 예상하지 못한 일이 벌어지는 경우가 허다하게 많다. 과거 우리나라가 경제성장에 자신이 붙었던 20세기 막바지 시절, 갑자기 외환위기가 도래할지를 누가 알았겠는가?, 박근혜 정부가 탄핵으로 끝날 줄을 누가 알았겠는가?, 코로나 펜데믹 같은 사태가 도래할지를 누가 짐작이나 할 수 있었겠는가? 미래는 그리 쉽게 짐작이 될 수 있는 것이 아니다. 이것이 그 누구도 미래의 일에 대해서는 겸손해야 하는 이유이다.

자신이 미래에 벌어질 수 있는 일을 100% 알아맞힐 수 있다고 장담하는 사람은 지금껏 모두 사기꾼이거나 엉터리 예언가 뿐이었다.

이렇듯 미래의 일, 장래에 벌어질 일을 함부로 장담하는 것은 뒷감당도 못 할 일을 호언장담하는 엉터리 같은 행위이다.

서양에서도, "Big talk means little knowledge(빈 수레가 요란하다)" 혹은, "Big words are for little lawyer(거창한 말은 작은 변호사들을 위한 것이다)"라고 하여, 함부로 자기 자랑거리를 남에게 늘어놓거나, 아직 이루어지지 않은 일에 대해 호언장담하는 이를 극히 경계하는 속담들이 많이 있다.

물론, 예외는 있다. 무하마드 알리처럼 작전상 자신이 상대에게 몇 회에 KO 시켜주겠다고 하는 등의 심리전 작전상 호언장담을 의도적으로 구사하는 경우도 있다.

거창한 말의 역설 (그림: quotefancy.com/quote)

그리고 기업체의 사장이나 회장들이 직원들에게 최면을 걸어 성공으로 인도하고 싶은 마음에서, 의도적으로 혹은 계획된 쇼맨십으로 호언장담을 공언하는 경우도 있다.

또한, 일반인의 경우에도 자신이 어떤 시험을 준비하고 있는데, "꼭 그 시험에 합격하겠다"고 의도적으로 주변에 공표하여 자기 스스로에게 최면을 걸어 더욱 열심히 마음을 다잡을 수 있는 계기로 삼으려고 시도하는 경우도 있다.

이렇게 처음부터 철저히 계획적이고 의도적인 예외를 제외한다면, 대부분의 상황에서는 자신의 큰 뜻이나 호언장담을 함부로 외부로 공표하였다가는 스스로 지속 가능한 힘이나 내공이 많이 약해지기 십상이니, 모름지기 "도광양회(韜光養晦; 자신의 뜻을 드러내지 않고 때를 기다리며 실력을 먼저 기른다는 의미)"를 실천하는 심정으로 자신의 큰 뜻과 계획을 잘 가다듬고, 크게 길러낸 후에, 비로소 외부에 공표하는 것이 훨씬 더 바람직하다.

우리는 항상 태풍 전야가 고요하듯, 큰 싸움 전야가 고요하듯, 무릇 큰 뜻과 의지에는 별로 말이 필요 없다. 큰 말과 설명이 필요할 시기는 나중의 일일 것이니 미리 그리 신경 안 써도 될 것이다.

2-18. 늘 습관과 관습을 혁파하여 깨어나라!

우리는 마음속에 알게 모르게 많은 관습들을 안고 살아가고 있다. 그런데 이러한 많은 관습들을 항상 재정비하고 혁파해나가려는 노력을 게을리해서는 안 된다. 만약 이러한 노력이 없거나 부족해지게 되면 새로운 진취적 기상이 자신에게 밀려들어올 수 있는 기회가 점차 없어져, 미래의 획기적인 자기 발전의 기회를 영영 놓칠 수도 있다.

관습이라는 것은 보통 오랫동안 특정 집단 내에서 상습적으로 인정되고 승인되어 온 행동양식의 전반을 의미한다고 볼 수 있는데, 그 내용 중에 세월의 때가 많이 끼기도 하고, 근거가 없거나, 비합리적인 요소가 점차 덧붙여지게 마련이다. 이러한 차원에서 관습들에 대해 막연히 당연하다고 생각하지 말고, 항상 의문의 눈으로 바라보고, 잘못된 점을 혁파해 나가야 마땅하다는 의미이다.

우리는 살아가면서 이유가 없거나, 근거가 부족하거나, 비합리적인 관습들을 너무나 많이 가지고 있다.

예를 들어, 술을 혼자 마시면 뭔가 약간 이상한 사람일 것이라는 느낌, 4나 13이라는 숫자를 선택하면 앞으로 좋지 못한 일이 벌어질 수 있는 징조라는 생각, 적절하지 못한 풍수지리 지식으로 인한 자기 행동상의 이유 없는 제약, 전해 내려오는 막연한 금기사항에 대한 막연한 맹신 등, 그 종류는 너무나도 많은 것이다.

이러한 모든 잘못된 관습과 막연한 생각의 굴레를 벗어던져야, 비로소 자신의 몸과 마음이 제대로 자유로워질 수 있겠다.

그렇게 하여, 자신의 몸과 마음의 자유를 얻는다면, 이제 자신을 둘러싼 모든 것들에 대한 생각을 단순화해나갈 수가 있다. 온갖 비합리적인 관습과 원인 모를 억측이 난무하는 상태에서는 자신의 생각이 결코 단순화되기가 어려울 것이고, 설령 단순화가 된다고 하더라도 그 속에는 비합리성에서 나오는 공허한 거품이 많이 존재할 수밖에 없을 것이다.

관습 혁파 (그림: medium.com)

그리고 이러한 생각의 단순화는 그냥 자기 생각의 내용 자체를 줄이는 것이 아니라, 생각의 핵심 요지가 응집되고 축약되어져야 한다. 이렇게 되면, 자신의 마음의 상태도 가지런해지고, 무언가에 대한 판단과 결정 능력도 배가가 될 수 있다. 이러한 상태는 또 자기 발전의 토대가 되어 줄 것이다. 만약 무엇이든 머리가 복잡하거나 산만한 상태에서는 제대로 된 자기 발전이 매우 어렵게 된다.

이렇게 자신의 머릿속을 복잡하게 만드는 많은 생각들을 단순화한 후, 앞으로 처리해 나가야 할 일들을 큰 호흡으로 여유 있게 차근차근 정리 및 처리를 해나가야 매사 실수가 없고, 빠른 걸음으로 자아를 발전시켜

나갈 수 있는 법이다.

고래로, 현재의 상태나 관습에 너무 안주하는 개인이나 집단은 매너리즘에 빠지게 되고 결국은 부패하여 쇠망의 길로 접어들게 된다는 사실이 너무나도 자명하게 알려져 있다. 우리 역사에서만 보더라도, 수백 년 이상의 역사를 가진 고구려, 백제, 신라, 고려, 조선 등의 경우에 지배 세력들이 부귀영화를 누리면 누릴수록, 현실에 안주하면 할수록, 관습을 강조하고 새로움을 못 받아들이면 못 받아들일수록 결국은 심각한 매너리즘에 빠지고, 나라 안에 부패가 누적되어 자멸하는 전철을 밟아왔던 것이다.

개인의 역사도 마찬가지이다. 부자는 3대 가기가 어렵다는 말이 있듯이 자기 집안의 부귀영화를 지키려면 뼈를 깎는 아픔을 이겨내는 혁파가 필요한데, 이를 행하지 못하면 결국은 쇠락하게 되는 것이다. 요즘 재벌 3세들이나 유명인의 자녀들이 마약이나 불법도박에 손대는 경우가 많은 것도 결국은 비슷한 맥락일 것이다.

그 누구도 살아가면서 항상 혁신적 목표(Stretch Goal)를 하나 이상 갖는 것이 좋다. 만약 아직 가지지 못하였다면 열심히 생각하여 꼭 하나 이상을 발견하기를 권장한다.

단, 여기서 혁신적 목표란 곧 희망이자, 갈망이자, 자기 가치이자, 비전(꿈)과도 같은 것을 말한다. 이러한 희망, 갈망 등이 없는 삶은 자칫 쉽게 지치게 되고, 무미건조해지기 쉽고, 삶을 힘차게 살아갈 수 있는 동력을 잃게 되기도 쉬운 것이다.

다만, 여기서 간과하서는 안 될 중요한 사항이 온고지신(溫故知新; 옛 것을 익히고 그것을 미루어 새것을 도모한다)의 가치이다. 이 말은 옛 학문과 전통적인 것들을 자신의 마음속에 익혀 공고히 하고, 그것을 바탕으로 하여야 더 바람직한 미래를 열어나갈 수 있다는 공자의 큰 뜻이 담긴 말이다.

즉, 과거의 근거 없는 요소나, 비합리적인 요소가 들러붙은 관습들을 혁파하라는 말이 전통적 가치를 지키지 말라는 말은 절대 아닌 것이다.

오히려 소중한 과거의 문화와 전통들을 당연히 잘 지켜나가되, 그 속에 잘못 스며든 악습이라든지, 잘못된 인습이나, 이유 없는 제약 같을 것을 타파해야 한다는 것이 중요한 것이지, 소중한 전통 그 자체에 대한 파괴나 멸시가 있어서는 절대 안 되겠다.

다시 말해, 우리가 놋그릇에 낀 녹을 닦아내듯, 놋그릇 자체는 항상 소중히 간직하되 거기에 낀 녹이나 때는 수시로 닦아내어야 항상 광채가 나고, 환희를 가져다준다는 것을 의미하는 것이니, 절대 오해가 없기를 바란다.

모름지기 가만히 있거나 태만해지면, 항상 잘못된 습관과 관습들이 자기에게 달라붙을 것이다. 늘 몸과 생각을 부지런히 닦아내고 새롭게 하여, 덕지덕지 붙은 못난 습관과 관습들을 부단히 떨어내어야만 네 뜻을 제대로 펼칠 수 있을 것이다.

"늘 습관과 관습을 혁파하여 스스로 알 속의 좁은 세상에서 깨고 나와야, 보다 더 큰 세상을 만날 수 있을 것이다!" - Pa sayings

2-19. 우는 아이 옆에 있는 아이에게도 똑같이 떡을 나누어 주어라!

보통 어떤 회사나 조직에는 대개 칭찬을 많이 받고 싶어 하고 외부로 그런 감정에 대한 티를 많이 내보이는 성격의 사람이 있고, 그런 것에 별로 무덤덤한 성격의 소유자도 있을 것이다.

그런데, 칭찬을 많이 받고 싶어 하는 성격의 소유자가 투덜대면 "우는 아이 떡 하나 더 주어야 한다"라고 생각하여 주변 동료나 상사가 그 사람에게만 칭찬 혹은 금전적 보상 등을 해주면, 옆에서 말없이 묵묵히 일에만 신경 쓰는 것으로 생각되었던 사람이 금방 알아채고서, 공평하지 못하다고 생각하여 점점 삐지거나 토라져 조직 전체의 관계적 불협화음이 점차 커질 수 있다.

따라서, 리더는 우는 아이가 있다고 하여 그 아이만 챙겨서 되는 것이 아니라, 겉으로 표현은 하지 않고 있지만, 속으로는 이미 울고 있을 수 있는 울지 않는 아이에게도 똑같이 챙겨 주고 어루만져 주어야 공평성 측면에서의 선제적 대응식 조직관리에 성공할 수 있는 것이다.

즉 "우는 아이 떡 하나 더 준다"라고만 생각할 것이 아니라, "우는 아이 옆에 있는 아이도 잘 살펴, 똑같이 떡을 나누어 주어야 한다."라고 항상 생각하여야 하는 것이다.

예를 들어, 떡이 10개 있으면 우는 아이들에게만 나누어 줄 것이 아니라, 적어도 우는 아이가 속한 최소 단위의 조직 구성원에게는 모두 골고루 나누어 주는 방법도 좋은 대안이 될 수 있다. 만약 떡이 모자란다면 떡을 반쪽씩이라도 나누어 공평하게 지급해 줄 수도 있을 것이다.

이렇게 공평하게 나누어 준다면, 대개 우는 아이든, 울지 않는 아이든 누구라도 반론을 제기하기는 쉽지 않을 것이다. 그리고 또한, 그것이 우는 것에 대한 대가라는 강한 인상을 어느 정도 지워낼 수도 있어서, 다음에도 똑같이 울고 싶어 하는 욕구를 어느 정도 누그러뜨릴 수도 있다. 또한 공동체 의식 내지는 팀 의식 고양에도 도움이 되어줄 수 있겠다.

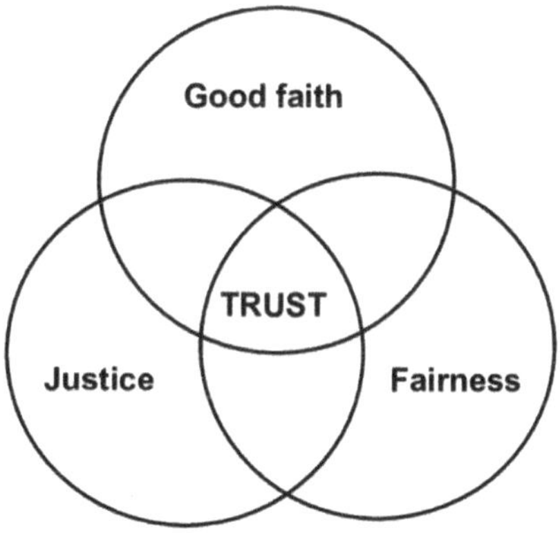

신뢰성 사회 (그림:.researchgate.net)

사람은 누구나 본능적으로 자신이 공정(Justice)과 공평(Fairness) 측면에서 주변에서 소외된다는 것을 가장 두려워하는 편이다.

예를 들어, 만약 주변에 모두가 가난하다면 자신의 가난을 별로 못 느낄 것이고, 불만과 불안도 거의 없을 것이다. 또, 주변에 모두가 부유하다면 나의 부유함 또한 별로 못 느끼며 살아갈 것이고, 뭔가 혜택을 받고 있다는 느낌도 전혀 못 받을 것이다.

반대로 공정과 공평 측면에서 다른 사람에 비해 내가 손해 본다는 느낌이 들거나, 이유 없이 차별대우를 받는다는 생각이 들게 되면, 가장 스트레스를 많이 받을 수 있는 상황이 초래될 것이며, 급기야는 분노를 폭발시킬 수 있다.

사실 이러한 사회의 심리적 역학관계를 떠나서, 보다 근본적인 부분을 살펴보면 '인간의 존엄성' 측면에서 누구도 차별받거나, 공정하지 못한 대우를 받아서는 당연히 안 되는 것이다.

따라서, 요즘 많이 이슈화되고 있는 공정과 공평 측면에서, 조직의 리더는 피부색에 무관하게, 생김새에 무관하게, 뒷배경에 무관하게, 그 어떤 요소에도 무관하게, 최소한 공정한 룰에 의해 평가받고 대우받도록 배려하는 것이 가장 중요한 덕목 중 하나일 것이다.

그리고, 또 하나 중요한 점이 있다. 공정하다고 다 해결되는 것이 아니며, 약자에 대한 보호 조치가 있어야 진정한 선진 민주사회와 인간존엄을 이루어 낼 수 있다.

왜냐하면, 모두에게 가장 공정하다고 생각되어지는 사회적 룰에 의해서도 약자는 강자에게 일방적으로 당할 수 있기 때문에 약자가 누릴 수 있는 최소한의 인간에 대한 존엄이 결코 훼손되지 않도록 여러 장치들을 두어야 지속 가능한 '공정사회'를 이룰 수 있을 것이고, 이는 공동체를 지속적으로 지켜나갈 수 있는 유일한 길이기도 할 것이다.

이렇게 어떤 집단이든 공정과 공평을 이루어 나가되, 보다 따뜻한 배려와 선의(Good faith)가 있어서 약자들의 목소리나 약한 소수의 의견이 제대로 보호되어야, 사회적 불신이나 범죄 등을 원천적으로 방지할 수 있는 진정으로 오래가는 견실하고 신뢰성(Trust) 있는 사회를 만들 수 있을 것이라고 생각된다.

2-20. 과학은 정답이 아닌 통계(확률)에 불과하다!

과학이라는 것은 사건이 일어날 수 있는 확률 혹은 통계를 연구하는 것에 가까운 학문이고, 절대적인 성격의 것은 결코 아니다. 이는 세상에 100% 확실한 것은 거의 없다고 보아야 한다는 말과도 유사하다.

단지 과학적 논리나 법칙이라는 것이 현재의 실험과 관찰 그리고 논리적인 사고를 바탕으로 우주 만물 사이에 벌어지는 모든 일이나 사건들을 대체적으로 잘 설명해주고 있다고 생각하는 부분에 한해서, 우리는 그 과학적 해석이나 결론들을 맞는다고 생각하거나 느끼고 있을 뿐이다.

사실 과학이 찾아낸 여러 법칙들도, 재현성 측면에서 그 오차가 매우 심해서, 우리는 흔히 물리, 화학, 생물학, 의학, 공학 등 대부분의 과학 관련 영역에서 손실, 마찰, 혹은 효율의 개념을 많이 도입하곤 한다. 따라서, 엄밀히 말하면, 사실상 불변의 법칙이란 것은 없는 것이고, 개별적 학설만이 존재한다고도 볼 수 있다.

예를 들어 중력가속도는 측정할 때마다 편차가 다소 발생하므로 이를 공기의 마찰 혹은 기류나 유체의 상태의 영향 등이라고 다양하게 해석하기도 하고, 뉴튼의 법칙(힘=질량×가속도)의 경우에는, 이론과 실제가 잘 맞지 않을 경우 마찰력이나 공기의 저항 개념을 정교하게 규정하여 이를 설명하려 한다. 그리고 또 정량적으로 인과관계가 잘 성립되지 않는 여러 물리현상의 원리에 대해서는 효율 개념을 도입하거나, 일종의 보정계수를 추가하여 거꾸로 원리식 자체를 관철시켜 나가려고 애쓰고 있으며, 그 보정계수마저도 시간이 지남에 따라 조금씩 바뀌는 경우가 많다. 어쩌면 그 원리식이 처음부터 타당하지 않은 식(式)이었을 수도 있는 것이다.

신의 입장에서는 이러한 인간의 과학에 대한 접근 방법이 당연히 타당하지 않을 것이다. 그러나 우리들의 일반적인 실생활에서는 이러한 근사치만 알고 있어도 아주 유용하게 활용할 수 있으므로, 이렇게 인간이 지금까지 밝혀낸 과학적 원리나 법칙을 정답이라고 관념상 인정하고 있을 뿐인 것이다.

그러나, 보다 초정밀도를 요구하는 우주 연구 분야에서는 작은 오차도 누적되면 큰 편차로 발생하므로, 지금까지의 과학이론 자체가 안 통하는 경우가 대단히 많다. 단지 계속 우주의 원리를 이해하려고 노력하는 인간의 도전만이 있을 뿐인 것이다.

확률과 통계 (그림: Academic Press DB)

세계 최고의 천재로 불리던 아인슈타인도 실수를 많이 하였으며, 끝내 자신이 궁금한 것을 많이 해결하지 못하고 세상을 마감했다.

그리고 자신의 심리적인 한계와 좌절을 인정하듯, 아래와 같은 말을 남겼다.

"인생은 자전거를 타는 것과 같다. 균형을 잡으려면 계속 움직여야 한다."

아인슈타인마저도 양자역학 문제와 우주 상수 도입 문제 등으로 많은 좌절을 겪을 수밖에 없었는데, 이렇게 현재의 정설로 여겨지는 양자역학 등은 나중에 분명히 또 다른 좌절에 도달할 수 있을 것이다. 그것이 인간의 한계이니 말이다.

과학이라는 것은 미지의 자연현상을 연구하는 것이지, 100% 완벽하게 자연현상을 결코 해석해내지는 못한다. 따라서, 우주 만상 아무것에 대해서도 제대로 알지 못한다고 할 수 있는 우리 인간은 항상 모든 것에 경외하고 겸손해져야 하며, 신의 미션에 따라 오로지 '모름'에 대한 도전의 기회만이 허락되어진 것일 것이다. 이렇게 겸손한 도전이야말로, 결국 인간을 인간답게 할 것이다.

2-21. 용기와 실천이 있으면 실패는 없다!

만약 진정으로 간절한 시험에서 여러 번 고배를 마시게 되면, 그 누구라도 큰 좌절감으로 어깨를 축 늘어뜨릴 수밖에 없을 것이다. 마치 이 세상 모든 것에서 실패한 듯, 인생 전체를 실패한 듯 기운이 빠지고 재기할 용기가 나지 않을 수도 있다.

그러나, 사실 우리가 그토록 갈망하는 성공은, 막상 이루어내고 보면, 별것이 아닌 경우가 무척 많다. 오히려 그때부터는 자만과 오만에 빠지기 쉬운 취약점을 드러내기도 한다.

자타가 공인하는 많은 성공자들 중에는 성공 후 자만과 오만 등으로 스스로 자멸하여 자신이 상상하지 못했던 나락으로 떨어지고, 잘못된 말년을 보내게 되는 경우도 허다하다.

초한지에서, 한때는 날아가는 새도 떨어뜨릴 정도의 위세를 부렸던 초패왕 항우와 한나라의 한신장군도 오만 혹은 그릇된 처신으로 나중에는 결국 슬픈 죽임을 받아들여야만 했었고, 한고제 유방이나 여태후의 말년도 석연치 못하였거나 오히려 초라하였다고 평가하여야 하겠다.

또한 천하를 호령하던 우리 고려와 조선의 왕들 중에도 그 풍족의 무게를 못 이겨내고 결국은 쫓겨나거나 혹은 초라한 죽음을 맞이하는 경우가, 일일이 그 예를 들지 않더라도 엄청나게 많다는 것이 많이들 알려져 있다.

또 한국 근현대사에서도 떵떵거리는 재벌 가족들의 몰락, 엄청난 권력을 가진 정치계 거물급 인사들의 몰락, 화려한 연예계 스타들의 막다른 선택 등 그 성공 후의 뒷감당이 제대로 안 되어 몰락하는 경우는 그야말로 부지기수이다.

특히나 성공의 화려함을 스스로 감당해낼 만한 정신적 역량이 부족한 상태에서의 성공은 더욱 위험한 경우가 많다. 왜냐하면, 그 성공 자체를 제대로 컨트롤하지 못해 오히려 더 자기 인생에 마이너스로 작용할 수 있기 때문이다.

결국 인생에서 중요한 것은 성공 그 자체가 아니고, 자기 스스로가 찾아낸 지향점인 것이다. 즉 인생의 가치를 어디에 두고서 어떠한 과정을 밟아가느냐가 더 중요한 것이다. 결코 결과를 너무 의식할 필요가 없다. 따라서 성공이냐, 실패냐 하는 것에 너무 민감한 것은 사람들의 좁은 시야 때문일 것이다. 좀 더 크고 긴 안목으로 자기 인생을 직관해 본다면, 성공과 실패는 그 자체로서는 큰 의미가 없다.

즉, 인생에서 자기 스스로 좋은 가치와 철학을 가지는 것, 용기 있는 도전과 실천, 선업(善業)을 많이 이루어내는 것, 성공을 하더라도 그것을 지킬 수 있는 역량을 가지는 것 등이 중요한 것이지, 성공 그 자체만을 가지고 너무 울고불고할 것이 없다.

역설적으로 보면, 자기가 원하던 시험에서 열 번 이상 떨어지면 어떠한가? 자기만 실패를 인정하지 않고 계속 도전해나가면, 그저 도전만 연속되는 것이지, 결코 실패라고 낙점이 찍히지는 않을 것이다. 결국 그 실패를 받아들이고 견디어낼 수 있느냐 하는 것이 관건이 되는 것이다.

중국의 은주 혁명기(BC 11세기경)의 정치가이자 전략가이며, 제나라의 초대 군주인 강태공(강상)은 공부를 대단히 좋아했으며, 무려 70세까지 관지에 나가지 못하고(실직 상태), 집에서 공부만 하면서, 오직 때를 기다렸다고 한다. 이에 자신의 부인은 계속 뒷바라지하다 견디지 못하고 가출하였고 식량이 떨어진 그는 위수가에서 낚시를 하곤 했다고 한다.

이때 휘어있지 않은 낚싯바늘로 낚시를 했다거나, 낚싯대가 수면에서 세 치는 높은 곳에 있었다고 하여 강태공이 '물고기를 낚는 것이 아니라 시간을 낚고 있었다.'라는 이야기가 전해 내려온다. 그야말로 '기다림의 미학', '도전과 용기의 미학'을 보여주는 고사이다.

강상과 문왕의 만남 (그림:.kopf.kr/news)

이러한 강태공도 어려운 인생길에서 장기간의 실직 상태에도 결코 좌절하지 않고, 자신이 스스로 설정한 내면의 가치와 원하는 방향을 위한 준비를 제대로 하는 것에만 집중을 하였던 것이며, 또한 그 기다리는 과정과 물밑에서 내공을 쌓는 과정 자체에 큰 의미를 둔 것으로 보인다. 그러지 않고서야 어떻게 무려 70세까지 기다릴 수 있었겠는가?

2-22. 손실과 망실은 더 큰 발전을 위한 디딤돌이 될 수 있다!

지난 주에 이제 더 이상 홀로 생활하기 힘든 아버지를 편안히 모시기 위해서 그동안 아버지께서 홀로 기거하셨던 지방의 한 아파트를 월세로 돌리고, 모든 집기, 가사 도구, 장롱, 가전제품 등을 처분한 후, 수도권에 있는 우리 집 근처의 양로원으로 입소시켜 드렸다.

그런데, 이 과정이 워낙 일사천리로 진행되는 바람에 대부분의 물건들을 폐기 처분하면서, 아버지 영정사진, 핸드폰 충전기, 기타 아버지께서 양로원에서 생활할 때 필요한 물건들을 제대로 챙기지 못하여 크게 실망을 하였다. 새로이 돈을 들여 하나하나 사야 하니 말이다.

그러나, 이 이사 과정에서 새로운 관점들을 많이 발견하였다.

영정사진의 경우, 예전에 마련해두었던 것보다 훨씬 더 훌륭한 사진을 준비할 수 있게 된 것이다. 어차피 옛 영정사진 액자가 없어졌으니, 하나 마련해야 했기 때문에 예전 아버지 사진을 모조리 뒤지어 그중에서 가장 괜찮은 사진으로 골라 그것을 확대 및 포토샵을 진행할 수 있도록 사진관에 의뢰하여 인화해낸 것이다. 사실 아버지의 예전 영정사진이 좀 오래되어서 누렇게 변색되기도 하였고, 사진 자체도 좀 마음에 들지 않았었는데, 새로이 마음에 드는 것으로 마련할 수 있게 되어서 오히려 흐뭇하였다. 뭐든 큰 손실이나 망실의 상황에서는 더 좋은 무언인가를 해낼 수 있는 기회가 동시에 온다는 사실을 다시 한번 증명한 셈이다.

이는 마치 우리나라가 625 한국전쟁 후 폐허가 된 상태에서도 오히려 더 큰 발전의 기회를 마련할 수 있었던 원리와도 유사하리라.

핸드폰 충전기 또한 예전에 아버지께서 사용하였던 일반 충전기는 오래되어서 그런지 충전이 매우 느렸었는데도 불구하고 아까워서 버리지 못하고 계속 사용하고 있었는데, 이번에 잃어버린 후 내가 새것으로, 오히려 더 좋은 초고속 충전기로 마련해 드렸다. 물론 요즘 핸드폰 충전기의 가격은 매우 낮은 편이어서 부담은 거의 되지 않았지만, 어쨌든 이번에 이사 도중에 잃어버렸던 상실의 상황이 오히려 급속 충전기를 마련할 수 있었던 좋은 기회가 되었던 셈이다. 이 역시 뭐든 큰 손실과 망실의 상황에서는 더 좋은 무언가를 해낼 수 있는 토대가 만들어질 수 있다는 점을 다시 한번 느끼게 된 셈이다.

양로원 (그림:.gdyangrowon.or.kr)

또한, 30년 이상 머물렀던 집을 떠나려니, 그것도 천 리 먼 수도권으로 떠나려니 얼마나 섭섭하고 서운하셨을까? 그러나, 그동안 독거생활을 하면서 혼자 식재료를 준비했어야 하였고, 혼자 조리하고 혼자 식사하셔야 하였고, 혼자 설거지를 하시는 등 엄청나게 불편이 심했을 것이다. 물론 노인복지회관에도 가끔 나가시고, 동네 사람들과도 일부 교류는 있었지만, 그 엄청난 외로움과 쓸쓸함과 고단함을 더 이상 감당해내기가 쉽지 않으셨을 것이다.

그러나 이제 지난주에 양로원에 입소하였으니, 시설에서 해주는 밥 드시고, 설거지도 할 필요가 없고, 주변에 동료들도 많고, 특히 넘어지거나 심신에 어떤 문제가 생겼을 때도 양로원 직원들이 바로바로 대응을 해줄 수 있을 것이고, 아프면 의사나 간호사의 도움을 언제라도 바로 받을 수 있게 되었고, 무엇보다 중요한 것은, 아들인 내가 가까이 살고 있으니 언제라도 부르면 바로 달려갈 수 있게 되었으니, 아마도 크게 위안이 될 수 있을 것이고, 앞으로 당신의 삶이 훨씬 더 편안해질 수 있도록 기도를 해본다.

물론, 85년 이상을 지낸 고향을 마음으로 내려놓고, 30년 이상 지낸 그 집을 마음에서 내려놓고, 그동안 벗 삼았던 고향 산천초목 모두를 내려놓고 나시니, 많이 서운하셨을 게다.

그러나, 결국 인생에도 단계가 있지 않겠는가? 이제 그 연세와 노쇠한 신체 상태에 걸맞은 새로운 세계를 오히려 벅찬 희망으로 맞이할 수 있으시기를 바라본다.

그리고 만약 아버지께서 원하신다면, 언제라도 내 차로 모시어 고향을 다녀올 생각이다. 이제 몇 분 안 남아계시지만, 반가운 친구들과 인사 나누고, 그리운 고향 산천과도 인사할 수 있게 기회를 만들어 드릴 것이다.

이번에 아버지의 큰 결단과 큰 내려놓음(손실)이 곧, 더 큰 세계, 더 큰 깨달음, 더 큰 얻음의 역설로 이어지시길 간절히 기도해본다.

2-23. 개인인격, 집단인격, 국가인격은 모두 다른 것이다!

우리 한국인을 둘러싼 주변의 일본인, 중국인, 미국인 등을 평가할 때, 우리는 한마디로 "~~하다."라는 식으로 평가하는 경우가 많다. 그러나 이는 너무 단편적이고 피상적인 표현이라서 제대로 된 평가가 아니며, 이러한 잘못된 평가는 이웃 나라 사람들에 대한 오해를 불러일으켜 바람직한 교류나 소통을 방해할 소지가 충분히 있다. 따라서 이웃 나라 사람들의 인격에 대해 최소한 개인적 인격, 집단적 인격, 국가적 인격 등으로 나누어 생각해볼 필요가 있다.

예를 들어, 일본인의 경우에는 개인인격 측면에서는, 매우 친절하고, 조용조용하고, 깨끗한 이미지이고, 약속을 잘 지키고, 타인의 피해를 절대 주지 않으려 하는 특성 등을 지닌다. 또한, 상대방의 의견을 거절할 생각을 가지고 있더라도 그 자리에서는 딱 잘라서 절대 'NO'라고 분명하게 거절하지는 않으며, 각 상황에 따라 일본인들이 반응하고 취하는 태도가 그때그때 매우 다를 수 있으므로 타국인 입장에서는 단편적인 것만 보고 일본인의 속내를 제대로 읽을 수 없음을 인정해야 한다.

그런데, 일본인의 집단인격 측면에서는 매우 단합을 잘하고, 개인적 능력보다 더 시너지를 많이 낼 수 있다는 장점이 있지만, 집단 내에서 돌출되는 행동을 하는 자에게는 가차 없이 이지메(자기보다 약한 자를 육체적·정신적으로 괴롭히는 행동)를 가하기도 한다.

또한, 일본인의 국가인격을 한번 보면, 물론 국가인격적으로도 시너지 효과를 잘 생산해낼 수 있다는 것은 집단인격에서와 동일하지만, 반면에 아주 교만하기도 하고, 잔인하기까지 하다는 평가를 많이 받는다. 특히, 자국보다 힘이 약하거나 규모가 작은 나라들에게는 아주 강압적이고 위압적인 태도를 많이 보이기도 한다.

중국인의 경우에, 개인인격 측면에서는 외향적이며 남의 눈치를 별로 보지 않아서 다소 시끄럽고 무질서하게 느껴지며, 허풍이 심한 편이라고 평가를 많이 받는다. 이러한 점은 일본인과는 정반대적인 모습이다. 또 '만만디'라는 근성으로 대부분의 경우에 절대 서두르지 않으며, 사회적으로 돈을 매우 중시하지만, 짝퉁과 표절 문화에 너무 관대하여 여러 사회적·도덕적 문제를 많이 낳는다. 또한 유교 문화의 영향을 많이 받아서 체면을 중시하는 요소가 많이 남아있다.

여러 인격들 (그림: examples.yourdictionary.com)

중국인의 집단인격으로서는 끼리끼리 잘 뭉치는 성격 때문에 웬만한 나라에서는 '차이나타운'을 쉽게 볼 수 있는 편이다. 또한 자기 나라 사람들 간에는 외국에서도 꼭 자기 나라말로 소통할 정도로 애국심도 강하다. 또 일본인처럼 자기 속내를 잘 드러내지 않기 때문에 중국인과의 거래 시에도 어떤 의견에 대해서도 섣불리 속단하면 절대 안 된다.

중국인의 국가인격으로서는 매우 자기중심적인 습성을 가지고 있다. 과거 중화사상에 기반한 자기중심적 사고가 강하여 타국에 비하적 발언도 많이 쏟아낸다. 그리고 지나칠 정도의 자문화 중심주의로 인하여 이웃 국가에 생떼를 쓰고 트집을 잡는 경우도 대단히 많다.

미국인의 경우에는, 워낙 인종 간의 특성의 차이가 크지만, 일반적으로 미국에서 태어나고 교육을 받은 사람들이라면 보통 독립심과 도전정신이 매우 강하고, 그런 것에 대한 자부심에 따른 개인주의도 성향도 강한 편이다. 내가 하고 싶은 일을 할 때 남의 눈치를 절대 안 보려 하는 등 대체적으로 자아의식이 매우 강한 편이다. 또 미국인들은 자기 자신을 전면에 부각시키려고 하는 성향이 강하여, 가령 논문을 서술할 때도 "나의 연구 결과로 볼 때, 나는 이러이러한 결론을 도출해낼 수 있다."라는 식으로 '나'라는 말을 유독 강조하는 경우가 많다. 우리나라 사람들이 '나'보다는 '우리'를 강조하는 것과는 아주 상반된다.

또한, 청교도 정신에 기반한 '개인의 자유 의지'를 매우 강조하는 편이고, 말을 할 때도 실제보다 과장하여 말하는 버릇이 있기 때문에, 만약 미국인이 'best'라고 말하면 우리는 'good' 정도로 이해하는 것이 좋겠다. 또 아시아인에 비해 대체로 감정이 드러날 정도로 얼굴 표정을 크게 짓기도 하여 주름살이 크게 보일 정도로 눈썹을 치켜올리는 표정을 짓거나, 사진을 찍을 때도 매우 활짝 웃는다거나 하는 모습들을 많이 볼 수 있다.

미국인의 집단인격으로서는, 집단 내에서조차 개개인의 입장을 매우 존중하다 보니, 아주 자유분방하면서도 창의력, 개척정신이 우수한 편이고, 상대를 존중하는 토론문화, 합의 문화가 잘 발달되어있다.

미국의 국가인격 면에서는 '자국 우선주의'가 매우 강하여 지나칠 정도의 이권주의, 패권주의, 각 국제적 사안에 따라 국가 진영별 줄 세우기 등에 집착하는 모습들을 많이 보여주고 있으며, 또한 경쟁국가에 대해서는 인권문제, 환경문제, 지적 재산권문제 등을 문제 삼거나 트집을 잡아서, 상대 국가를 '악의 축'으로 몰아세우기도 하고, 자국이 의도하는 목적(속셈)을 달성하려고 하는 경우가 많아서 '위선적 국가'라는 평가도 많이 받는다.

우리나라의 경우에는 개인적으로는 정열적인 인격으로 문화예술, 체육, 기술 등에 매우 능하지만, 유교의 영향으로 사회적으로 예의나 도덕을 지나치게 중요시하고, 중국인처럼 체면도 지나치게 챙긴다. 또 다소 성격적으로 서두르는 경향을 지니고 있어서 중국인들의 '만만디' 인격과는 사뭇 대조적이다. 또한 매우 감성적이어서 이성적인 정신 능력은 다소 부족한 편이다.

우리나라 사람의 집단인격 면에서는 집단 의리를 중시하고, 개인의 개성을 다소 존중해주지 못하는 경향이 있어서 집단적 시너지효과는 별로 나지 않는 편에 속한다. 또 지역주의, 당파주의 등이 지나치게 심하여 사회적 스트레스가 매우 심한 편이다.

또한, 우리나라의 국가인격 면에서는 오랜 역사 동안 거의 단일민족으로써 지내온 역사적 경험으로 인하여 나라가 크게 어려울 때는 그 저력을 유감없이 발휘하기도 한다. 국채보상 운동, 새마을 운동, 금 모으기 운동 등이 바로 그 사례라고 할 수 있다. 또한 타국의 역사와 문화를 존중하여 가감 없이 잘 받아들이고 필요한 것은 우리 것으로 소화를 잘해내는 장점도 있다. 그러나, 큰 나라에 붙어서 자국의 이익만을 챙기려 하고 인권이나 환경문제 등 세계적 이슈를 등한시한다는 비판도 더러 받는 편이다. 이러한 비판은 우리나라가 국가적 차원에서 앞으로 개선해 나가야 할 점이 되어야 하겠다.

위에서 우리나라를 포함한 주변의 여러 나라 사람들의 대체적인 개인인격, 집단인격, 국가인격 등을 살펴보았는데, 이러한 인격들은 상호 매우 이질적이고, 부조리한 성격이 강하여 단편적이거나 단일하게 이해하려고 하면 상당히 오류에 빠지기 쉽다.

따라서 여러 나라 사회를 잘 이해하고, 또 거기에 속해있는 사람들과 제대로 소통하기 위해서는, 인격에도 개인, 집단, 국가라는 개념 등 다양한 상호 이질적 특성들이 있다는 점을 잘 고려하여야 하겠다. 그리고 이러한 각 인격의 장점과 단점마저도 구체적으로 이해를 잘하여야 비로소 이웃나라들과 보다 지속적이고 돈독한 소통이 가능해질 것이다.

2-24. 마음의 징조를 잘 읽어라!

복잡다단하고 시시각각으로 변화가 심하게 요동치는 현대인들의 삶은 마음이 그리 편치 않을 때가 무척 많다. 물론 인간인 이상 마음이 계속 편하기만 한 것은 거의 불가능할 것이다. 그러나 마음이 불편할 때는 뭔가 자신의 내면 혹은 외면 상태를 잘 관찰하여 조정할 필요가 있다는 것을 의미할 수 있으며, 이러한 불편한 감정에 대해 그 원인을 실시간 스스로 잘 조절해 나간다면, 그만큼 자신에게 내재된 불편함을 완화해 나갈 수 있는 것은 물론이고, 자신의 인생을 보다 더 정교한 행복으로 이어질 수 있도록 하는 좋은 방법이 될 수 있다.

보통 개인의 마음이 편치 않다는 것은, 자신의 내면적 심리 상태가 외부의 자신이 생각하고 있는 세상 돌아가는 원리의 이해 상태와 동조가 잘 이루어지지 못한 상태일 것이다. 즉, 자신은 이렇게 생각하는데 세상이 엉뚱한 방향으로 돌아가고 있다고 느낄 때, 자신이 바람직하다고 생각하는 것을 상대방은 다르게 생각한다라든지, 자신은 이쪽으로 가고 싶은데 자기의 의지와는 무관하게 다른 어떤 작용에 의해 자신도 모르게 자신의 몸이 반대쪽으로 가고 있을 때, 자신이 하고자 하는 일이 도대체 잘 풀리지 않을 때와 같은 경우에 마음이 매우 편치 못할 수 있을 것이다. 그리고 이러한 '편치 못함'은 불안과 불확실성을 의미하기도 한다.

이럴 경우에는 일단 자신을 내려놓아야 마음이 편해지고, 내면적 갈등이나 스트레스를 적게 받게 될 것이다. 만약 자기 고집이 너무 세다면, 자기 기분에 못 이겨 스스로 힘들어질 수도 있다. 따라서 이럴 때는 제발 자기 고집이나 혹은 자기 욕심 같은 것을 철저히 없애려고 노력해야 한다.

그렇게 되면 자기 내면에 고요한 마음과 평정심을 갖게 되어 사태의 속살을 좀 더 객관적이고 지혜롭게 직관할 수 있게 될 것이다.

도전과 행복 (그림:.massagemag.com)

이렇게 욕심 없는 객관적인 관점으로 사태를 잘 이해하려 해보면 대개는 자신의 문제점이 비로소 보일 수 있다. 물론 드물게는 자신의 문제점이 거의 없을 수도 있겠다. 이럴 경우는 주로 자기의 바깥쪽인 외부 세계에 문제가 있는 경우일 것이다.

어쨌든 이렇게 하여 자신의 문제점을 고쳐나가거나, 어떠한 보다 낳은 개선점을 찾게 되면 상대방이나 어떤 외부 세계를 보다 더 효과적으로 설득하고, 서로 소통과 매칭을 이룰 수 있겠다는 자신감을 가질 수 있게 된다.

여기서 중요한 점이, 욕심과 도전은 분명히 다르다는 것이다. 욕심은 주로 이치적으로나 사회적 통념상 맞지 않고, 자신의 이익을 탐하는 행위가 위주가 되는 것을 의미하고, 도전은 이치와 사회적 통념에 지극히 부합되는 경우가 많고, 자신의 이익과는 크게 연관성이 없는 경우가 대부분이고, 주로 자신의 진정성이나 추구성향과 관련된 개념일 것이다.

그리고 도전은 사람에게 삶의 의미 혹은 의지를 불러일으키기도 하며, 크게 보면 신이 인간에게 내려준 가장 큰 본성 혹은 그 계시라고 생각할 수도 있을 것 같다.

따라서 우리는 욕심은 지양하고, 도전을 적극적으로 찾아서 행하는 실천력을 보여 주어야, 자연스럽게 인생 본연의 행복을 누릴 수 있을 것이다. 도전 없이 편하게만 살아간다고 하여 절대 행복한 것이 아닐 것이다.

우리가 궁극적으로 편해지고 행복해지려면 반드시 마음의 욕심을 내려놓는 것이 전제가 되어야 한다. 그렇게 되면, 마음속 모든 갈등이나 스트레스의 해소를 위해 심리적인 설득력을 가질 수 있을 것이며, 차분하게 주변의 갈등이나 이슈들을 정리해 나갈 수 있을 것이다.

결론적으로 볼 때, 마음을 비워 욕심을 없애고, 주변을 이타적으로 설득하여 정리해 나간 후 궁극적으로는 보다 높은 곳을 향하여 도전을 실천해 나간다면, 당신은 진정한 행복으로, 가치 있는 삶의 방향으로 나아가고 있는 것일 것이다.

2-25. 후배들이 자기보다 훌륭하다고 많이 표현하라!

우리가 사회적 관계에서 선배 혹은 후배라는 표현을 많이 쓰는데, 광의의 의미로서 선배란 자기보다 나이가 많거나, 어떤 분야나 단체에 먼저 뛰어든(들어온) 모든 사람을 말하고, 후배란 그 반대로 생각하면 되겠다.

가장 좋은 선배란 넉넉한 마음을 가지고서 후배에게 양보하고, 비록 후배가 객관적인 여러 면에서 자신에게 못 미치더라도 칭찬할 거리를 찾아내어 자기보다 훌륭하다고 많이 표현해주는 사람일 것이다. 그렇게 되면 후배들은 신이 나서 더 열심히 일할 것이고, 작은 집단이거나, 큰 집단이거나, 국가이거나 간에 발전적이고 미래지향적인 사회가 되어줄 것이다.

보통 자신이 부족하거나, 속이 좁은 선배일수록 어떤 조직에 후배가 처음 들어오게 되면 기 싸움을 하려 하고, 군기를 잡으려 하고, 지적을 많이 하려 한다. 선배들의 이러한 태도는 미래 세대인 후배들이 제대로 성장하기 위한 토양을 황폐하게 할 뿐만 아니라, 선배 자신의 보다 큰 성장과 발전에도 지장을 초래한다.

선배는 후배들에게 최대한 많이 물려주어야, 자기는 더 크고, 더 보람찬 일에 도전을 할 수 있는 기회를 잡을 수 있다. 그러나, 선배가 자기의 일을 후배에게 빼앗길 것을 염려하여 인색해지게 되면 우물 안 개구리 정도에 머무를 가능성이 크다. 선배는 오히려 후배가 자신의 일을 뺏어 가려 하면 흐뭇해하고, 기뻐해야 마땅할 것이다. 선배의 일이나 역할을 후배가 가져가 준다면, 후배는 도전할만한 새로운 일이 생겨서 좋을 것이며, 선배는 아주 홀가분해져서 더 높은 곳에 도전할 수 있는 절호의 기회를 맞이하게 되는 셈이다.

일이나 역할을 가지고서 후배를 질투하거나 시샘하는 행위는 선배로서 밴댕이 속을 가진 것이나 다름이 없을 것이다.

선배와 후배 (그림:.dataart.com.ar/news)

아빠와 아들의 관계도 크게 보면 '인생 선후배' 관계이니 이를 한번 들여다보자.

집안일이든, 가족사이든, 사업에 관한 일이든 간에 아들이 아빠가 하는 일이나 역할을 뺏어가면 아빠는 오히려 흐뭇해 할 것이다. 오히려 자식이 성장하면서 적극적이지 못하여 아빠에게 의지하려는 마음을 벗어나지 못하면 어쩔까 하는 걱정이 생길 수도 있는 것이다.

아빠와 아들의 관계는, 일반적인 선후배 관계를 뛰어넘어, 이타적 성질이 매우 더 강할 것이니, 아마 아들이 아빠의 능력을 추월하여 주기를 간절히 바랄 수도 있다. 만약 아들이 아빠보다 더 훌륭해지고, 뛰어나게 된다면 아빠로서 이보다 더 기쁜 일이 어디에 있겠는가?

직장에서의 선후배 관계도 이를 빗대어 보면 된다. 심적으로나 능력면에서나 큰 선배라면 적어도 후배들이 빠르게 성장하여 자신이 하고 있던 일을 모조리 뺏어 간다면 이보다 더 기쁜 일이 어디에 있겠는가? 그런데, 간혹 어리석은 선배는 자신이 가진 좋은 자료나 중요한 기술들을 몰래 숨기고서 놓치지 않으려 애를 쓰는 경우가 있다.

어쩌면 이는 자기 밥그릇을 지키려는 인간의 본능에 가까운 행동일 수도 있다. 그러나 당신은 모든 면에서 월등한 대단한 선배이지 않은가?

본능 이상으로 중요한 것이 사람의 됨됨이이고, 미래를 볼 줄 아는 안목일진대, 항상 보다 크게 보고, 보다 멀리 보고, 무엇보다도 스스로 큰 그릇으로 항상 행동하는 것이 자기를 위해서나 후배를 위해서나 바람직할 것이다.

반면에 후배 입장에서는 선배들의 이러한 희생정신이랄까, 관대한 정신을 너무 기대해서는 안 된다. 세상에는 좋은 선배도 많지만, 그렇지 못한 선배들이 오히려 더 많다는 것을 직시해야 한다.

따라서 선배들의 일을 함부로 뺏으려 하지 말고, 눈치껏 잘 선배들의 마음을 살피고, 선배들과 부딪히지 않게, 좋은 선배이든 나쁜 선배이든 간에 깍듯하게 대해 주고 존중을 표해 주는 것이 좋다.

그리고 만약 선배가 자신의 일을 뺏어가는 것을 싫어하는 눈치라면 자신은 오히려 부딪히지 않는 새로운 길을 개척하는 것이 더 나을 수도 있다. 세상은 네 생각보다 훨씬 더 넓을 것이니, 잘 찾아보면 세상속 가슴 벅찬 일거리를 분명히 발견할 수 있을 것이다.

이것이 바로 후배로서, 선배들과의 쓸데없는 논쟁이나 마찰을 줄이고, 오히려 새로움에 기꺼이 도전하려는 진취성이요, 바람직한 시대정신(개척·창조 정신)이 아니겠는가?

2-26. 대세를 따르기보다 진리로 살아라!

우리가 흔히 "대세를 따라라"라는 말을 많이 하면서 산다.

그러나 이 말대로 살아가면 무리 없이 자연스럽게 살 수 있을지는 몰라도, 시대의 흐름 혹은 상황의 변화, 세태의 변화 등에 따라 세상은 계속 변하므로 그 변할 때마다 자신의 자세를 고쳐 잡아야 하는 문제가 생긴다. 그리고 더 큰 문제는 인간은 나름 진리를 쫓으려고 하는 인간으로서의 본능적 욕구가 있는데도 불구하고 이를 거스르고, 자신의 보신을 위해서 그때그때 자신의 입장을 고쳐 잡아가며 대처를 함으로써 그 존엄함과 인간다움 등을 스스로 포기해버리는 어리석음을 범할 수 있다.

고려말 정몽주는 시대의 충신으로서 역성혁명의 대세를 포기하고 나름 자신이 생각하는 진리를 따랐으므로, 당시에는 가련한 피해자이었을 수 있으나, 아직도 만고의 충신으로 영원히 살아있는 것이다.

생육신도 사육신도 모두 '쿠데타'라고 하는 대세를 포기함으로써 자신들이 생각하는 충(忠)과 진리를 일구어낸 것이다.

여기서 사람이 죽고, 사는 것은 자신들의 처세 방법에 따라 여러 가지 결과가 나올 수 있을 것이다. 그런데 결과론적으로만 본다면, 자신의 몸도 보존하면서 의리나 진리를 지켜낸 생육신(세조가 단종의 왕위를 빼앗자 벼슬을 버리고 절개를 지킨 김시습, 원호, 남효온, 이맹전, 조려, 성담수 등 여섯 명의 신하)의 기지도 참으로 훌륭했던 것으로도 볼 수 있다. 이들은 당시 세조의 찬위 사건을 불의의 행위로 단정하고, 불사이군(不事二君)의 원칙에 따라 대부분 은둔, 방랑 등으로 일생을 보낸 것이다. 그리고 대부분 초라한 행색을 하면서도, 매월당집(김시습), 추강집(남효온)

등 불후의 명작을 내어놓아서, 이런 작품들은 아직까지도 생명력을 지닌 듯 우리의 정신문화 깊숙이 숨 쉬고 있는 것이다.

죽전 정몽주 서원 (그림: 죽전휴게소)

이들을 절개를 지킨 절의파 혹은 청담파라고도 부르는데, 만약 이들이 당시의 대세에 따랐으면 편안한 생(生)을 살 수도 있었을 터인데, 그런 삶을 스스로 포기한 것이다. 그럼으로써 자신들이 생각하는 의(義)를 끝까지 지켜낼 수 있었던 것이다.

반면 당시 대세를 따른 사람들은 어떻게 되었는가?

계유정난 1등 공신들만 보더라도, 그 삶이 그리 성공적이지는 못하였다고 볼 수 있다.

예를 들어, 정인지는 생전에 말실수와 주사(酒邪)가 심해 세조의 노여움을 사서 의금부에 투옥되기도 하는 등 생전에 고처를 많이 겪었으며, 훗날 연산군은 갑자사화 때 폐비 윤 씨의 죽음에 정인지가 동조했다는 이유로 그의 유골을 파내어서 부관참시 하는 형벌을 내렸다.

한명회 또한 정인지처럼 갑자사화 때 윤 씨의 폐위에 가담했다는 이유로 부관참시 당하였고, 그의 큰딸은 세종의 서녀 정현옹주의 아들 윤반과 혼인을 했고, 작은딸은 신숙주의 맏아들 신주와 혼인하였고 셋째 딸은 예종의 정비(장순왕후)가 되었고, 막내딸은 성종의 정비(공혜왕후)가 되어 영화를 잠시 누렸으나, 이 딸들은 모두 젊은 나이에 그만 요절을 하고 만 것이다.

한확의 경우는 명나라 황제로부터 세조에 대한 책봉 고명을 받아서 돌아오던 중, 칠가령 지역에서 병을 얻어 갑작스럽게 객사하였다고 한다.

권람은 수양대군을 만나 한명회를 추천하고 함께 쿠데타를 모의하여 크게 성공하였고, 계유정난이 성공한 후에는 더 승승장구 하였으나 치부가 심해 여러 번 탄핵을 받았다고 한다.

이렇게 계유정난 공신들도 자신들의 영화를 위해 대세를 따라 정난에 가담하여, 한때는 출세가도를 달렸으나, 결과적으로는 그들의 삶이 그리 성공적이지도 못하였고, 백성들이나 후세의 비웃음을 사기 일쑤였다.

또한 그들의 부실한 정란의 명분과 단순히 자신의 출세를 위한 가벼운 처세술 때문에, 역사적으로 매우 좋지 못한 평가를 받게 된 것이다.

이렇게 우리는 그때그때 '대세'를 마치 시대가 요구하는 정의(正義)인 듯 착각을 하고, 잔머리를 굴려 가며 때로 편법을 동원하고, 거짓의 수렁에 빠져 헤매지는 말아야 하겠다. 또, 무엇보다 허황된 대세에 휩쓸려 살기보다는 자신이 진정으로 생각하는 신성하고 존엄한 가치의 길을 발견하고, 그것을 따라 보다 진리에 가깝다고 스스로 최선을 다해 생각하는 삶을 지향하는 것이 좋겠다.

2-27. 평소 많이 버려라!

생활 살림 중 무엇인가를 많이 버리는 버릇을 가진 사람이 있고, 많이 쟁여놓는 버릇이 있는 사람이 있다. 보통의 가정에서, 남편이 버리는 쪽이면 그 부인은 쟁여놓는 경우가 많고, 부인이 버리는 쪽이면, 그 남편은 쟁여놓는 습성을 가진 경우가 많다. 이는 성격적으로 상호 간의 조그마한 차이도 서로 대비가 되게 되면 더 도드라지게 나타나는 '대비효과' 때문일 것이다.

그런데, 우리가 무엇인가를 버리고, 안 버리고 하는 행동에서 주로 문제가 되는 두 경우를 한번 살펴보자.

그 하나는 그 가치를 잘 몰라서 버리는 경우이다. 이는 자신의 무지에서 나오는 헤픔 혹은 낭비와도 유사한 것이다. 즉, 별 생각 없이 마치 습관적으로 많이 버리고, 유난히 새것 구입하는 것을 좋아하는 성격의 경우가 여기에 해당한다. 이러한 습관은 주로 허영심이 크거나, 다소 이기적인 사람의 경우에 많이 나타난다고 하겠다.

그리고 다른 하나는 너무 잘 알아서 못 버리는 경우이다. 일반적으로 이 경우가 오히려 더 심각한 문제가 될 수 있다.

버리려고 하는 물건의 가치를 너무나도 잘 알고 있어서, 설령 그 가치가 지금은 다소 떨어져 있다고 판단을 하더라도 재활용할 수 있는 방법을 많이 알고 있는 비교적 박식한 사람의 경우에 이러한 습관을 많이 가지고 있다. 즉 이 경우는 잠시 버리려고 생각을 하다가도, 그 물건의 본래의 내재된 가치나 재활용 가치를 너무나도 잘 알고 있기 때문에 아까워서 도저히 못 버리는 경우이다.

많이 버려라 (그림: thecrumbfactory.weebly.com)

사실 버리려는 물건의 본래의 가치나 재활용 가치를 잘 알아서 최대한 버리지 않고 다시 사용하는 경우가 자원의 활용 측면에서 혹은 논리적인 측면에서는 정답이라고 생각할 수도 있다. 여러 자원이나 물자의 가치를 잘 알고서 아끼고, 다시 사용하려는 의지 자체는 당연히 가상한 것이다.

그러나 이는 단편적인 생각이고 생각의 관점을 좀 더 넓혀보게 된다면, 이 세상에는 할 일이 너무나도 많다. 자신이 현재 직면하고 있거나 도전하고 있는 일에 무엇보다 집중해야 할 것이니, 생활상의 아주 사소한 물건들의 처분이나 재활용 방법에 관한 문제에 자신의 시간이나 정신을 많이 할애할 수 있는 사람은 그렇게 많지 않을 것이다. 또, 그런 행동은 바람직하지도 않을 것이다. 따라서 이를 기회비용(포기 비용) 측면에서 잘 따져보아야 할 것이다.

부통 지식이 많은 사람일수록 그 가치를 너무 잘 알고 있기 때문에 대부분의 물건에 대해서 아까워서 잘 버리지를 못하고 쟁여놓으려 하는 경우가 많을 것이고, 그 쟁여놓은 물건은 시간이 지날수록 섬섬 너 밚아시고, 어떨 때는 감당할 수 없이 많아져서 어느 순간 당황스럽기까지 할 것이므로, 한순간 그것들을 일거에 생각 없이 충동적 처분을 하게 되고, 그러고 나서는 그 버린 물건 중에서 결코 버려서는 안 되는 물건을 버렸다고 생각하는 것이 있어서 아주 안타까워하는 경우도 있을 것이다.

버리기를 매우 아까워하고, 혹시라도 입을 수 있는 손실을 염려하고 두려워하는 마음을 가져 항상 쟁여놓으려는 습관이 몸에 배는 것도 일종의 FOMO 증후군(Fear Of Missing Out syndrome)에 속한다고 볼 수 있다. 우리는 이러한 FOMO 증후군을 과감히 떨쳐내고 과감히 JOMO 증후군(Joy Of Missing Out syndrome)을 받아들이는 것도 좋은 방법일 것이다. 여기서 JOMO 증후군의 의미는, 자신의 인생에서 크게 의미 없는 것들 혹은 자기 생활에 우선순위가 처져 있는 것에 대해서는 과감히 욕심이나 집착을 자제하고, 그것이 자산이든 물건이든 미련없이 포기하고, 남에게 양보해주는 것을 오히려 즐긴다는 뜻을 내포한다.

그렇다면 우리가 이러한 JOMO 증후군을 과감히 행할 수 있는 용기 있는 방법은 무엇일까?

그 방법으로는, 평소에 물건들이나 여러 일거리 등에 대해서 항상 자신만의 우선순위 리스트를 머릿속에 가지고 있어야 하고, 항상 우선순위를 위주로 실천을 해야 하는데, 우선순위가 밀리는 것 혹은 자신의 필요 업무 로드를 초과하는 것에 대해서는 자주 혹은 실시간 미련 없이 정리를 해나가는 방식이 좋겠다.

또한, 같거나 유사한 종류의 물건이나 일거리들을 많이 가지고 있을 때는, 종류별로 가장 좋은 것 한 개씩만을 남겨두고 나머지를 모두 버리는 것도 좋은 방법 중 하나가 될 수 있다.

이렇게 체계적이고 용기 있게 정리도 하고 버려 나가다 보면 그 과정에서 가끔은 묻혀있던 진주와도 같은 물건이 발견되어, 부수적인 이익이나 효과도 챙길 수 있을 것이다.

또한, 모든 것이 잘 정리되어지는 과정에서, 당신의 버림이 계획적인 버림이었다면, 가끔 잘못 생각하여 버리지 않아야 했던 것을 버린 경우에도, 금방 복구가 가능한 경우가 대부분이다. 그리고 그 복구는 원상태 이상의 효용가치가 있는 상태로의 복구가 되는 경우가 많아서, 복구가 단순히 옛것에 대한 원상회복이 아니고, 향상이나 개선 혹은 그 이상의 상태를 만들어 낼 수도 있다. 즉, 복구를 하되, 더 훌륭한 것으로의 상승적 아이디어를 가진 복구가 가능하리라는 것이다.

또 자신의 핸드폰 앱 중에서 몇 년이 지나도 안 쓰고 있는 앱이 있을 수 있다. 용기를 내어 이것들을 과감히 정리하고, 우선순위가 밀리는 것은 기꺼이 한번 버려 보아라. 그러면 플레이스토어, 앱스토어 등에서 보다 더 훌륭한 최신 앱을 찾아낼 수 있는 기회가 찾아오기도 할 것이다.

또, 이러한 노력이 잘 안된다면, 핸드폰 기계 자체를 과감히 한번 바꾸어 보아라. 그렇게 되면, 데이터를 옮기는 과정에서 거의 자동적으로 예전 데이터와 앱들이 정리될 수 있을 것이고, 추가로 더 좋은 앱들도 많이 찾게 될 것이다.

이렇게 우리는 항상 생활 속에 계획적이고 전략적인 방법을 통해 자기 주변의 물건들이나 일거리나 기타 어떤 것이라도 잘 정리하고, 많이 버려 나간다면, 자기의 몸과 마음을 새털처럼 가볍게 할 수 있을 것이다. 마치 언제라도 날아갈 수 있을 듯한 그러한 상태로 자신을 항상 비워 나가야 더 큰 일을 해낼 수 있다.

우리의 뇌 속 기억이나 혹은 우리를 둘러싼 주변 환경이 아주 복잡하고, 정리되지 못한 상태에서는 절대 좋은 생각이나 창조적인 아이디어가 나오기 어렵다. 항상 많이 비우고, 많이 없애고, 많이 버려야 그 빈 곳이 새로운 보석으로 채워질 수 있을 것이다.

2-28. 비대면이 무례와 갈등을 조장할 수 있다!

SNS와 인터넷, AI의 발달 등으로 인하여 대면보다 비대면으로 행해지는 일들이 무척 많다. 편의성 측면에서, 웬만하면 서로 만나지 않고 화상으로 대화나 회의를 하거나, 강의나 공부도 온라인으로 행해지는 경우도 많이 있다. 또, 단순 구매나 쇼핑 같은 크고 작은 여러 소비 활동들도 직접 마트나 백화점에 가지 않고 모바일이나 인터넷을 이용하여 행해지는 비율이 엄청나게 증가한 것이다.

더군다나 코로나 팬데믹 도래 이후부터는 더욱 이러한 경향이 뚜렷한 사회로 변모하였다.

그런데, 우리 인간은 그동안 수천 년 이상 대면 방식의 상호 거래나 일처리에 익숙해져 있어서 갑작스레 찾아온 이러한 비대면 위주의 사회 양식에 적응이 어려운 경우가 많으며, 자기도 모르게 뭔가 인간관계가 삐걱대는 경우도 많이 겪게 된다.

특히 그동안 한 번도 만나보지 못 한 사람과 비대면 상황에서 처음으로 어떤 거래나 일처리에 대해 대화하게 된다고 할 경우에는, 직접 보지 못하는 상황에서 대화나 영상만으로 어떤 결정을 내려야 하는 것이므로 경계심이 지나치게 작용하여서 하고자 하는 일의 성사가 잘 이루어지지 못하거나, 이야기 도중에 자기도 모르게 무례해지기도 하고, 가끔 시비가 붙거나 갈등이 조장되는 경우도 있다.

이러한 비대면을 통한 여러 일처리의 문제점에도 불구하고, 우리는 어떻게 대응을 하면 가장 원만한 대화나 일처리를 해나갈 수 있을까?

첫째, 팩트(사실) 위주의 간단명료한 대화가 좋다.

상대의 어떠한 말에도 절대 감정을 건드리거나 감성에 호소해서는 좋지 못하다. 직접 보지 못한 상태에서의 대화이니 우선 팩트 위주로 대화를 하고, 추측성 이야기는 절대 자제를 하여야 서로 간의 불필요한 갈등 초래를 막을 수 있고, 대화를 원만하게 계속 이끌어나갈 수 있을 것이다.

비대면 사회 (그림: doitchoco.wordpress.com)

둘째, 상대방이, 비대면임을 이용하여 지나치게 무리한 요구를 해올 경우에도, 절대 경계심을 드러내거나 흥분하지 말고 차분히 설득을 해나가야 한다.

자칫 서로가 동시에 경계심을 드러내거나 흥분하게 된다면 비대면을 통해 하고자 했던 일은 거의 성사되기 어려울 수도 있을 것이다. 경계심은 심리적으로 상대방의 제의를 막으려는 작용을 하기 때문에 어떤 일의 결정이나 계약의 성사에 큰 걸림돌로 작용할 수 있는 것이다.

셋째, 약간은 지나칠 정도의 예의 있는 말씨로 대화하는 것도 좋다.

처음 대하는 사람과 비대면 회의 시, 특히 마스크를 쓴 경우라면 상대방이 몇 살인지, 사회적 지위나 인품을 전혀 확인할 수 없는 경우가 많다. 그냥 목소리나 영상 화면에만 의지하면서, 상대의 반응은 추측 정도로만 짐작하면서 대화를 이끌어 나갈 수밖에 없는 것이다.

그러므로 자칫 상대방에게 이 정도쯤은 예의에 벗어나지 않을 것이라고 생각하여 쉽게 던진 어설픈 말들이 무례하게 들리기도 하고, 오만하게 들리는 경우도 많이 있을 수 있기 때문이다.

넷째, 자칫 사기를 당하지 않도록 신경 써야 한다.

예를 들어, 핸드폰으로 통화하여 입금시켜 주면 어떤 물건을 택배로 보내주겠다고 하여, 면밀한 확인도 없이 너무 쉽게 입금을 해주었다가는 받고자 하는 물건을 못 받을 수도 있는 것이다. 이성적이고 논리적인 판단과 제대로 된 확인 절차를 반드시 거친 후 거래에 확답하여야 마땅할 것이다.

다섯째, 너무 쉽게 결정을 내리지 말고, 좀 의심스럽거나 확신이 서지 않을 때는 결론을 다소 유보하는 것이 좋겠다.

"그 건에 대해서는 한번 생각해보고 다시 전화드리겠다"는 식으로 일단 보류를 한 후, 주변에 물어보거나 인터넷 검색 등을 통하여 자신의 생각을 보다 공고히 한 후 다시 전화를 걸거나, 영상으로 서로 결론을 도출하고 약속을 하여도 결코 늦지 않을 것이다.

여섯째, 감정과 감성을 자제해야 한다.

비대면 상황에서는 상대의 감정이나, 느낌 등을 감지하기 어려운 경우가 많으므로, 자칫 나의 감정이나 감성적인 부분을 어필하다가는 정확한 소통의 동조화가 어려울 수 있을 것이고, 때로 오해를 불러올 수도 있을 것이다. 따라서 가급적 감정이나 감성보다는 이성의 힘으로 소통하는 것이 좋겠다, 동시에 '마음 열기'도 함부로 해서는 안 된다. 상대방이 이를 역으로 이용하려고 할 수도 있기 때문이다.

이렇게 우리는 비대면 위주의 사회로의 빠른 전환 과정에서, 경쟁자들보다 적응을 빠르게 하지 못하거나, 스스로 적응은 충분히 한다고 생각하더라도 뭔가 덜 익숙한 느낌, 다소 부자연스러운 느낌 등을 받게 되는 경우가 대단히 많다.

모쪼록 "가장 강한 것이 살아남는 것이 아니고, 변화에 가장 잘 적응하는 것이 살아남는다."라고 하는 다윈의 말을 잘 새겨야 하겠다.

2-29. 저탄소와 ESG의 역설!

우리나라는 지난 2020년 말경 2050년까지 탄소 순배출량을 제로(0)로 만들겠다는 "2050 탄소중립"을 선언한 바 있다. 이 정책은 유엔(UN)에 정식으로 등록되어 이행되는 것이므로, 정권에 무관하게 지속적으로 달성해 나가야 하는 국가적 과업이기도 하고, 2050년까지는 항상 '현재 진행형'으로 전개해 나가야 할 것이며, '국민적 대운동'으로도 승화해 나가야 할 과제이기도 하다.

그런데, 여기서 '탄소'란 무엇일까?

요즘 우리 일상생활에서 탄소란 말이 무척 많이 쓰이고 있는데, 이를 정확히 설명해 주는 기사나 노력들이 매우 부족한 형편이다. 여기에서의 탄소는 화학 원자번호 6번의 탄소(C)의 개념이 아니고, 국제적으로 통용되는 온실가스(GHGs: Greenhouse Gases)의 개념이며, 이러한 온실가스의 종류로는 이산화탄소(CO2), 메탄(CH4), 아산화질소(N2O), 수소불화탄소(HFCs), 과불화탄소(PFCs), 육불화황(SF6), 삼불화질소(NF3)의 7개 물질이 공인되어있다.

즉, 우리가 쉽게 쓰고 있는 탄소라는 용어는 화학에서의 탄소를 의미하는 것이 아니고, 7대 온실가스 전부를 의미하는 것이고, 탄소 배출량의 의미 또한 "7대 온실가스의 이산화탄소 환산 배출량"을 의미한다고 볼 수 있다.

오늘날 우리는 바야흐로 '탄소 그리고 에너지와의 전쟁' 시대에 살고 있다고 해도 과언이 아니다. 여기서 탄소의 사용량은 주로 우리가 사용하는 에너지의 종류 및 그 사용량에 따라 크게 결정되는 것이므로 에너지의 문제가 탄소 배출의 문제와 거의 밀접하게 결부되어있다고 볼 수 있다. 따라서 탄소 배출량이 적은 에너지를 많이 선택하고, 그 절대 사용량마저 줄여나간다면 최고의 탄소 배출 저감책이 될 수 있는 것이다.

저탄소와 ESG의 희망

우리가 몸서리치도록 겪어온 대형 지진, 대형 산불, 대형 해일, 기후 대란, 온갖 전염병 등의 현상도 역시 탄소(온실가스)의 영향이라는 것이 학자들의 정설이다. 더군다나 우리나라는 연간 에너지 사용량의 약 97% 정도를 수입에 의존하고 있기 때문에 이러한 에너지와 탄소 배출의 문제를 다루기가 더욱 어렵고 심각한 처지에 놓여있다고 볼 수 있다.

그렇다면 탄소 배출 문제를 해결하기 위한 방법은 무엇일까? 현재 탄소 배출의 중심이 되고있는 에너지 문제를 중심으로 한번 살펴보자.

첫째는 무엇보다, 신재생에너지의 개발 및 보급에 대한 투자를 늘리는 방법이다. 물론 태양광 패널의 환경 훼손 문제와 폐기물 처리 문제, 2017년 포항 '촉발 지진'으로 인한 지열발전의 한계, 태양열 집열기의 품질 문제, 제주 풍력발전의 출력 제한 문제, 연료전지의 과잉투자(미사용) 등 여러 문제점이 노출되고 있지만, 그렇다고 해서 장기적이고 중차대한 국가적

과업이자 인류 생존이 달린 과업인 신재생에너지의 개발·보급을 소홀히 해서는 절대 안 된다. 그리고 이러한 신재생에너지를 확대하는 방법에 있어서, 보다 기술과 에너지 효율 우선의 정책이 필요한 것이다.

즉 신재생에너지를 설치하고 보급한다고 하여 무조건 선(善)이라고 생각하면 안 되며, 보다 나은 기술 개발을 통해 보다 고효율 신재생에너지의 형태로의 보급이 절실하다고 할 수 있겠다.

둘째는 에너지를 아껴 쓰고 절약하여 그 절대 사용량을 줄여나가면서, 자칫 버려질 수 있는 에너지를 재활용하는 등의 방법이다. 이것이 바로 '저탄소 에너지 사용 구조'인 것이다. 이를 위해서는 먼저 보다 고효율의 기계, 장비, 설비 등을 보급하여야 하며, 또한 생활 속에 에너지를 절약하고 적게 쓰며 가급적 자연에너지(무동력 에너지)를 많이 활용하고, 한번 쓴 폐열은 재생하여 다시 사용하는 기술 등이 필요하다. 또한 유럽의 일부 선진국가들처럼 부동산 거래 시에 그 주택의 단위 에너지 사용량이나 에너지 효율에 따라 부동산 매매·임대 가격에 차이를 두는 방식도 보다 적극적으로 도입이 필요하다.

셋째는 에너지의 수요관리 및 에너지 공유경제(저장 기술 기반)의 실현이다.

이론적으로는, 에너지의 수요관리 및 에너지 공유경제를 잘 입안하여 실천한다면, 아마 우리나라 발전소의 30~40%를 가동하지 않아도 괜찮을 수 있다.

하루 중에는 낮에 풍부하고, 일 년 중에는 봄과 가을에 풍부한 태양광 및 태양열에너지의 생산량을 잘 저장하여 두었다가 에너지가 궁핍하기 쉬운 시간대(하루 중 야간, 일 년 중 여름과 겨울)에 집중적으로 활용이 가능할 것이다.

또한 에너지 그리드를 통한 에너지의 효과적인 공유를 행함으로써 지역적으로 에너지를 다량 생산할 수 있는 곳에서 에너지가 부족한 곳으로의 에너지의 순조로운 이송·공급이 필요한 것이다.

이를 위해서는 지역난방 공급망처럼, 변전시설과 송전선의 확대, 지역 냉방이나 수열 에너지 공급라인의 증설, ESS(에너지 저장 시스템)의 확충 등의 막대한 사회적 에너지 공유 기반을 확충해 나갈 필요가 있는 것이다. 바로 이런 곳이야말로 국민의 세금을 아무리 많이 써도 결코 아깝지 않은 분야일 것이다.

이렇게 우리가 신재생에너지의 개발과 보급에 대한 투자를 늘려나가고, 에너지의 절대사용량을 줄여나가거나 재활용을 늘려나가고, 에너지 그리드망을 통해 에너지의 저장 및 공유를 잘 행한다면(공유경제의 일종), 이는 '저탄소 에너지 사용 사회'를 앞당길 수 있는 가장 확실한 방법이 되어줄 것이다. 또한 이런 방법의 적극적인 도입은 이른바 '저탄소와 ESG(친환경 및 사회적 역할과 지배구조 개선)의 역설'로 이어질 것이다.

즉, 과거에는 저탄소(탄소중립)를 실천하기 위해서나, ESG를 실천하기 위해서는 여러 부대비용이 많이 들어간다고 생각하여 매우 싫어하였는데, 생각을 바꾸어 저탄소와 ESG를 제대로 한번 실천해보면 신재생에너지 관련 제품의 개발로 수출이 증가하고, 소중한 여러 에너지 및 자원들을 많이 절약하게 되고, 에너지에 대한 나눔과 공유의 실천으로 국내 발전소 설비에도 많은 여유가 생기게 되고, 여러 고효율 장비를 개발하게 되어 상품의 판매나 수출이 잘 되고, 기업 내 비리가 근절되고, 각 분야에서 혁신을 이룬 '환경 모범 기업'들이 여기저기 늘어나는 등 여러모로 우리 경제에 많은 시너지가 나타나게 된다는 것이다.

이렇게 우리가 그동안, 마냥 어려워하고 부담스러워하기만 했던 저탄소(탄소중립)와 ESG에 대한 실천을 오히려 적극적으로 한번 해보면, 위에서 언급한 많은 역설들을 직면하게 되어 국가 산업발전에 큰 선순환 고리를 만들어 나갈 수 있을 것이라고 생각된다.

2-30. 그 어디에도 집착하는 마음을 갖지 말아라!

이 세상 그 누구에게도, 그 어떤 것에도 집착을 하지 않는 것이 좋다. 대개 집착이 커질수록 아픔과 좌절이 따라서 커질 수 있기 때문이다.

우리가 살아가면서 집착의 우(愚)를 범하기 가장 쉬운 대상은 주로 자녀, 애인, 배우자, 재산, 권력 등이다.

가령 자식이 공부를 잘해주기를, 어느 대학에 가주기를, 어떤 상대와 결혼해주기를 간절히 원하는 것까지는 자유일 것이다. 그러나 그러한 간절함이 권유의 수준을 넘어서서 집착에 가까워지게 되면 분위기는 사고성 상황으로 돌변할 수 있다.

보통 한두 번의 권유에도 상대가 그럴 생각이 전혀 없다는 것 같은 난감함이 몰려온다면 더 이상 그 이야기를 꺼내는 것은 금물이다. 그리고 이러한 난감함이 말해주는 것은, 당신의 이야기를 아직 상대가 받아들일 준비가 안 되어있거나, 때로 당신이 틀렸을 수도 있다는 것이다.

우리가 집착을 버려야 되는 것은 우선 무엇보다 상대에 대해 존중하는 마음이 있어야 하기 때문이다. 존중하는 마음이 있다면, 상대가 그 누구이든 간에 상대방의 의견에 반하여 내 의견만을 지속적으로 내세우는 집착스런 주장을 절대 해서는 안 될 것이다.

우리가 집착을 버려야 하는 또 다른 이유는 사람의 욕심은 끝이 없기 때문이다. 욕심스런 마음으로 하나에 대한 집착을 가져서, 설령 그것을 얻어내었다고 하더라도 그 이후에는 또 다른 집착이 생겨날 것이다. 절대 사람의 욕심에 의한 집착은 끝이 없는 법이다.

즉, 처음부터 아예 욕심을 접어두고서 집착을 하지 않는 방법이 제일 좋은 방법이며, 노자와 장자가 말했듯 '무위자연(無爲自然)'적 생활 태도를 실천해보는 것도 좋겠다.

그런데, 여기서 무위자연(無爲自然)을 주장하는 노장사상(혹은 도가사상)에서 우리가 크게 주의할 점이 있다. 노장사상(老莊思想)에서의 무위(無爲)란 인위적인 것이나 의도하는 바에 대한 반대의 개념이며, 그렇다고 하여 결코 '아무것도 하지 않음'의 의미는 아니다. 그들이 말하는 무위란 "사람의 배움은 날로 보태는 것이 아니고, 날로 덜어내는 것이다. 덜고 또 덜어서 '함이 없음(無爲)'에 이르면, 함이 없으면서도 하지 못하는 것이 없다."라는 역설적인 의미를 담고 있다.

노자와 장자 (그림: kknews.cc/other)

그리고 노장사상에서 말하는 자연(自然)이라는 것 또한 물리학·생물학적인 자연의 개념이 아닐뿐더러, 서양 철학사상의 자연주의적 개념도 결코 아니다. 그들이 말하는 자연은 바로 "하나의 욕심도 없어서, 그 무엇에도 집착하거나 의존하지 않는 정신적인 독립이나 해탈"을 말하는 것이며, 만물의 실상과 합일로써 얻어지는 정신적 원만성을 말하는 것이기도 하다. 즉 한마디로 표현하면, 무리하여 무엇인가를 하려 들지 말고, 자연스럽게 주변과 제대로 동조하여 삶을 원만하게 살아가라는 의미일 것이다.

노장사상에서의 무위(無爲)란 "도대체 하지 못하는 것이 없는 수준"에 방점이 찍히며, 자연(自然)이란 "무엇에도 의존하지 않는 정신적 완전한 독립 혹은 해탈"에 방점이 찍힌다. 우리는 이러한 옛 성현들의 말씀을 나름 너무 짧고 못나게 해석하고, 그 이해하는 깊이의 부족으로 인하여 자기 스스로에게 아무런 교훈이나 감동을 주지 못하는 경우가 허다하다.

한편, 무위(無爲) 사상에서 보듯이, 우리의 머릿속은 계속 비워야 새것을 받아들일 수 있는 것이고, 보다 큰일을 해낼 수 있는 것이지, 욕심을 버리지 못하고 쟁여놓기만 한다면, 새로운 것이 비집고 들어올 틈이 없어져 결코 큰일을 해낼 수 없을 것이다.

오로지 삶에서 버리고 또 버려서 항상 자신의 몸과 마음을 가볍게 해두어야 뭔가 뜻하는 바를 깨우칠 수 있을 것이다. 그리고 살면서 매일매일 쌓여가기만 하는 고집스런 특성을 가진 집착을 오늘도 내일도 지속적으로 버려 나간다면, 그야말로 자신을 깃털처럼 가볍게 하여 진정한 '정신적·사상적 독립'을 이룰 수 있을 것이라고 생각해 본다.

이러한 맥락에서 보면, 무위(無爲)와 자연(自然)은 따로 떨어진 개념이 아니고 항상 자연스럽게 연계되어지는 개념인 것이다.

모쪼록 인간이 현대사회의 온갖 집착과 탐욕에 찌든 자화상을 극복하고 자아를 회복하여 진정한 심적 자유와 행복을 실현할 수 있는 길을 이러한 노장사상(老莊思想)에서 찾을 수 있었으면 좋겠다.

2-31. 자기중심주의를 극복하여라!

우리는 살면서 이기주의나 욕심으로, 아니면 본능에 가깝게 '자기중심주의'에 빠져들기 쉽다. 그러나 이러한 쌓여가기만 하는 자기중심주의적인 마음으로의 쏠림을 자주 털어내어 주지 못한다면, 당신의 사회적 관계는 매우 황폐해지기 십상이다. 어떤 사람과의 관계에 있어서도 상대를 배려해주는 마음이나 태도가 부족하거나, 사실의 객관적인 중심을 제대로 바라보지 못하거나, 오로지 자기중심적으로만 말하고 행동하려 한다면 과연 누가 당신을 좋아해 줄 수 있겠는가?

그렇다고 해서, 자기중심주의의 반대적인 측면에서, 지나친 '상대방 중심주의(상대방을 지나칠 정도로 배려하는 스타일)'도 그리 좋지는 못하다. 만약 사회생활에서 상대방이 지나치게 나를 의식하고 배려하거나, 사사건건 나를 중심으로 말하고 행동하거나, 혹은 매사에 나를 위하는 척을 한다면 나의 마음 또한 그리 편치 않을 것이 아니겠는가?

그렇다! 일상적인 대부분의 일이나 사건에서는 공정과 공평이 제일 무난하면서도 부담이 적은 상황을 만들 수가 있다. 상대방이 나를 너무 챙겨주는 것도 부담이 되어 싫고, 상대방이 너무 자기중심적으로 일처리를 하는 것은 더더욱 싫을 것이다.

공정과 공평은 바로 대부분의 사물이나 사건을 보는 시선의 균형감각에 해당하는 것이다. 즉, 자기중심주의도 아니고 상대방 중심주의도 아니고, 매사 객관적이고 사실(팩트) 중심의 '사실 중심주의'가 좋은 것이다. 단, 사실 중심주의는 사실 그 자체에만 머물지 말고, 모든 갈등이나 문제를 해결해줄 수 있는 방향으로의 '해결적 사실 중심주의'로 발전해 나가는 것이 필요할 것이다. 더 나아가 이러한 사고방식은 바로 인간에 대한 합리적인 사랑이요, 사회에 대한 신뢰요, 보편적 가치인 정의(正義)의 해결사가 되어 줄 수도 있을 것이다.

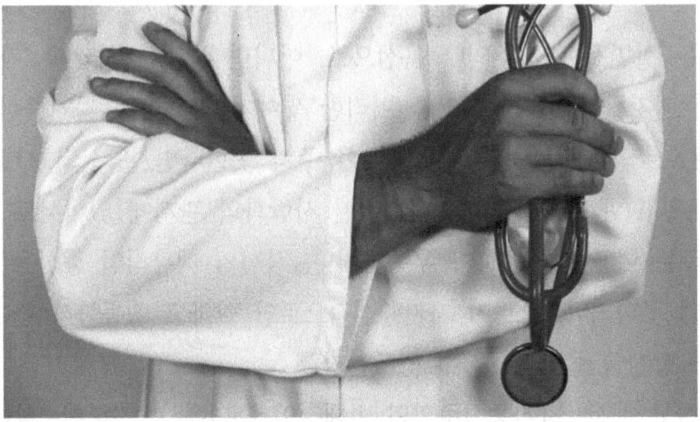

병원진료 (그림:.aa.com.tr/en/asia-pacific)

현대 사회는 세계적으로 극심한 물질 만능주의, 인간성 상실, 인격 모독, 무차별적 개인정보 누출, 왕따, 묻지마 범죄, 사회적 극심한 갈등 등이 난무한다.

이를 극복하기 위해서는 언론에서도, 사회 문화계 측면에서도 자기중심주의도 아니고, 상대방 중심주의도 아니며 오직 문제 해결적 '사실 중심주의'를 앞세워 나가야 하는 것이 바람직하겠다.

또한 이러한 사실 중심주의는 포용적이어야 한다. 지나치게 '사실에 대한 주장'만 앞세우면 사회적으로 서로 관점이나 입장이 다를 수 있는 사람들 간에 쟁점이 해결되기 어려울 수 있기 때문이다. 따라서 이러한 사실 중심주의는 다소 포용적이어야 한다는 것이다.

지난주에 내가 아버지를 모시고 병원에 갈 일이 있어서, 좀 일찍 도착하여 진료실 앞에서 기다렸는데, 대기 중인 환자들이 워낙 많아서 원래 예약한 시간보다 다소 늦게 의사와 면담(진찰)할 수 있었다. 그런데, 의

자에 앉아서 검사결과에 대해 설명을 듣는 와중에, 의사는 환자들이 너무 많아서 우리 부자(父子)와 많은 이야기를 할 수 없다고 대화 중간중간에 강조를 하여 보호자인 나의 궁금증과 대화 의지를 위축시켰고, 또 내가 검사 결과지 화면을 쳐다보고 있으면, 내가 자기 말에 귀를 기울이지 않는 것으로 생각되는 모양인지, 연신 나에게 자신의 말을 들을 때는 자기를 똑바로 쳐다보아 달라고 강조하였다.

나는 매우 실망스럽고 불쾌하였다. 물론 진료 대기 중인 사람이 많아서 당연히 우리와 이야기할 수 있는 시간이 제한적일 수밖에 없다는 것은 사실(팩트)이다. 그러나 그 사실을 대화 중간중간에 그렇게 강조한다는 것은 환자의 궁금증이나 간절한 마음을 지나치게 위축시키므로 환자에 대한 최소한의 배려가 부족한 것이라고 볼 수 있겠다.

또, 연신 자신이 말하고 있을 때는 자신을 쳐다보아 달라고 하고, 자신에게 집중해달라고 강조하는 것은 지나친 자기중심주의적 행동일 것이다. 환자가 차트지나 검사 영상에 관심이 있는 것은 당연한 것이며, 그 자료들을 보면서도 자연스럽게 이야기를 나눌 수 있는 것이지, 자신의 눈을 먼저 쳐다봐 달라고 강조하는 것은 지나친 자기중심주의적 성격 혹은 습관의 탓일 것으로 생각되었다.

그 의사에게 또 하나 실망한 것은, 다른 의사에 대해 무리한 비평을 늘어놓는다는 점이었다. 아버지가 과거 A병원에서 진료받았던 소견에 대해 이야기를 해주면서 당시 진료 받았던 의사의 존함을 말해주었더니, 그 A병원의 의사는 해당 병증에 대해 정확한 전문가가 아니고, 비록 자신보다 더 좋은 병원에서 근무하고 더 좋은 학교를 나왔을지는 몰라도, 바로 자신이 해당 병증에 대해서는 훨씬 더 전문가이고 능력이 있다는 투로 강조를 하여 이야기를 하는 것이었다. 이 또한 지극히 '자기중심주의'의 발로일 것이다.

아버지가 예전에 진료받은 그 A병원의 의사는 해당 병증에 대해서는 그리 정통하지 못하다고 무리하게 추론하여 말하고(이 주장은 사실이 아닐 수 있음), 자기 자신이 그 해당 병증에 대해서는 아주 정통하다는 뉘앙스를 대화 도중 줄곧 비친다는 것은 당연히 지나치게 편협된 '자기중심주의'라고 할 수 있을 것 같다.

2-32. 되도록 많은 인연에 대해 답하여라!

우리는 "옷깃만 스쳐도 인연이다!"라는 말을 자주 한다. 그러나 그 인연의 가치와 의미를 제대로 새기고, 그 소중함을 간직하고 키워보려는 노력을 하는 자는 과연 얼마나 될까?

아니, 옷깃만 스칠 정도가 아니고, 매우 오랫동안 서로 정(情)을 주고받은 사이에서마저도 그 연연의 가치와 의미를 제대로 음미하고 실천해보려는 자는 그리 많지 않은 게 현실이다.

주변을 돌아보면, 상당한 인연임에도 불구하고, 그동안의 정을 서로 간의 이해관계로 해석하거나, 당연한 거래로 생각하거나, 심지어 조그만 오해만 생겨도 금방 소원해지기도 하고, 금방 서로 찾지 않는 사이로 변하기까지 하는 경우도 흔한 일이다.

우리는 살면서 "당신에게는 진정한 친구가 몇 명이나 있는가?"라고 스스로에게 질문을 간혹 해보기도 하고, 주변에 잘 알고 지내는 사람들이나 친구들은 많아도 진정한 친구는 몇 안 된다고 한탄을 해보기도 하고, 삶의 중간중간에 외로움에 지쳐 몸부림을 치는 경우도 많이 있을 것이다.

이런 감정은 인생의 후반전이 되어갈수록 점점 더 심해질 것이다. 특히 직장을 퇴임 후에는 더욱 이러한 외로움을 많이 느끼게 되며, 삶이 덧없다고 스스로에게 한탄해 보기도 하며, "내가 사회적으로 높은 자리에서 잘나갈 때 문전성시를 이루던 사람들이 내가 그 자리를 물러나니 아무도 오지 않는구나!"라고 넋두리를 해보는 경우도 적지 않다.

"정승 집 개가 죽으면 문지방이 닳이 없이지도록 문상객들이 문선성시를 이루지만, 정작 정승이 죽으면 개미 한 마리 얼씬거리지 않는다"라는 말이 있다.

이 말은 정승이 죽은 후에는 그에게 더는 잘 보일 필요가 없는 까닭에 조문할 이유가 없고, 정승이 살아 있을 때는 정승의 개가 죽어도 정승의 환심을 사기 위하여 조문을 기꺼이 마다하지 않는다는 말로서, 인연의 소중함을 모르고, 자신들의 잇속에만 골몰하는 무심한 인간 세태를 비꼬아 하는 말이다.

어떤 사람이 정년 퇴임 후 딸을 출가시키려고 혼례를 준비하면서 이와 비슷한 사실을 절감했다고 한다. 즉, 현직에 있었을 때 아들의 결혼식이 있었는데 그때는 문전성시를 이루던 사람들이 이번에는, 친히 초대장까지 보내었는데도 불구하고, 거의 나타나지 않았다는 것이다. 그래서 그는 딸 혼례를 치른 후, 그간 신의(信義)로운 사귐을 믿었으나 참석하지 않은 친구들의 전화번호를 자신의 핸드폰에서 아예 지워버렸다고 한다. 얼마나 마음에 상처가 깊었으며, 배신감을 많이 느꼈으면 그렇게까지 했겠는가? 하는 생각이 들었다. 그러나 나는 이런 그의 처사에 반대하고 싶다.

세상인심이라는 것이 어차피 일반적으로는 돈을 좇고, 권력을 좇고, 명예를 좇기 마련이다. 그러면 그 나이를 먹도록 그러한 세상 돌아가는 인심의 원리를 그렇게도 몰랐다는 것인가? 물론 그 사람도 세상인심이야 충분히 알기는 알았겠지만, 순간 치밀어 오르는 화를 참지 못했으리라!

나는 그 사람의 생각이 좀 부족했다는 생각을 지울 수가 없다.

세상인심이 그렇게 돌아가니 당연히 그러한 실태를 인정하거나, 충분히 감수했어야 했다. 만약 자신이 진정 순수한 마음으로 사귀었다고 생각하고 있는 절친이 그렇게 초청장까지 보내었는데도 나타나지 않았고, 네가 큰 실망을 할 수 밖에 없었다면, 아마 아래 네 가지의 경우 중 하나가 그 원인일 것이다.

그 첫째는, 그럴만한 충분한 사유가 있었을 것이다. 이는 피치 못할 사유가 있어서 결례를 한 경우로, 분명히 조금만 더 기다려 주면 나중에 충분한 설명을 듣게 될지도 모른다. 만약 그렇지 않다면, 개인적으로 컨디션이 매우 좋지 못하여 결혼식 당시 심적인 부담이 있었을 수 있다. 이 경우도 얼마 후 네게 꼭 연락도 오고 참석 못 한 이유를 설명도 해줄 것이다.

둘째는, 당신이 스스로 그 친구를 절친이라고 오해를 한 경우일 것이다. 상대 친구는 그렇게 생각하지 않고 있는데, 당신 혼자 절친이라고 믿은 경우이다. 이는 당신의 사람 사귐의 허점을 드러낸 경우일 것이다. 이는 앞으로 좀 더 진정으로 그 친구와의 인연을 만들어 나가야 한다는 뜻일 수도 있다.

셋째는, 너의 포용력이 부족한 것이다. 세상 인심이라는 것은, 정말 웬만한 사이가 아니고서는, 본능적 이기주의로 인하여 자신의 편익을 쫓기 마련이기 때문에, 그러할 수도 있는 것이다. 문제는 당신이 좀 더 너그러운 사람이 되어야 하고, 그들을 포용할 수 있는 그릇이 되어야 한다는 것이다. 그런 너그러움이야말로, 앞으로 네게 진정한 친구들이 더 많이 생겨나게 할 것이다.

넷째는, 네가 쓸데없이 대가를 바라는 잘못을 한 것이다.

즉, 무엇보다 중요한 것이 세상 누구를 사귐에 있어서도, 무엇인가 대가를 바라는 사귐은 좋지 않다. 그냥 당신의 마음이 그러하여 자연스럽고 아낌없이 주변에 베풀고 그것으로 족한 자세가 좋은 것이다. 심지어는 당신이 세상을 살면서 가장 절친이라고 생각하고 있는 사람에게마저도 그렇게 잔치에 와주기를 바란다거나, 다른 그 무엇을 바란다면 당신은 분명 좁은 세상만을 바라보고 있는 것일 수 있다.

위에서, 절친에게 초청장까지 보내었는데도 잔치에 나타나지 않았고, 그래서 네가 큰 실망을 할 수밖에 없었던 원인을 네 가지로 나누어 살펴보았는데, 여기서 네 번째가 가장 중요할 것 같다.

결국 인간관계에서 상대에게 무엇인가 원하는 바를 갖지 않는다면, 실망하는 바 역시 없을 것이니, 이것은 당신 마음속에 현재와 미래에 있을 수 있는 불만과 스트레스를 원천적으로 없앨 수 있는 유일한 방법, 궁극적 마법이 되어줄 것이다.

그렇다! 세상을 사귀고, 가족, 친지, 절친, 일반 친구 등 많은 부류의 사람들을 사귀면서, 가능하면 많은 사람들에게 대가를 전혀 기대하지 않는 선(善)을 베풀어 주려는 자세가 중요하다.

이러한 선(善)에 대한 실천의 흔적이 이 세상을 사는 당신의 업(業)이 될 것이며, 그 업은 결코 없어지지 않을 것이고, 평생 가장 중요한 당신의 삶에서의 가치가 되어줄 수 있을 것이며, 당신의 인생에 은은하고 그윽한 향기로서 영원히 남게 될 것이다.

까치의 전설 (그림: issuu.com)

우리에게 잘 알려진 민담 중에 '치악산 까치의 전설'이라는 것이 있다.

이 이야기에 따르면, 옛날 어느 선비가 과거시험 길을 떠나가던 중 어디선가 신음소리가 나는 것을 듣고 살펴보니 큰 뱀이 까치둥지 안의 까치 새끼들을 잡아먹으려고 하고 있었던 것이다. 선비는 재빨리 활을 꺼내 뱀을 쏘아 까치 가족들을 구해 주었는데, 이후 길을 가다가 날이 저물고 악천후 속에서 마침 불빛 하나를 발견하고 따라가 보니, 집이 한 채 있었고, 그 집에 묵게 되었다. 그 집의 주인은 예쁜 여자였는데, 그만 한밤중에 뱀으로 돌변하여 선비가 죽이려고 하였는데, 그 구렁이가 바로 아까 선비가 활로 쏘아 죽인 구렁이의 부인이었으며, 이렇게 말했다.

"나는 아까 너에게 죽은 남편의 원수를 갚으려고 한다. 만약 날이 새기 전에 절 뒤에 있는 종이 세 번 울리면 살려 줄 것이고, 그렇지 않으면 죽이겠다."

선비는 "이제 꼼짝없이 죽었구나."라고 생각하고 자포자기하고 있었는데, 새벽이 되기 전 갑자기 절 뒤에서 종소리가 세 번 울렸다. 그러자 뱀은 곧 용이 되어 승천해버렸다. 이상하게 생각한 선비는 날이 밝자마자 절 뒤에 있는 종각으로 가 보았더니 까치 세 마리가 머리에 피를 흘린 채 죽어 땅에 떨어져 있었는데, 이는 부모 까치들과 그 동료 까치가 새끼를 살려준 은혜를 갚기 위해 머리로 종을 들이받아 종소리를 울리게 하였다는 전설인 것이다.

여기서도 중요한 것은, 선비가 무슨 대가를 바란 것이 아니었다는 점과 자신이 순수한 선(善)을 실천한 업(業)이 결코 없어지지 않는다는 점이겠다.

"되도록 많은 인연에 대해 그 소중함을 되새기고, 대가를 바라지 않는 선(善)으로 답하여라. 그 행적은 결코 없어지지 않을 선업(善業)이 되리라!"　- Pa sayings

2-33. 변화에 대한 역설!

살다 보면, 뭔가 바꾸고 싶은 경우가 많이 발생한다. 똑바로 서 있으면 앉고 싶고, 앉아 있으면 눕고 싶은 것이 인간의 심리이다. 대부분의 경우에 점점 더 편한 것을 찾아 안주하게 되고, 그러한 편해지려는 방향으로 자신도 모르게 변화되어가는 것이다.

다이어트, 금연, 금주, 좋은 습관, 공부 등 다양한 분야에 대한 중대한 결심을 했더라도 끈기가 부족하면 그만하고 싶어지게 마련이고, 점차 포기하는 쪽으로 자신도 모르게 순식간에 바뀌어져 나가게 마련이다.

어떤 굳은 약속을 했더라도 당신을 둘러싼 주변 상황이 조금만 바뀌게 되면, 그 약속을 바꾸거나 어기고 싶은 유혹에 빠지는 경우가 많이 있다.

또 학생시절, 중요한 시험을 치르다가 답안을 작성 후, 좀 헛갈리면 너무 쉽게 그 답안을 바꾸게 되고, 그럼에 따라 나중에는 낭패를 보는 경험도 많이들 했을 것이다.

이렇게 우리는 무엇인가를 바꾸고 싶은 충동을 많이 겪으며 살고 있으며, 이럴 경우 너무 가볍게 바꾸거나 처신하다가는 결국 낭패를 보는 경우가 많이 발생한다.

어차피 우리는 생활 속에 매일매일 많은 선택(결정)을 해야 하며, 때로는 그 선택이 틀리거나 잘못될 수도 있기 때문에 가끔은 그 결정을 바꾸기도 하여야 한다. 그러나 무엇인가를 진중히 결정한 후, 이를 바꾸어야 할 때에는 항상 한 템포 늦추고서 제대로 충분히 생각해 본 후 신중히 결정을 해야 한다는 것이 참으로 중요하다.

왜냐하면 한번 결정한 것을 번복하려면, 그 결정을 둘러싼 주변의 여러 세팅되거나 동조화되어진 조건들이 한꺼번에 바뀌어져야 하므로, 전체적 조화가 흐트러지지 않게 신중히 진행을 하여야 한다는 것이다. 만약 그렇지 못하고 즉흥적인 생각에서 계획이나 약속을 마구 바꾸게 되면, 그 과정에서 여러 요소들에 있어서 모순이 발생하거나, 혼선을 빚는 경우가 나올 수 있다.

모쪼록 선택이나 결정은 되도록 즉흥적이지 않고 계획적으로 하는 것이 좋고, 한번 결정한 내용은 가급적 그대로 유지하는 것이 좋으며, 만약 주변 환경이나 조건들이 많이 바뀌어 꼭 바꾸어야 한다면, 대충 생각하여 바꾸지 말고, 제대로 심사숙고한 후 바꾸는 습관이 절실히 필요하다.

반대로, 우리의 삶에서는 좀처럼 바꾸고 싶지 않은 것들도 참으로 많다. 구태(舊態)나 나쁜 습관, 향락적 생활, 게으른 생활패턴, 고정관념, 오만과 아집 등이 바로 그 대표적인 것들이나.

그러나 이러한 것들을 과감히 바꾸어내고, 새로운 삶의 장을 마련할 수 있을 때만이 당신의 삶에 혁신을 가져올 수 있고, 일취월장하여 네가 그토록 바라마지 않는 성공가도를 달릴 수도 있을 것이다.

새가 딱딱하고 거친 알을 제대로 깨고 나와야 비로소 제구실을 할 수 있듯, 우리네 인생도 항상 스스로 과거의 허물을 벗고 새로이 태어나려는 변신의 노력 없이는 현상을 제대로 유지할 수조차 없을 것이다.

이치적으로 보면, 세상 모든 것이 변하는데, 만약 당신 혼자 변하지 않으려고 애쓴다면 당연히 세상에 낙오자가 될 것이 자명하며, 어쩌면 인간은 태어날 때부터 신으로부터 스스로의 변신과 깨우침의 임무를 타고난 것으로도 보인다.

결론적으로 볼 때, 우리는 살면서 많은 바꾸고 싶은 것들에 대해서는 너무 쉽게 바꾸지 말고, 제대로 충분하게 생각한 후 비로소 바꿀 것이며,

반대로 바꾸고 싶지 않고, 고집 피우고 싶은 것에 대해서는 각고의 혁신을 하는 마음으로 이를 악물고 바꾸어 나가야 한다.

그래야 네가 그만큼 크게 성장할 수 있을 것이고, 비로소 신이 부여해준 네 신성한 삶의 임무를 완성해나갈 수 있을 것이다.

변화는 고통 (그림: shiftyrecords.bandcamp.com)

2-34. 소중한 것은 깊이 두는 법이다!

사람의 급소(생식기)가 인체의 한가운데, 그것도 가장 깊고 비교적 숨겨진 곳에 위치하는 이유가 있다. 바로 그곳이 가장 안전한 위치이기 때문이다. 새의 둥지가 높은 나뭇가지 위에, 그것도 가장 위태위태한 곳에 위치하는 까닭도 있다. 역시 포식자들로부터 가장 안전하고, 절체절명의 종족 보존의 본능을 지키기에 유리하기 때문이다.

이렇듯 사람의 인생에서 가장 중요하다고 할 수 있는 큰 포부, 자신의 이상(理想), 자신만의 위대한 꿈(비전) 또한 함부로 외부에 노출하지 말고, 일단 가장 안전하고 깊은 곳에 간직해야 한다. 너무 쉽게 외부로 공표하거나 자랑이라도 하게 되면 타인의 질투나 공격을 받기가 쉬워질 것이며, 자칫 자신의 간절함이나 애틋한 마음 또한 약해질 수가 있다.

그리고 혹시라도 자신의 포부 등을 외적으로 검증받을 겸 해서 중간에 노출시켜야 한다고 생각한다면, 언젠가 좋은 때가 올 것이다. 즉, 노출 및 검증을 위한 적당히 무르익은 시기가 올 것이고, 노출은 바로 그때를 기다려서 해도 결코 늦지 않을 것이다.

정신적인 것이든, 물질적인 것이든, 우리에게 가장 중요한 것일수록 일단은 깊은 곳에 잘 보관을 해두고 그것을 차츰 키워나가야 한다. 그리하여 최소한 외부의 공격에 그리 쉽게 당하지 않을 정도 이상으로 성장을 하였을 때, 그래서 독립적으로 외부와 한번 겨루어볼 만큼 상황이 무르익었을 때 비로소 노출을 하는 것이 좋다는 의미이다.

또한 나중에 노출해야 할 상황이 오더라도, 절대 과잉 노출이나 자랑은 금물이다. 이렇게 되면, 자칫 외부의 무차별적 공격을 받을 수도 있을 것이고, 자신 스스로도 그 절실함이나 소중함이 약해져서, 그것을 끝까지 케어하거나 이루어 나가려는 추동력을 상실해버리는 경우가 많을 것이다.

꿈과 비전 (그림:.beliefnet.com)

따라서 소중한 포부 등을 드러낼 때는, 가능한 한 천천히, 절제된 방식으로 드러내는 것이 좋은 방법이 될 수 있겠다. 그리고 그것은 반드시 목적이 있는 노출이 되어야 한다. 이러한 것들은 언젠가는 외부로 공표하고 노출하여 타인의 검증도 받고, 협조받을 것은 협조도 받아야 하기 때문이다.

또한, 포부 등을 노출을 하였다고 하여 자신만의 케어가 약해지면 안 된다. 자기 인생의 포부 등은 그것을 완전히 이룰 때까지 "지속적 추구" 자체가 가장 중요하다.

이것은 포부 등이 바로 자기 삶의 의미, 목적, 가치에 닿아있기 때문일 것이다.

꾸준하고 지속적인 추구만이 진정 어려운 세상을 헤쳐 나가는 이유가 되어줄 것이며, 삶의 보람으로 연결되어질 것이다. 즉,

"꿀 수 있는 꿈이 있다는 자체가 인간에게 가장 큰 축복이며, 삶의 추동력이 될 것이다." - Pa sayings

오늘도 나만의 소중한 '버킷리스트'를 만들고 또 필요시에는, 더 아름답게 수정해 보기도 하고, 소중한 내 삶의 한 장 한 장, 그 장면을 채워나갔으면 좋겠다.

또한 그 '버킷리스트'라고 하는 것은 그것에 대한 달성보다는, 그것을 채워나가는 그 과정 자체에 더 진가가 있을지도 모르겠다.

2-35. 여유 있고 넉넉함이 기본이다!

많은 인간관계에서 상대방의 성격으로서 가장 선호하는 스타일은 꼬치꼬치 묻지도 따지지도 않아서 까탈스럽지 않은 그러한 여유 있고 넉넉한 성격 스타일일 것이다. 아마 푸근한 스타일, 배려심 있는 스타일, 외유내강(外柔內剛)형 스타일 등의 경우도 바로 그러한 스타일에 가까울 것이다.

물론 다양한 인간관계에서 공(公)과 사(私)를 정확히 따질 필요가 있는 경우도 있고, 여러 계산 관계도 정확히 따질 것은 따져야 하는 경우도 많이 있을 것이다.

그러나 인간 상호 관계에서 펼쳐지는 여러 스타일 중에서 가장 기본으로 깔리어서, 성품 전체의 분위기를 이끌어 나가야 하는 것은 바로 "여유 있고 넉넉한 너그러운 마음"일 것이다.

성격이 급한 사람일수록 자기 성격대로 어떤 일이 풀려나가지 않으면, 서두르거나, 화를 내거나, 무리하게 설득하려 들거나, 안달이 나서 윽박지르거나, 지나치게 상대를 간섭하려 드는 태도를 보이게 마련이다. 이러한 태도는 때로 무례하게 보이기도 하고, 때로는 거만해 보이기도 하며, 최소한 상대에게 좋지 못한 인상이나 감정을 많이 남기게 되는 것은 확실하다.

따라서, 여러 인간관계에서, 일단은 성급해하지 않는 편안한 마음을 가지고서 무슨 일을 하든지 간에 상대에게 먼저 존중과 배려를 표하는 것이 기본적인 예의일 것이며, 이러한 마음을 바탕으로 하여, 필요에 따라서는 이성적인 것이든, 계산적인 것이든, 시시콜콜한 것 조차도 구체적으로 따져 물을 것은 물을 수도 있겠다.

"창고가 가득 차야 예절을 알고 [倉凜實則 知禮節(창름실즉 지예절)], 의식이 족해야 영욕을 안다 [衣食足則 知榮辱(의식족즉 지영욕)]"라는 말이 있다.

관중 (그림: zh.wikipedia.org/wiki)

이 말은 환공(桓公)을 직근에서 도왔고, 그가 천하의 패자(覇者)가 되는데 일조하였으며, 제나라의 재상으로서 국정을 펼쳐 부국강병을 이루어내었고, 법가사상(法家思想)의 주창자이기도 한 관중(管仲)이 쓴 관자(管子)의 목민편(牧民篇)에 나오는 말로써 "백성들은 창고에 곡식이 가득 차야 비로소 예절(체면, 도리, 법 따위를 포함한 개념)을 알아서 챙길 수 있게 되고, 입는 것과 먹는 것이 해결되어야 영예와 치욕을 가릴 줄 안다"라고 해석할 수 있겠다.

그러나 내 생각에는, 이 말은 사람의 예의나 도리 등의 문제에 너무 물질적인 것으로만 대입하였다는 생각이 든다. 물론 물질적으로도 어느 정도 갖추어지면 예의나 도리 등을 챙기기가 쉬워질 수 있을 것이다. 그러나 이러한 물질적 조건은 필요충분 조건도 아니고, 필수불가결한 조건은 더더욱 아닐 것이다.

즉 아무리 재산과 물질적인 것이 풍부한 사람도, 그 사람의 정신적 함량이 부족하다면 예의나 도리를 제대로 챙기지 못하는 경우가 허다하다.

또한, 다른 측면에서 보면, 비록 자신이 물질적으로 충분하지 못하거나, 더러 부족하더라도 정신적 완성도가 높아서 자기 삶의 모든 것에 내한 커버가 잘 이루어져 항상 여유 있고 예의와 도리가 충만한 사람, 음지의 약자들을 기꺼이 먼저 챙기려 하는 사람들도 많이 있다.

즉, 매사 여유 있고 넉넉한 마음을 갖기 위해서, 물질적인 풍요는 필수사항이라고 할 수는 없으며, 대신 정신적인 부분은 반드시 필수사항이라고 보아야 할 것이다.

결론적으로 요약해보면,

"여유 있고, 넉넉하고, 약자에게 기꺼이 배려하는 인품이야말로 자기 자신을 위해서도, 남을 위해서도, 따뜻한 사회를 위해서도 바람직한 기본 품성이라고 생각된다. 그리고 그러한 자세를 가진 사람들이야말로 사회를 안정시키고, 평안하게 하는 데 제대로 기여를 할 수 있을 것이며, 또한 자기 자신의 삶 자체를 제대로 완성시켜 나갈 수 있는 인물일 것이다." - Pa sayings

2-36. 안전장치는 다중으로 하는 것이다!

평소 자기 건강에 대해 신경도 안 쓰고 살다가, 몸이 많이 아프면 그때서야 병원에 가서 치료를 받고, 약국에 가서 약을 사 먹고, 통증이 사라지면 아무 문제가 없었던 양 모든 것을 잊어버리는 경우가 많다. 주로 젊은 층에서 자기 건강을 과신하여 이렇게 행동하는 경우가 많은데, 이러한 단세포적인 행동은 참으로 위험천만하다.

젊으나 늙으나 사람에게는 건강 이상으로 중요한 것이 없을진대, 몸이 아픈 것에 대한 궁극적 주치의는 자기 자신이건만, 모든 것을 의사나 약사에게 미루어버리고 자신은 그냥 시키려는 대로만 하려고 하는 게으른 사람이 많다는 것이다.

아니, 의사나 약사가 시키는 대로 하기도 귀찮으면 적당히 얼버무리고, 일단 심한 통증만 사라지면 대충 자기 맘대로 지내기도 한다.

본인이 자기 몸의 주치의나 다름없으니만큼, 평소 몸의 상태가 안 좋다면, 비록 큰 통증은 없더라도, 미리미리 그 원인을 잘 생각해보고, 크고 작은 병원 의사의 도움도 받아보고, 약사의 도움도 받고, 주변이나 인터넷 정보에도 도움을 받아서 스스로도 공부를 해보아야 마땅하다.

그다음으로는 그 병을 불러온 근본 원인이 되는 생활 태도를 바꾸어 보고, 적절한 운동을 하고, 식이를 조절하고, 생활패턴을 최적화시키는 등 여러 가지의 보다 궁극적이고 장기적인 조치를 하여야 비로소 다음에 또다시 그 우를 범하지 않을 가능성이 커질 것이며, 이러한 제대로 된 관심과 노력은 네 몸을 스스로 케어할 수 있는 자신의 능력을 점차 업그레이드해 줄 것이다.

이렇게 자신의 몸(건강)에 대한 여러 조치를 취하게 되면 네 몸에는 아주 다중으로 안전장치가 마련되는 셈이다.

만약 병이나 병균이 네 몸을 정복하려면, 운동으로 강화된 네 근육이나 체력을 넘어야 할 것이며, 좋은 습관으로 개선된 네 건강을 무너뜨려야 하고, 다음은 철저한 식이요법으로 인한 네 면역력을 이겨야 하며, 그 다음은 의사나 약사가 조치하고 챙겨준 네 건강한 몸의 항상성의 산을 넘어야 할 것이다. 이렇게 병이나 병균이 네 몸을 뚫고 네 몸에 이상현상을 만들어내려면 다중의 안전장치를 뚫어야 하니, 당신은 얼마나 외부의 병이나 병균으로부터 강한 사람인 것인가?

예를 들어, 허리가 아프다고 하면, 그냥 정형외과로 가서 허리와 관련된 척추 등을 치료하고 끝내면 될 일이 아니고, 그 근본적인 대책이 될 수 있는 운동으로 근육 키우기, 자세 교정, 체중 줄이기, 적절한 식이요법, 기타 뼈 관련 영양소의 균형 있는 섭취 등을 같이 챙겨야 할 것이다.

이렇게 하여 자신의 몸을 튼튼하게 챙겨두게 되면, 허리통증이라는 악마가 다시 당신의 허리를 아프게 하려면, 운동으로 단련된 네 근육을 이겨내어야 하고, 자세 교정이나 체중 줄이기로 정상화된 네 몸의 발란스를 무너뜨려야 하고, 기타 균형 잡힌 식이요법 등으로 항상성을 제대로 유지하고 있는 네 세포들을 무너뜨려야 하니, 이러한 일들은 얼마나 가능성이 적은 일이 아니겠는가?

다른 유사한 예로, 자기 자동차를 운전할 때도 사고에 대한 대비 장치로서 단순히 보험 하나만 들지 말고, 상대의 난폭한 운전에 대한 방어운전의 철저한 실천, 음주운전이나 조급한 운전을 피하는 생활 습관, 양보하는 태도, 차에 대한 주요 지식의 습득, 법규를 준수하는 습관 체득, 차량 관리를 철저히 하는 습관, 각종 차량 필요 장치(에어백, ABS, 안절벨트, 운전자 자세 제어장치, 차선 이탈 감지장치, 졸음 감지 경보장치, 압

력센서, 펑크 수리 세트, 스페어 타이어 등)의 구비 등 사고를 미연에 방지할 수 있는 여러 안전 조치들을 사전에 마련해둔다면 네게 차량사고가 일어날 확률은 매우 줄어들 것이다.

자동차 고장 (그림: bayareatiremd.com)

또한, 요즘 건설·건축 현장에는 각종 화재사고, 건축물 붕괴 사고 등의 인재가 끊이질 않는데, 이 경우에도 나라나 건설 당국에서 단순히 법률 제정·개정, 책임자 처벌 등의 단세포적 방법으로 그때그때 땜질을 해나가고 있으니, 사고는 별로 줄어들지 않고 나라 전체에 만연해 있는 것이다. 이 문제 역시도, 단순한 대처 방식에서 벗어나, 보다 근본적으로 파고 들어가서, 하도급 문제, 잦은 설계변경의 문제, 공기(공사 기간) 관리의 문제, 현장에 비치해야 할 안전장비나 인명 보호용 장구의 증대, 안전관리비의 정상화, 안전관리 요원의 의무적 배치, 제대로 된 대국민 홍보, 기타 기성의 문제, 입찰의 문제 등을 종합적으로 정상화해 나갈 때 비로소 산업재해가 많이 줄어들 수 있을 것이다.

그저 지금처럼 위정자들이나 건설 당국이 뒷짐이나 지고 있고, 그때그때 면피성 정책이나 시늉으로만 일관한다면 결코 우리 건설 현장의 낯뜨거운 후진적 인재는 줄어들 수 없을 것이다.

"만사 불여튼튼"이라는 말도 있듯이, 우리의 주변 작은 일상에서부터 대형 공사 현장까지 오직 여러 안전장치들을 다중으로 갖추는 것만이 우리의 생활이나 현장을 "사고가 날래야 도저히 날 수 없는 구조"로 만들어 나갈 수 있는 유일한 길일 것이다.

물론 이러한 많은 안전장치를 마련하려면 돈이 많이 들어갈 것이고, 그만큼 손과 정성도 많이 가야 할 것이다. 그러나 그러한 물심양면에서의 아낌없는 투자만이 우리의 안전을 제대로 담보할 수 있는 유일한 길이다.

2-37. 손님을 손수 맞아라!

반가운 손님이 찾아오든, 일반적인 그렇고 그런 손님이 찾아오든 일단 손님이 찾아오면, 예의 측면에서 당연히 지극하고 반가이 맞이하려 하는 것이 관례이다. 그러나 요즘 우리의 일상에서는 반가운 손님일수록 요란스럽게 맞이하고, 덜 반가운 사람일수록 손님에 대한 예의를 등한시하거나 결례를 하는 경우도 종종 발생한다.

그러나 좀 달리 생각해보면, 오히려 별로 반가운 손님이 아닐수록 오히려 더 예의를 갖추어 대접하고, 일단 찾아온 손님에 대한 예우를 다하여 반가이 대할 필요가 있다. 왜냐하면, 반가운 손님일수록 나의 약간의 실수에도 그냥 예쁘게 넘길 수 있겠지만, 그렇지 않은 덜 반가운 손님 혹은 그렇고 그런 손님의 경우에는 나의 약간의 실수나 무례에도 오해와 편견으로 이이질 수가 있기 때문이다.

따라서 불필요한 오해와 같은 문제들을 미연에 방지하고, 장차 자신에게 매우 소중한 사람이 될 수도 있는 가능성의 기회를 잃어버리지 않기 위해서라도, 일단은 작은 손님에게도 최대한 존중하고, 오히려 더 크게 대해주어야 좋을 것이다.

이 대목에서 생각을 좀 더 확대해보면, '진심의 문제'를 한번 생각해볼 수 있다. 즉, 그리 중요하거나 대단한 손님이 아닌 경우에도 겉으로는 대단히 극진한 예우를 갖추는 듯한 모습을 보여주는 사람도 많이 있다. 그러나 그 겉모습과 내면적 모습이 완전히 다르고, 진심이 전혀 결여된 채 손님을 맞이한다면, 그것은 뭔지 몰라도 하나가 분명히 빠진 것이다. 그리고 그 빠진 부분을 손님은 직감적으로 혹은 본능적으로 알아차릴 수도 있을 것이다.

우리 옛말에, 손님이 오면 "버선발로 뛰어나가 맞이한다."라는 말이 있다. 이 말은 너무 급해서 경황이 없고 정신없이 뛰쳐나갔다는 뜻으로서, 주로 너무 반가운 사람이 왔을 때 주로 쓰는 표현이다.

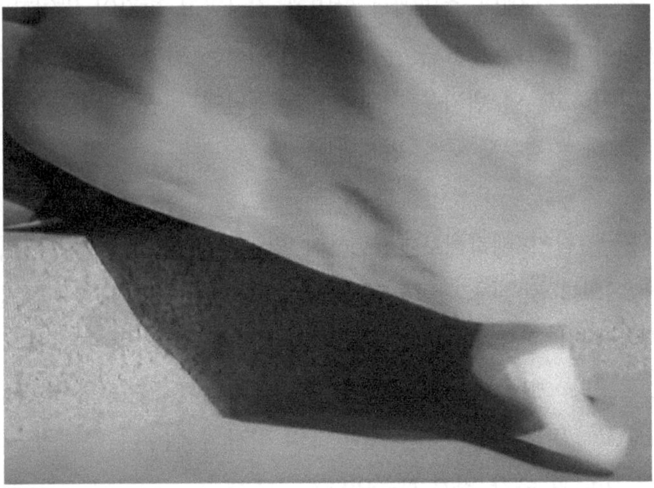

버선발로 뛰어나가 맞다 (그림: m.blog.naver.com)

그러나, 여기서 주의할 점은, 손님을 그냥 버선발로 맞이한다고 되는 것이 아니라, 진정으로 버선발로 맞이해야 하는 것이다. 즉, 진심의 마음을 담아서 손님을 맞이해야 하는 것이지, 형식적으로만 버선발로 맞이해서는 안 되며, 이러한 형식적인 손님 맞이는 가끔 상대방에 대한 기만으로 점철될 수가 있는 것이다.

즉, 보다 중요한 것은 뛰어나가는 행위나 형식보다는, 은연중에 상대방에게 마음으로 전달될 수 있는 그 진정성인 것이다.

여기서 또 다른 중요한 주의점 중 하나는, 귀한 손님이 올 때와 갈 때의 대접이 한결같은 것이 좋다는 것이다. 대개는 손님이 올 때보다는 갈 때 소홀한 경우가 많다. 올 때는 무엇인가 풀어줄 보따리를 기대하며 반기는 경우가 많지만, 갈 때는 이미 그 풀어놓은 보따리를 다 확인했으니, 더 이상 그 손님에 대한 기대나 가치가 적다는 심보가 작용한 탓일 것이다.

결론적으로,

"찾아온 손님에게는, 귀한 손님이든 아니든, 항상 진심을 담아 비선발로 맞이해야 마땅하고, 또한 그 손님이 올 때와 같이 갈 때도 한결같이 배웅하여라!" - Pa sayings

또한 손님맞이 내내, 형식적인 부분보다는 오히려 심리적인 부분의 예우가 훨씬 더 중요할 것이다. 그리고 이러한 진정어린 손님맞이는 이 좁은 세상에서 또 다른 인연으로 다시 만나게 될 수 있는 그 손님에 대한 예우이자, 억겁의 우리 인연에 대한 감동이자, 장차 보다 큰 인연을 위한 설레임으로 작용할 수 있어서, 네 삶을 보다 풍요롭게 해줄 수 있을 것이다.

여담이지만, 내가 몇 개 단체에 약소한 기부를 좀 하는 것이 있는데, 어떤 단체는 나중에 감사에 대한 신년인사(우편과 이메일)를 단체장 명의로 보내올 때, 내 이름의 철자마저도 틀리게 보내오는 경우가 있었고, 또 다른 어떤 단체는 내가 가끔 볼 일이 있어서 거기에 찾아가게 되면 원장이 직접 버선발로 맞기는 커녕, 말단 직원을 시켜 그냥 형식적으로 대응하도록 하는 경우를 보았다. 물론 내가 무엇인가 대접을 받아야 되겠다는 심정은 추호도 없지만, 만약 그 단체장이나 원장이 좀 더 예의 있고, 정성 들여 나를 맞이해 주었다면 나도 그 기관에 내는 기부금을 더 상향시키고 싶은 마음이 저절로 생길 수 있는 것이 인지상정이 아니겠는가?

2-38. 왜 세상을 염려하느냐?

우리는 살면서 세상일들에 대해 너무나 염려하는 바가 많고 크다. 가령 정치인들의 호언장담과 안하무인, 사이비성 인물들의 혹세무민, 각 조직 혹은 개인 간의 온갖 소통의 부재, 우리 사회와 나라의 아픈 현실, 자기 자신이나 가족의 돈 문제와 건강 문제 등이 바로 그 염려의 대상일 것이다.

한마디로, 살아있으니 늘 걱정을 해야 하는 듯하다. 그러나 이를 좀 비틀어서 생각해보면, 과연 걱정을 한다고 세상이 좋아지느냐? 꼭 그렇지는 않은 듯하다.

오히려 별 걱정을 하지 않고, 모든 것을 있는 그대로 받아들이고, 낙천적이며 긍정적인 방향으로 살아가는 것이 정신건강 면에서나, 사회의 발전 측면에서마저도 더 유익할 수 있다. 왜냐하면, 걱정을 많이 한다는 것 자체가 그만큼 많은 물질적·정신적 비용이나 대가를 치러야 하기 때문이다.

가령 예를 한번 들어본다면, 가족 간의 반목이 심하여 소통이 거의 안되고, 늘 대화도 거의 없으며, 같은 집에 살고 있어도 교류가 거의 없다면, 그 정신적 스트레스가 말도 못 할 것이다. 서로 도움을 주고받기도 어려울뿐더러 소외감과 그 정신적 고통이 고스란히 회사생활, 사회생활 등으로 이어질 것이다. 이렇게 되어 가족 구성원들의 인생 전체가 점점 황폐화 되어지고, 점차 삶의 의미를 매우 흐려지게 할 것이다.

그러나 이러한 상황에 대해 걱정을 하거나 현실 타령을 한다고 해서 해결이 잘 되는 것은 아니다. 이렇게 되면 오히려 가족 구성원 전체가 극심한 스트레스로 육체적·정신적 건강이 무너지기 쉽고, 급기야는 병원 신세를 져야 하는 사람이 나올 수도 있는 것이다.

있는 그대로를 받아들이자 (그림: hatpakha.com)

이런 상태에서는 차라리 걱정을 하지 말고, 일단 세상에 있는 그대로를 거짓 없이 받아들이는 것이 좋다. 그렇게 되면 심리적으로 더 이상 추락할 곳이 없으니 상승하는 국면만 남게 되는 것이다.

그리고 세상이 점차 보다 긍정적으로 보이게 될 것이며, 이는 삶이 조금씩이라도 개선이 되어나갈 수 있는 기회를 가속화 시켜 나갈 수 있을 것이다.

즉, 과거의 암울했던 상태를 겸손하게 그대로 받아들이고 잘 분석하면서, 갈등의 불씨를 조금씩 조절해 나간다면, 점차 그 개선의 아이디어가 보일 것이며, 큰 해결의 실마리가 열리게 될 수도 있다. 즉,

"거부하거나 부정하면 할수록 더 아파올 것이니, 오히려 적극적으로 받아들이고 수긍하는 것이 좋으며, 보다 중요한 관점은 '걱정' 자체가 아니고, '해결의 아이디어'에 주목해야 한다는 점이다."

- Pa sayings

대인관계 측면에서도, 상대방이 어떠한 문제가 좀 있다면, 이를 못마땅하게 생각하여 걱정하고, 지적하고, 충고를 하기 시작하면 그 사이는 점점 멀어질 것이며, 경우에 따라서는 심한 반목으로 이어져 적이 되기도 하고, 서로 협조를 못 하여 발생하는 간접적 피해도 커질 수 있다.

사회적으로 너를 노리는 적들이 많으면, 그만큼 너는 모든 면에서 불리해지거나 고립되고, 여러 피해의 가능성도 커지는 것은 당연한 일일 것이다.

그러나, 만약 상대가 못마땅하더라도, 그것을 걱정하거나 미워하여 배척하는 것보다, 적어도 그와의 진정한 관계를 원한다면, 일단 긍정을 해주고, 이야기를 들어주고, 이해를 해주려 노력해보고, 진심으로 소통을 하게 되고, 지속적으로 신뢰를 표해 준다면, 이야기의 초점은 점차 그 문제 자체가 아니고, 문제의 '해결' 쪽으로 옮겨갈 것이다. 그리고 서로가 뭔가 깨달음을 통해서 공감하는 답을 드디어 찾아갈 확률이 매우 높아질 것이다.

2-39. 독은 약이 되고, 약은 다시 독이 된다!

누구든 살아가면서 독(毒)이 약(藥)이 되어 전화위복이 되는 경험을 많이 하였을 것이다. 즉, 고통이나 가난에 시달리다가(독의 상태), 노심초사의 마음으로 노력하고 단련한 결과 드디어 그것이 약이 되어 성공한 결과를 극적인 개인의 성공담의 하나로서 매체를 통해 많이 듣거나 읽어오기도 했었다.

제42대 미국 대통령을 지낸'빌 클린턴'은 그가 태어나기 3개월 전에 아버지가 미주리주 고속도로에서 사고로 숨지게 된다. 그리고 클린턴이 4살이 되던 해에 어머니는 로저 클린턴 시니어(Roger Clinton Sr.)와 재혼하게 되는데, 그 계부는 술에 취하면 아내와 아들을 마구 폭행하기도 하였다고 한다. 또, 그는 아주 가난하고 범죄와 폭력이 들끓는 '핫스프링스'거리에서 불우하게 어린 시절을 보내었고, 끼니는 늘 햄버거 등 패스트푸드로 때웠다. 그럼에도 불구하고 그는 지독한 현실을 극복하기 위해 무척 노력한 결과, 그러한 불우함이 오히려 약이 되어, 그가 늘 관심 있어 한 정치 분야를 공부하고 매진하여, 나중에 미국 대통령에 당선되는 영광을 누릴 수 있었다.

반대로 잘나가다가 그것을 너무 지나치게 탐닉하거나, 교만해져 날뛰거나, 주변에 횡포나 갑질을 일삼다가 결국은 나락으로 떨어지는 경우도 너무나 많이 보아왔다.

우리 주변에 잘나가던 권력자나 재력가들이 자신들의 오만, 욕심과 탐니 탓에 결국 다락하게 되어 좋지 못한 결과를 초래하는 경우를, 우리는 고금을 막론하고 엄청나게 많이 전해 듣거나 보아왔다. 이러한 경우는,

약이 오히려 독이 되어 사람을 망치게 하는 경우에 해당한다.

그렇다면 우리는 어떻게 하면 나쁜 의미의 독은 멀리하고, 약이 효과를 발휘하는 시기를 보다 길게 가져갈 수 있을까?

그것은 잘나갈 때 말과 행보를 더욱 조심하고, 절대 오만하거나 자만하지 않고, 진정 주변을 돌아보고 보듬는 자세가 필요하다는 것이다.

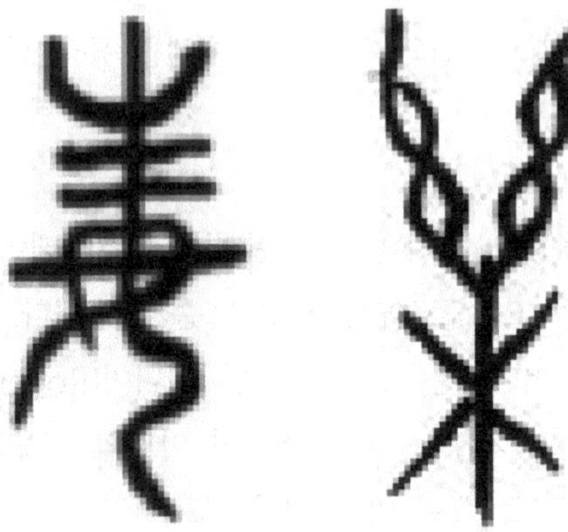

독(毒)과 약(藥)

재미있는 비교의 하나로서, 우리가 맛있는 사탕이나 캔디를 먹을 때도 그것을 지나치게 탐닉하게 되거나 혹은 그런 나머지 그것을 입속에서 깨어 가면서 급히 먹어버리면 금방 그 맛은 없어져 버리고, 만끽 후에는 약간 허무한 공허함 마저 밀려온다.

반대로 그 사탕이나 캔디를 깨어 먹지 않고 천천히 녹여가며 음미하면서 먹게 되면, 그 달콤한 맛이 훨씬 더 오래 갈 것이며, 별로 자극적이거나 황홀한 맛은 아닐지언정 그 그윽한 진가(진정한 맛)를 제대로 경험하게 될 수 있는 것이다. 이렇게 먹는 것이 의학적으로도 건강에 이롭다고 한다.

그러나, 여기서 간과하면 안 될 것이, 그 사탕이나 캔디를 아무리 천천히 잘 녹여가면서 먹어도 어차피 그 달콤함은 언젠가는 없어져야 한다는 것이다. 그게 마땅하고 신의 섭리이기도 하기 때문이다.

이 세상에 달콤함으로만 지속되는 삶은 당연히 없다는 의미이기도 하다. 즉, 종국에는 모든 '끝'을 기꺼이 받아들여야 한다는 뜻이다.

그러나, 결코 만끽하거나 만취하지 않고, 종국을 결코 염려하지 않고, 절제하는 삶의 태도와 주변을 돌아보는 여유 있는 태도로 생(生)을 살아낼 수 있다면, 자신의 인생을 제대로 음미하면서 살 수 있고, 그윽한 풍미를 오래 지닐 수 있는 수준 높은 삶으로 승화시킬 수 있으리라고 생각된다.

2-40. 무엇인가에 미치는 인생이 좋다!

다소 역설적이기는 하지만, 자신의 인생에서 아마 무엇인가에 미칠 수 있는 인생이 가장 행복한 인생일 수 있다. 단, 이 말은 단순히 한 가지에만 치중하고 몰두하라는 것이 아니고, 가장 중요한 한 가지에 먼저 집중하여 그 속에서 기본적으로 행복감과 만족감을 누리면서, 그것을 바탕으로 하여, 보다 폭넓은 주변 경험과 학습을 통하여 풍부한 삶을 동시에 살아야 가치 있는 삶을 살 수 있다고 하는 광의적 의미로 해석돼야 마땅하겠다.

보통 한 가지에 정통한 사람은 다른 것에 대해서도 폭넓게 잘 배울 수 있으며, 아울러 세상을 보고 이해할 수 있는 안목이 클 수도 있다.

스티브 잡스는 '혁신적 제품의 가치'에 미친 사람이다. 그에게는 그러한 제품을 개발하기 위한 뚜렷한 기술적 능력도 없고, 충분한 재력도 없었다. 그러나 그의 열정이 그의 물리적 한계를 뛰어넘은 것이다.

한번은 그의 친구 워즈니악이 "넌 코드도 짤 줄 몰라, 엔지니어도 아냐, 망치로 못 박는 일도 못 해, 넌 대체 하는 일이 뭐야?"라고 고함치자, 스티브 잡스는 "난 오케스트라의 지휘자와 같은 사람이야!"라고 대답했다고 한다.

그렇다! 스티브 잡스는 성격도 괴팍한 편이고, 사교성은 더욱 없었고, 모든 일을 독단적으로 처리하려고 하였고, 기술적인 재능은 더더욱 없었다. 이 때문에 사회적 소통능력이나 경영능력 등이 많이 떨어졌었다. 그러나 그에게는 큰 장점이 있었다. 그것은 바로 인간(고객)에게 진정 유익하고 대단한 제품을 창조하려는 순수한 열정이었다. 마치 오케스트라의 지휘자처럼 주변의 모든 역량들을 연주하여 그 자신의 유익한 목적을 달성하려 하였다. 만약 스티브 잡스에게 사교성과 사회성만 더 있었더라면 더욱 엄청난 일을 해낼 수 있었을지 모른다. 결과적으로 볼 때, 그의 열망이나 열정 그 자체가 가장 크고 위대한 개인의 자산이자, 사회적 자산 그 자체이었던 것이다.

석가모니는 평생 자신이 스스로 던진 질문("무상한 이 세상에 생로병사의 괴로움을 어떻게 해결할 것인가?")과 인류를 구해내기 위한 열정으로 평생 고행을 한 끝에, 보리수 밑에서 대각견성을 하여 오늘날까지 전해 내려오고 있는 위대한 '불교'의 창시자가 되었다.

그는 샤캬 공화국(현재의 네팔 근처)에서 대단한 지위인 '왕자'로 태어났으나. 29세에 출가하였는데, 그의 출가의 동인은 자신이 스스로에게 던진 질문에 대한 해답을 구하고자 하는 '끊임없는 열정' 때문이었다고 한다.

부다가야의 보리수 밑에서 선정(해탈)을 수행하여 35세쯤에 완전한 깨달음을 얻고 부처(Buddha, 佛陀)가 되었으며, 이후 인도의 여러 지방을 편력하며, 죽을 때까지 초심을 잃지 않고 인간을 한 사람이라도 더 구해내기 위해 포교와 교화에 힘썼다고 전해진다. 그야말로 그의 인생은 스스로 택한 고행이요, 열정 그 자체이었던 것이다.

마틴 루터 킹 주니어(Martin Luther King, Jr.)는 미국의 목사이자 인권 운동가, 흑인 해방 운동가 등으로 불리우며, 미국 흑인의 비폭력 인권 운동을 이끈 대표적인 인물로 꼽히고, 1964년 노벨 평화상을 받기도 하였다.

1955년 12월 몽고메리 공영버스의 흑인 좌석 차별 사건 이후, 버스 보이콧 운동을 평화 시위로 이끌어 1년 남짓 만에 범국민적인 지지를 이끌어 내었으며, 미국 내 흑인 인권운동을 주도하였다. 이후 워싱턴 대행진을 비롯한 많은 흑인 관련 인권운동을 이끌어 관련 법률을 수정하고,

투표권법의 개정 등을 통하여 흑인의 권리를 한층 증진할 수 있었던 것이다.

마틴 루터 킹 (그림:.voakorea.com/a)

또한, 그는 '흑인의 인권'이라는 가치에 대해 끊임없는 열정으로, 1963년 앨라배마주 버밍햄에서 열린 데모 때, 스스로 경찰에 찾아가 체포·투옥되기도 하였으며, 같은 해 8월 워싱턴 DC에서 열린 '직업과 자유를 위한 워싱턴 행진' 때 연사로 참여하여, 링컨기념관 앞에서 행한 연설 "I Have a Dream(나에게는 꿈이 있습니다)"은 아직도 우리에게 큰 감동을 주며, 그 내용은 아래와 같다.

"나에게는 꿈이 있습니다. 조지아주의 붉은 언덕에서 노예의 후손들과 노예 주인의 후손들이 형제처럼 손을 맞잡고 나란히 앉게 되는 꿈입니다."

"나에게는 꿈이 있습니다. 이글거리는 불의와 억압이 존재하는 미시시피 주가 자유와 정의의 오아시스가 되는 꿈입니다... (중략)"

이렇게 스티브 잡스, 석가모니, 킹 목사 등의 인물은 비록 살아낸 연대는 판이하게 달라고, 모두 그들의 크고 뜨거운 열정으로 인하여 그들 스스로도 자기인생에서 승리를 하였다고 할 수 있을 것이며, 널리 세계인들에게도 시공을 초월하여 많은 영향과 감동을 전해 주었다고 평가할 수 있겠다.

2-41. 억지로 의미를 부여하려 하지 말아라!

자신의 삶에 너무 억지로 의미를 부여하려 하거나, 지나치게 인위적인 해석을 하지 않는 것이 좋다고 생각한다. 만약 과도하게 그러한 작업에 치중한다면 그 자체가 사치일 수 있고, 허상이 될 수가 충분히 있는 것이다.

그냥 있는 그대로를 거짓 없이 받아들이고, 그로부터 느끼고, 그대로 감동하고, 새로운 가치를 재창조 해나가야 하지 않을까? 그러한 자연스런 태도가 바로 너에 대한 신의 미션에 응답하는 바람직한 길이 되어줄 수 있을 것이다.

가령 양로원이나 요양원에 있는 어른들의 잔여 삶은 어떤 의미를 가지고 있는 것일까?, 조금이라도 그분들이 인류의 역사 발전에 도움이 될 가능성은 있는 것인가? 만약 그렇지 않다면 그들의 삶의 가치가 별로 대단하지 않다고 생각해도 되는 것일까?, 그들의 삶은 젊은이들의 삶보다 가치가 적다고 생각해도 될까?

아니다! 이런저런 의미를 억지로 붙이려 하지 말아라. 그것은 억측이 될 뿐일 것이다. 오로지 그 삶 자체를 축복하여라. 우리의 인생은 우리 주변의 자연과 환경과 더불어 그 의미를 자연스럽게 부여받고 있는 것일 것이며, 우리가 보기에 대단한 삶이든, 그렇지 못한 삶이든, 삶 그 자체가 신이 이루고자 하는 의지 중 하나일 것이리라. 네가 의미를 억지로 만들어 붙여서 가치가 있다거나, 가치가 없다고 하는 평가나 해석을 내어놓으면 절대 안 되는 것이다.

지나치게 인위적으로 만들어진 우상은 결코 지속적인 가치 보존이 어렵다. 콜럼버스, 윈스턴 처칠, 샤를 드골 등의 동상이 끌어내려지거나 훼손된 바 있다. 이들이 인종차별 혹은 백인 우월주의의 원흉이라는 것이다. 물론 서구인의 잣대와 식민지 국민의 잣대는 사뭇 다를 것이다.

또한, 스탈린의 흉상 또한 철거된 바 있다. 그의 강제 인구 추방 정책과 반종교 정책 등에 대한 지적과 원성이 높아진 탓일 것이다.

국내에서도, 다른 나라에서도 동상 철거 문제에 대한 이슈가 만만치 않다. 모두 과거의 지도자들(동상의 인물)에 대한 재해석 결과, 지나치게 우상화되었거나, 그들의 정책이 인류 보편적인 가치에 맞지 않는다는 것이다.

이러한 동상 철거 이슈에 대한 역사적·방법적 정당성의 문제는 차치하고, 어쨌든 지나치게 인위적으로 만들어진 우상화는 결코 지속적이거나 인류 보편적인 가치를 가질 수 없으며, 마치 '잘못된 전철(역사)'과도 같아서, 언젠가는 청산되거나 재해석 후 다른 조치를 받아야 한다는 의미일 것이다.

동상 철거 (그림:.nytimes.com)

따라서 누구에 대해 우상화를 시키거나, 지나치게 한 쪽으로 해석하는 것은 대개 별로 좋지 못한 결과를 초래하기 쉽다. 있는 그대로의 팩트(사실) 위주로 모든 것을 정리하고, 평가하여야 탈이 없는 것이지, 지나치게 인위적인 편향성을 가지거나, 무언가를 도모해서는 안 된다는 뜻이다.

세상에 잘난 사람들, 못난 사람들 모두 그 가치에는 차이가 없을 것이며, 그 존엄성이나 생존권, 행복 추구권 등이 조금이라도 훼손되어서는 안 된다. 그러한 것이 신의 뜻일 것이다.

더군다나 요즘은 심지어 정치적 생각이나 진영이 다르다고 하여, SNS, 유튜브 등을 통하여 비난의 댓글을 달거나, 억지를 부리거나, 마구 욕설을 퍼붓는 경우까지도 있다. 이러한 현상은 참으로 잘못되었다.

상대의 의견을 존중할 수 있어야 비로소 자신의 의견이 존경받을 수 있을 것이며, 무엇보다 중요한 것은, 상대에 대한 근거도 없고 팩트도 아닌 그러한 모욕은 마땅히 신에 대한 모독이기도 할 것이다. 인간이라면 누구나 절대 경계해야 할 점이 아니겠는가?

2-42. 통 큰 가슴으로 살아라!

세상살이는 "백구과극(白駒過隙; 흰 말이 문틈으로 지나가는 순간처럼 세월이 빠름)"이라고 하였다. 또한 "세월은 쏜살(쏘아놓은 화살)같다."라는 표현도 우리가 많이 쓰고 있다. 이렇게 찰나를 사는 인간에게 삶 혹은 인생이란 과연 어떤 의미를 가지는 것일까?

그렇다. "서로 아웅다웅하지 말아라. 그러한 것은 부질없는 짓이다. 그리고 항상 겸손하여라. 네가 크게 잘 난 것도 없고, 설령 잘 났다고 하여도 그것은 찰나와도 같은 것이니 크게 의미를 두지 말아라."라고 하는 의미를 말해주고 있는 것이 아닐까?

"세상에 모든 욕심은 부질없다."라고도 볼 수 있을 것이다. 그러니 상호 이해관계 앞에서 항상 통 크게 상대에게 양보할 수 있는 자세는 어쩌면 당연한 일일 것이다. 그리고 상대를 비난하기 전에 칭찬부터 먼저 하라고 하는 것은 다소 지나치다고 할지 몰라도, 적어도 상대를 너와 동등한 수준의 존엄성을 가진 인격으로써 대해 주어야 한다는 것은 당연한 말일 것이다.

아마도 세상에 통 크게 양보할 수 없는 것은 하나도 없을 것이다. 양보하지 않고 손에 꽉 움켜쥔다고 해서 네 한 줌의 작고 짧은 삶에 얼마나 도움이 될 수 있을까? 모쪼록 세상살이는 서로 아웅다웅하지 말고, 통 큰 안목으로 바라볼 필요가 있다.

새가슴을 가진 자는 자기 새가슴의 심리적 초조함에 짓눌려 스트레스를 받다가 불행한 최후를 맞이할 수 있지만, 통 큰 가슴 혹은 바다처럼 넓은 가슴으로 세상을 보듬고 화합하는 자는 쉽게 스트레스를 받지도 않을 것이며, 그 배포가 매우 커서 작은 파동에도 결코 굴복하지 않을 것이다. 아마 인생 끝까지 자신의 기세를 유지해 나갈 수 있을 것이며, 비교적 긍정적이고 만족스러운 최후를 맞이할 수 있을 것이다. 아니, 끝까지 자신의 웅장한 기계와 기상으로 세상을 주도해나갈 수 있을지도 모른다.

그리고 이러한 자세는 자신이 이 세상을 살면서 깨닫게 된 가치와 신념을 끝까지 지켜나갈 수 있는 길일 것이고, 네 인생에서 신의 뜻을 오롯이 실천하는 길일 수도 있으며, 네가 이 세상을 살아낸 의미이자 보람이 되어줄 수도 있을 것이다.

특히 자기 자신보다 약한 사람, 처지가 매우 딱한 사람, 불우한 이웃들, 심신상의 장애를 가진 자, 트라우마를 가진 자 등에 대한 양보는 보다 더 강조되어야 마땅하겠다. 그러한 자세가 보다 더 신사다운 자세일 것이며, 인간다운 자세일 것이다.

우연치 않게 자기보다 객관적으로 매우 약한 사람과 대결하는 상황에 놓였을 때는 흔쾌히 양보하는 자세가 좋을 것인데, 만약 그렇지 못하고 약한 자와 끝까지 대결 구도를 만들고 한 치도 양보하지 않으려 드는 태도는 정말 너그럽지 못하고, 심하면 인간답지 못 한 사람이라고 낙인이 찍혀 마땅할 것이다.

세상을 열심히 살고, 무엇인가에 열정적으로 성취를 이루려 하고, 혹은 불같이 뜨거운 열정으로, 뜨거운 목마름으로 살아가는 태도도 결코 나쁜 태도는 아니며, 오히려 좋은 태도일 수 있다. 그러나, 도중에 약한 자에게는 너그럽게 대해야 마땅하고, 배움을 청하는 자에게 인자하게 대해주어야 하고, 무엇인가 부족한 자에게는 도움의 손을 기꺼이 내밀어 주어야 할 것이며, 또, 상대가 자랑하고 과시한다고 하여 너무 질책하지 말고 오히려 푸근하게 받아주려는 여유 있는 자세가 좋을 것이다.

'채근담(菜根譚)'에 나오는 옛 고사 중에 待人春風 持己秋霜(대인춘풍 지기추상)이라는 말이 있다. 이 말은 곧 "남에게는 봄바람처럼 관대하게 하고, 자신에게는 가을 서리처럼 엄격하게 대해야 한다."는 말이다.

채근담 (그림: twgreatdaily.com)

보통의 사람들은 자신에게는 관대하고 남에게는 엄격한 잣대를 들이대기가 쉽기 때문에 "세상에 '내로남불'하는 자가 판을 친다."라고들 한다.

중요한 것은, "대인춘풍 지기추상"이라는 큰 가르침을 실천하기 위해서는 자기 자신부터 먼저 부단히 수양을 해나가고 내공을 크게 키워나가야 한다. 자신도 실천을 못 하는 것을 상대방에게만 요구하거나, 무작정 핀잔을 한다면 네 말에 힘도 실리지 않을 것이며, 내로남불을 자처하는 꼴이 되고 마는 것이다.

"항상 상대에게는 너그럽고 통 크게 양보하려는 마음을 가지고, 자신에게는 보다 엄격한 잣대를 들이대어야, 스스로의 높은 성장과 성취가 가능해진다!" - Pa sayings

2-43. 티 내지 말고 실천하여라!

전철 안에서 약자(弱者)에게 자리를 양보할 때, 일어나서 정중하게 앉으시라고 말을 건네면서 양보하는 것이 좋을까?, 아니면, 별 말없이 자연스럽게 다른 쪽으로 이동하여 앞에 서 있던 약자가 앉을 수 있게 배려해 주는 것이 좋은 것일까?

생각을 한번 해보자! 이렇게 자리를 양보하는 행동의 목적은 모두가 상대방(주로 약자, 노유자 혹은 장애자 등)을 위한 것이므로, 자리를 양보받게 되는 상대방의 입장에서 고려해보는 것이 가장 좋을 것으로 생각된다.

만약 당신이 자리를 양보하기 위해서 일어나서 정중하게 앉으시라고 말을 건네면서 양보를 하게 되면 아마 상대방에게 다소 부담이 될 수도 있을 것이다. 그래서 일단은 사양하려고 하는 경우가 많을 것이다. 즉, "괜찮습니다!, 금방 내려요!" 등의 말을 건네면서 극구 사양하려는 경우도 발생한다.

이는 자신 때문에 앉아 있던 사람에게 불편을 주게 될까 봐서 나오는 자연스러운 인간적 반응일 것이다. 그리고 실제 자리를 양보받게 된다고 하여도 다소 미안한 마음을 완전히 떨칠 수 없는 경우도 있다.

따라서, 자리를 양보하는 가장 좋은 방법은 가급적 표시를 내지 않고, 자연스럽게 양보가 되도록 배려하는 자세일 것이다.

물론 이러한 행동은 현장 상황에 따라 표시를 낼 수밖에 없을 수도 있겠다. 그러나, 이 경우에도 가능한 한 표시가 가장 적게 나도록 하여 양보해주는 것이 가장 멋질 것이라고 생각한다.

이렇게 전철 안에서 자리를 양보하는 경우를 예로 들어서 "친절과 배려의 바른 예절법"에 대해서 설명해보았는데, 이러한 바른 예절법은 이와 유사한 어떠한 상황에서도 동일하게 적용되어질 수 있을 것이다.

양보 (그림:.bjreview.com.cn/forum/txt)

즉, 너무 티가 나게 친절을 베풀거나 배려를 행한다면, 당신 자신은 좀 폼이 날지도 모르겠지만, 상대방은 심적으로 다소 불편해할 수도 있다.

따라서, 어떤 선행을 실천할 때는 가능한 표시가 적게 나거나, 아예 표시가 나지 않는 방식이 제일 먼저 고려되어야 바람직하다.

그러나, 이러한 예절법은 보통의 일반인에게는 스스로 만족감을 얻지 못할 수 있기 때문에 많이 선택되어질 수 있는 방법이 아닐 수 있다.

그러나 벼가 익어갈수록 고개를 숙이듯, 사람도 인격적으로 무르익으면서 이러한 수준의 행동이 자연스럽게 표출될 수 있을 정도로 내공을 쌓아 나가려는 노력이 동반되는 것이 아주 바람직한 삶의 태도일 것이다.

어떤 사람은 자신의 조그마한 친절이나 베풂의 실천에 있어서도 얼마나 티를 많이 내는지, 옆에서 보면 좀 지나치다고 생각되는 경우도 많이 있다.

또 어떤 사람은 작은 기부에도 대문짝만하게 광고를 하고, 어떤 사람은 빌린 돈도 제대로 못 갚고 있으면서도 자신이 기부를 많이 했다고 자랑을 하려하며, 어떤 사람은 상(賞)을 받기 위해서 억지로 선행을 만들어서 행함으로써 이른바 '기획 선행'을 일삼는 경우마저도 있는 것 또한 사실이다.

그러나 진정으로 내공이 제대로 쌓인 사람은, 베풀었다는 사실만 가지고도 이미 자신의 마음속이 가득 차 있고, 정신적으로 풍족하여 더 이상 자신의 선행에 대해 말할 필요조차 없을 것이다. 아마,

"우리가 진정 신의 곁으로 제대로 다가서려면 오롯이 자신의 모든 것을 내려놓고 어떠한 과시욕이나 열등감마저도 모두 불살라버리고서, 오로지 온몸으로 세상의 밑바닥을 떠받들 수 있어야 하겠다!"
- Pa sayings

2-44. 그들만의 카르텔을 깨어라!

우리 사회에는 온갖 카르텔들이 난무하고 있다. 기업 카르텔(동종 혹은 유사 기업들 간의 담합행위), 사법 카르텔(검사, 판사, 경찰 등의 집단적 권력 남용 행위), 웹하드 카르텔(웹하드 업로더 업체, 웨하드 유통업체, 필터링업체, 디지털 장의사업체 등의 유착관계), 언론 카르텔(언론인들의 집단 이익을 지키기 위한 각종 언론 행위 및 활동), 마약 카르텔(마약의 제조·매매 등을 수단으로 범죄 조직의 활동비용을 충당하기 위한 범법적 조직 혹은 마피아), 정치인 카르텔(정치인들의 집단 이익을 지키기 위한 각종 법안 혹은 제도), 의사 카르텔(의사들이 집단 이익을 지키기 위한 담합 혹은 집단적 행동) 등이 대표적으로 여기에 포함되어질 수 있겠다.

그런데 이렇게 많은 카르텔들의 문제점은 이들이 사회적 자유 경쟁을 피하거나 배제하여 자기네 집단의 이익을 극대화하고, 독과점적인 수익을 챙기기 때문에, 결국 그 피해는 고스란히 일반 시민들의 몫이 된다는 것이다.

그렇다면, 오늘날 우리 민주 시민사회에 이렇게 버젓이 난무하고, 시민들의 민주 의식을 좀먹고 있는 온갖 카르텔들의 문제점을 해결하기 위한 방법에는 과연 어떠한 것이 있을까?

첫째, 그러한 카르텔을 일망타진하겠다고 하는 욕심을 버려야 한다. 인간이 사는 사회이니만큼, 어디 100% 깨끗한 사회가 있을 수 있을까? 그런 이상적인 사회는 있을 수 없다. 항상 선(善)과 악(惡)은 동시에 존재하되, 악이 선을 일방적으로 억누르고 난무하는 일만은 반드시 막아야 할 것이며, 가급적 선의 존재가 악의 존재보다 세력상으로 우위에 있어서 악의 세력을 어느 정도 통제할 수 있을 정도가 아마 최선의 상태일 것이다.

웹하드 카르텔 (그림: karel.aif.ru/society/)

둘째, 사회 전반에 걸친 지속적인 개혁이 절실하다. 무엇이든 머물러 있으면 썩게 마련이다. 또한 선이 스스로 진화해나가지 못하면 결국은 악으로부터 따라잡히고 온 세상은 마구 황폐해질 것이고, 카르텔들의 불법과 비리가 난무할 것이다. 악이라는 것 자체도 끊임없이 진화를 해나가고 더욱 교묘해지기 마련이다. 따라서 선은 그 악의 진화 속도 이상으로 더 부지런히 스스로 혁신을 이루어내고, 사회의 개방성, 청렴도, 도덕성 등을 시스템적으로 변화 및 개선해 나가야 한다는 것이다.

셋째, 법과 제도, 사회적 캠페인 등이 필요하다. 사회적 악을 잡아내기 위한 법과 제도 마련을 위해 사회적 담론(주제 토론)을 지속적으로 진행하고, 그 법과 제도의 수준을 더욱 고도화하고, 그 구체적 실천 내용이 사회적인 관습으로 뿌리를 내릴 정도까지 스며들게 하여야 한다. 그리고 이러한 법적·제도적 장치 외 사회적 캠페인도 지속할 필요가 있으며, 이러한 모든 과정에서 아낌없는 투자가 필요할 것이다. 특히 사회적 캠페인의 경우에는 눈에 보이는 것 외에 사회 깊이 뿌리내린 나쁜 관습과 문제점에 대한 치유와 개선을 위해서도 꼭 필요한 부분일 것이다.

넷째, 약자에 대한 배려이다. 사회적 카르텔로 가장 다치고 소외되기 쉬운 대상이 아마 사회적 약자일 것이다. 그리고 각종 카르텔을 대항해서 약자를 지켜내려면 이들에 대한 지원과 배려가 반드시 필요한 것이다.

선진국과 후진국의 가장 큰 차이점은 아마 사회적 약자에 대한 생존권·생활권·행복추구권에 대한 배려 수준의 차이라고도 볼 수 있다. 제대로 된 선진사회라면 자유경쟁 혹은 자유시장경제도 좋고, 자본주의에 대한 존중도 좋지만, 그 이상으로 약자에 대한 보호 의식도 소중하다는 것을 인정해야 한다.

"노블레스 오블리주(Noblesse oblige)"까지는 아니더라고, 약자의 피해를 최소화하고, 그 생존권, 생활권 등을 철저히 인정해주고 배려해주는 그러한 사회적·시스템적 바탕에도 많은 투자가 필요할 것이라는 의미이다.

위에 설명한 대책들을 기준으로 우리 사는 사회를 항상 개선하고 개혁해 나가야, 사회적으로 난무하는 카르텔에 대항해서 우리가 순수하게 꿈꾸는 사회적 공정, 공평, 정의, 배려, 존엄 등의 가치를 지켜낼 수 있을 것이라고 생각한다.

2-45. 세상에 자기만의 파동을 찾아라!

우리가 세상을 여러 모습으로 바라보거나 해석해 볼 수 있겠으나, 파동(운율, 리듬)의 모습 혹은 관점으로 세상을 바라보고 해석을 한번 해보자.

사람이 어떤 회사나 단체 등의 조직에 소속되어있을 때는 자기도 모르게 그 조직의 파동(조직을 움직여 나가는 중심된 원리, 패턴 혹은 운영리듬)을 따르기 쉽다. 그런데, 이렇게 너무 조직의 파동에 동조하게 되면, 자신만의 파동(생각하는 방식, 선택하는 방식, 좋아하는 방식 등)을 잃어버리는 경우가 발생할 수 있겠다,

또, 남의 뒤를 잘 따르거나 모방을 잘하는 사람은 그 모방 대상의 파동을 그대로 따르게 마련이다. 그런데 이러한 파동은 자기 자신의 파동과는 거리가 먼 것이므로 자신의 의미 있는 인생 측면에서는 크게 도움이 되지 못할 수 있다.

인생이란 자신만의 내재된 파동을 잘 찾아내고, 그 파동을 발전시켜 진정한 자아를 찾아내고 성장시켜 나갈 때 비로소 자기만의 가치로운 삶을 제대로 살아낼 수 있다. 그리고 이러한 자세만이 궁극적으로 세상에서의 이룸과 성취에 다가설 수 있는 길일 것이다.

인간 신체나 정신의 바이오리듬도 하나의 파동이라고 할 수 있겠다. 많은 경우에 이러한 자신만의 리듬을 잘 이해하고 자기감정의 변화, 신체적 힘의 역학적 변화 등을 잘 읽어내고 자기 스스로의 몸과 정신을 잘 케어해 나가는 것이 성공의 중요한 요소 중 하나가 되어줄 수 있을 것이다.

또한 어린아이는 아마 성장 시기에는 일정한 기간 동안 엄마의 파동을

따르게 될 것이다. 엄마가 슬퍼하면 같이 슬프기도 하고, 엄마가 화를 내면 그대로 같이 화를 내는 경우가 많을 것이며, 그러한 방식으로 성장해 나간다.

자기만의 파동 (그림: lars-schipper.medium.com)

그러나, 아이가 일정 단계 이상의 성장을 이루어낸 이후에는 결국 자아를 찾아내게 되고, 결국은 엄마나 아빠로부터 독립을 이루어내게 된다. 그때부터는 진짜로의 자기 인생을 살게 될 것이다. 만약 자기 부모와 생각이 다르다면 스스럼없이 다른 의견을 제시하기도 하고, 부모와 가는 길이 다르다면 아무 미련 없이 다른 길 혹은 자신만의 길을 택할 수도 있는 것이다.

이때부터는 스스로 완전히 독립하여, 진정 자신에게 가장 중요한 자신만의 인생을 살게 되는 셈이다. 그리고 그 독립 시점은 자신의 보다 큰 성취를 위해서 아마 다소 빠른 것이 유리할 것이라고 생각된다.

또한 어차피 인간은 자기 인생을 의존적으로 살기 위해서 태어났다기보다는 독립적으로 자기의 생을 살려고 태어났다고 생각하는 것이 좀 더 자연스러울 것이다.

한편, 이때부터는, 자기 내면과 끝없이 대화하여, 자신에게 내재된 파동(좋아하는 방식, 생각하는 방식, 느끼는 방식, 판단하는 방식, 추구하는 방식 등)을 잘 찾아내고, 발전시켜야 의미 있는 생을 살아낼 수 있겠다.

이렇듯 우리네 세상은 온통 파동들로 가득하다. 자기를 둘러싼 주변 환경 인자들의 파동과 자신만의 독립된 파동, 자기도 모르게 어쩔 수 없이 휩쓸리는 파동과 자신이 의지적으로 올라타고자 하는 파동, 다소 즉흥적 파동과 평생을 두고 추구해야 할 장기적 안목의 파동 등이 바로 그것이다.

이러한 너무나도 다양한 파동 중에서, 무엇보다 자신에게 가장 소중하고, 가장 가치 있는 파동을 잘 타는 기술이 무엇보다 중요할 것이다.

즉, 주변의 의미 없는 파동에 너무 휩쓸리지 말고, 자신이 택한 소중하고 가치 있는 파동을 잘 타고 부단히 전진하는 일, 즉흥적이거나 일시적인 파동보다는 자기 인생 전체를 관통하여 가장 소중하다고 생각하는 철학으로 가득 찬 그러한 파동을 잘 타는 일 등이 아마 가장 중요하다고 볼 수 있겠다.

그리고, 그렇게 선택한 파동 또한 하나의 실체로 머물러 있지는 않을 것이다. 그 가치적·철학적 방향은 네가 지향하는 방향으로 계속 향할지 몰라도, 그 파동의 파고나 흔들림은 수시로 변한다는 것을 꼭 알아야 하며, 그러한 흔들리는 파동을 잘 타는 일은 전적으로 네 몫일 것이다, 네 소중한 꿈을 이루어내기 위해서.

거침없이
우뚝하여라

인지
생략

1판1쇄 2022년 10월 10일

저자 신정수
발행인 이경화

발행처 디자인21
주소 04560 서울특별시 중구 퇴계로 293-1 3층
전화 02-2269-6561(대)
팩스 02-2269-6568
e-mail 21publish@naver.com

등록번호 제1-1128호
등록일자 1991.2.12

ISBN 978-89-6131-099-4 03810

정가 20,000원

http://21publish.co.kr/
https://blog.naver.com/publish21